■ 本论丛是重庆大学“双一流”学科重点建设项目“新闻传播学一级学科水平提升计划”研究成果，由项目经费资助出版。

■ 中央高校基本科研业务费（2022CDJSKPY08）资助。

历史的褶皱：近代中国的媒介与社会

新闻传播研究论丛

龙伟 著

重庆大学出版社

内容提要

本书侧重近代报刊与社会文化的互动，尝试从不同维度对近代书报实践进行书写。书中所收各文大多与新闻传播史略有关联，按集中之时段，约略分为“时代号角”“旧时光影”“历史转折”三篇。“时代号角”侧重在晚清印刷媒介与现代性的生成，“旧时光影”偏重民国时期的媒介、思想与社会图景的描写。“历史转折”则是关于新中国政制转型与报业革新的一些思考。

本书适用于新闻传播学科以及对近代媒介文化历史感兴趣的师生阅读。

图书在版编目（CIP）数据

历史的褶皱：近代中国的媒介与社会 / 龙伟著. --重庆：重庆大学出版社, 2023.3
（新闻传播研究论丛）
ISBN 978-7-5689-3657-6

Ⅰ.①历… Ⅱ.①龙… Ⅲ.①新闻事业史－中国－近代－文集 Ⅳ.①G219.295-53

中国版本图书馆CIP数据核字（2022）第236370号

历史的褶皱：近代中国的媒介与社会

LISHI DE ZHEZHOU：JINDAI ZHONGGUO DE MEIJIE YU SHEHUI

龙 伟 著

策划编辑：唐启秀 陈筱萌
责任编辑：皮 胜 版式设计：唐启秀
责任校对：刘志刚 责任印制：张 策

*

重庆大学出版社出版发行
出版人：饶帮华
社址：重庆市沙坪坝区大学城西路21号
邮编：401331
电话：(023) 88617190 88617185（中小学）
传真：(023) 88617186 88617166
网址：http：//www. cqup. com. cn
邮箱：fxk@cqup. com. cn（营销中心）
全国新华书店经销
重庆俊蒲印务有限公司印刷

*

开本：720mm × 1020mm 1/16 印张：15.25 字数：258千
2023年3月第1版 2023年3月第1次印刷
ISBN 978-7-5689-3657-6 定价：88. 00元

总序（一）

马胜荣[1]

重庆大学新闻学院推出一套新闻传播研究丛书，书稿涉及的内容比较广泛，有独到的视角和理论思考，是学院中青年教授在不同时间段的研究成果。

重庆大学文科教育有着近 100 年的历史，1929 年建校之初设立了文学院。新闻教育起步于 20 世纪末期，1998 年成立人文艺术学院，开设了广播电视新闻学专业。2007 年，学校组建文学与新闻传媒学院。2012 年，学校调整学科布局，更名为重庆大学新闻学院。此后，学院不断引进人才，教学和科研不断加速，成果显著。目前，新闻学院已经拥有新闻传播学一级学科硕士授权点、新闻与传播硕士专业学位点，新闻传播学一级学科博士点，形成了本—硕—博完整的新闻传播人才培养体系。

这套研究丛书成稿的时间跨度由各位作者跟踪各自所研究问题的时间不同而定，有的是多年来相关论文的选集，有的侧重传播史的研究，如书稿作者在前言或后记中所言，所著文字都是他们紧密结合不断变化的新闻传播实际进行的理论探讨与思考，或是自己对所关注领域的新闻传播史的研究。书稿所涉及的问题涵盖新闻传播研究的这些方面，迫切需要不断和深入地探讨、思考和追踪研究。我以为，新闻传播研究对现有一些观点或者权威论断进行阐述和解释是有必要的，但更重要的是要发现新闻传播中的现实问题，分析和研究这些问题存在的环境和内在逻辑，提出新的思路和看法，以推进问题研究的深化和相关理论的提升，或是进一步研究新闻传播史上的一些重要问题，提出新的见解。

新闻传播学是实践性很强的学科。我认为，在新闻传播研究的过程中，坚持历史的观点和实践的观点是同样重要的。恩格斯在《路德维希·费尔巴哈和德国古典哲学的终结》这本具有典型代表性的马克思主义哲学著作中批评了历史领域中的“非历史的观点”。他指出，这种观点“不能把世界理解为一种过程，理解

1　马胜荣：第十一届全国政协委员、新华社原副社长兼常务副总编辑。

为一种处在不断的历史发展中的物质”。他写道：“在这里，反对中世纪残余的斗争限制了人们的视野。中世纪被看作是由于千百年来普遍野蛮状态所引起的历史的简单中断；中世纪的巨大进步……欧洲文化领域的扩大，在那里一个挨着一个形成的富有生命力的大民族，以及 14 和 15 世纪的巨大技术进步，这一切都没有被人看到。这样一来，对伟大历史联系的合理看法就不可能产生，而历史至多不过是一部可供哲学家使用的例证和插图的汇集罢了。”[1]恩格斯的这个观点对新闻传播研究有重要的启示意义。

实践的观点同样重要。新闻传播研究无疑需要深刻的理论思考，但这种理论思考应当建立在考察和研究实践问题的基础之上，应当而且必须同新闻实践紧密地联系起来。著名新闻传播学教授方汉奇先生 1999 年讲过：“21 世纪是一个高度信息化的时代，是信息经济和知识经济占主导地位的时代。信息经济和知识经济有两大支柱，一是以高新科技为代表的传播技术产业，二是从事新闻和信息产品生产的媒体产业。新闻传播学作为将这两大领域有机联结的桥梁，在今后的国家建设和社会发展中必将发挥越来越重要的作用。”方汉奇先生当年的提醒是准确和重要的。进入 21 世纪后，随着传播技术的不断革新，新闻传播的环境发生了极其深刻的变化，新闻传播的形态、模式、渠道、受众等与传统媒体为主的时代极其不同，人工智能和算法等新技术给新闻传播领域带来的变化是颠覆性的。在这种传播环境中，越来越多的新闻学者认识到，新闻传播研究要更加关注新闻实践中遇到或者已经存在多年的问题，不断针对具体问题深入进行研究和理论思考。

关注和重视当代新闻传播实践是这套丛书的特点。八位教授的书稿涵盖面比较广，突出体现了他们关注实践的问题意识以及在研究方法和理论思路上独有的视角，反映了他们研究所关注问题的进程与轨迹。董天策长期从事新闻理论的教学、研究和新闻教育管理工作，是很有成就的中年学者，现任重庆大学新闻学院院长。他的书稿《提要探微：新闻传播理论纵横》选编了过去四分之一世纪中所发表论文中的 28 篇文章。他对在这一时期“有幸参与其中”的“新闻传播研究波澜壮阔、高歌猛进”岁月深深怀念，这些文章“算是汇集了个人在新闻传播学

1　恩格斯 . 路德维希・费尔巴哈和德国古典哲学的终结［M］中共中央马克思恩格斯列宁斯大林著作编译局，译 . 北京：人民出版社，1988：23.

术河流中的几朵浪花”。郭小安的《反思与重构：新时代舆论学研究的知识转型》、刘海明的《混沌与秩序：新闻伦理探微》、张小强的《颠覆与创新：新媒体生态及其治理》、曾润喜的《沟通与善治：网络时代的媒体与政策传播》等书稿紧密联系新闻传播实际，“眼睛始终没有离开业界的前沿问题”，时刻注意“去瞄准一个随时移动的靶子”，关注“没有得到足够重视”的有关领域，从实际问题入手进行深入的理论思考，提出了一些解决问题的思路与理论框架。龙伟的《历史的褶皱：近代中国的媒介与社会》、齐辉的《反击侵略：中国抗战的报界动员与新闻救国》、张瑾的《开放与嬗变：文献记录中的重庆形象》资料丰富、考证严谨，侧重从研究新闻传播史的视角，阐述他们各自研究领域的相关观点。张瑾、龙伟和齐辉三位教授历史学的造诣相当深厚，对各自领域的研究对象进行过多年的跟踪研究，成果比较突出，张瑾教授的一些研究在海外也产生了影响。无论是研究视角还是理论思考，他们的研究都有助于拓宽新闻传播史研究的视野。

我以为，新闻教育中教学与研究是相互支撑的两个方面，两者互为作用、相互完善，推动新闻教育的整体发展。教学主要是对学生的培养，为新闻媒体和其他有类似业务的机构输送人才。研究应该是对新闻传播领域各个方面的规律性研究和相关的理论研究，为新闻传播理论作出贡献。教师的出色科学研究无疑会推动教学工作，使学生能够在学习的过程中更直接分享教师的研究成果，从而推动教学。同样，出色的教学也会给研究注入动力。在丛书的书稿中，有一些研究是有学生参与的，能力比较强的学生肯定可以更多地贡献自己的智慧。丛书的这八位教授是学生十分欢迎和尊敬的老师，同时他们的科研成就也非常突出，在教学和科研两个方面都为学院做出了贡献。

我相信，随着重庆大学新闻学院的不断发展，学院的教师们一定会有更多的新闻传播研究著作问世，继续为推动新闻传播教育和研究而努力。

是为序。

马胜荣

2022 年 10 月 8 日于北京

总序（二）

董天策

2019 年，对重庆大学新闻学院来说，是个具有重要意义的时间节点。这一年，经校内外专家评审与重庆大学学位委员会审议，新闻传播学成为重庆大学自主审核通过的首个一级学科博士点；这一年，“新闻传播学一级学科水平提升计划”获得学校支持，列入重庆大学“双一流”学科重点建设项目。

从 1999 年招收广播电视新闻学本科生，历经 20 年发展，重庆大学建成了新闻传播学本—硕—博的完整人才培养体系，学科专业水平不断提升。2019 年、2021 年，新闻学、广播电视学两个本科专业先后获批教育部国家级一流本科专业建设点。2020 年，重大新闻传播学团队获批重庆市高校协同创新研究团队。同年，新闻传播学在软科排名中进入全国高校同类学科前 20%。2021 年，软科首次发布专业排名，两个本科专业均在全国高校同类专业前 20 位以内。

面对这样的发展态势，在推进“新闻传播学一级学科水平提升计划”的过程中，我提议出版一套新闻传播学研究丛书，让新闻学院的教授们在建院 15 周年之际来个集体亮相。经过一两年筹划与准备，“新闻传播研究论丛”终于完成了八本书稿的编撰，交付重庆大学出版社出版。

重庆大学是中央直管、教育部直属的全国重点大学，国家“211 工程”和“985 工程”重点建设的高水平研究型综合性大学，国家“世界一流大学建设高校（A 类）”。20 世纪 40 年代，重庆大学就发展成为拥有文、理、工、商、法、医 6 个学院的国立综合性大学。1952 年全国院系调整，重庆大学成为以工科为主的多科性大学。改革开放以来，学校大力发展人文社科类学科专业，逐步发展成为研究型综合性大学。

1998 年，重庆大学成立人文艺术学院，开设广播电视新闻学专业。1999 年，成立广播电视新闻系，招收广播电视新闻专业本科生。2004 年，获批新闻学、传播学、广播电视艺术学三个二级学科硕士学位授权点；2006 年，获批新闻传播学一级学科硕士授权点，新闻学成为重庆市拟建设重点学科。

为了促进新闻传播学科专业的建设与发展，学校2007年组建文学与新闻传媒学院，聘任第十一届全国政协委员、新华社原副社长兼常务副总编辑马胜荣为院长。文学与新闻传媒学院在马院长的率领下稳健发展。学院成立当年，即与学校宣传部共建舆情信息研究所（中宣部直报点）。2010年，获批新闻与传播硕士专业学位点。2011年，学院与中国人民大学新闻与社会发展研究中心共建新闻传播与区域发展研究院。2012年，学校调整学科布局，将中文系划出，文学与新闻传媒学院更名为新闻学院。

正是在这个时候，学校物色我来主持新闻学院院务。这是我从未想过的。在学校领导的感召之下，我接受了邀请，深为能够服务于家乡的顶级大学而备感荣幸。当年，林建华校长曾提出一个问题：重大新闻学院能否不办博士教育而专注于硕士教育尤其是专业硕士教育，办出特色，像美国哥伦比亚大学那样？个人以为这是一个富有创意的构想，但考虑到国情，我不得不坦率回答：恐怕不行。在中国，一个学科专业没有博士点，大家就觉得水平不够。重大新闻学院还是要努力创建新闻传播学博士点。

就任院长后不久，重大人文社科学部负责人要我做一个比较完善的学科专业规划，我未能圆满完成任务，因为当时的师资队伍还不足以支撑一个理想的学科专业规划。我只好说：不急，“草鞋没样，边打边像”。幸好重大有个“百人计划”人才招聘项目，我能够陆续引进几位具有学术发展潜力的“百人计划”青年学者，同时努力招聘国内外的优秀博士，在三四年内逐渐组织起具有学术研究能力的基本科研与教学队伍。

2015年，新闻学院成功申报教育部、财政部高等学校“专业综合改革试点”项目“新闻学—卓越计划”，启动卓越新闻传播人才培养；新闻学专业获批重庆市特色专业。2016年，新闻学院成为中国记协确定的中国新闻奖试点报送18家新闻院所之一。2017年，新闻传播学入选重庆市重点学科，新闻传播与影视艺术专业群（与电影学院联合申报）获批重庆市特色学科专业群，新闻传播与区域发展研究院更名为新闻传播与社会发展研究院，获批校级研究平台，后再更名为数字媒体与传播研究院。学院的发展受到学界关注，被誉为国内高校十所“最具成长力的新闻学院”之一。

成长，是后起学院的主题，甚至是后起学院长期的主题。重大新闻学院2013年确立了“入主流，有特色，成品牌”的办学思路，2019年提出了“好学求真，力行至善”的院训，期待学院成长，期待教师成长，期待学生成长。令人欣慰的是，这些年来，重大新闻学院一直在成长，教师和学生也一直在成长。“新闻传播研究论丛”系列著作，就是重大新闻学院教师学术成长的部分记录，也是重大新闻传播学者参与中国新闻传播学术研究的个人见证。

对重庆大学这样的高校来说，建成新闻传播学一级学科博士点，新闻传播学进入软科学科排名前20%，只不过是真正的学科起步，未来的发展道路还很漫长。我相信，重大新闻学院的专任教师，包括“新闻传播研究论丛”的各位作者，一定会奉献更多更好的学术力作。

在此，特别感谢创院院长马胜荣先生。2007年，马老从新华社副社长兼常务副总编辑的领导岗位退下来，千里迢迢来到重庆大学创办文学与新闻传媒学院。2012年，为了支持我顺利开展工作，马老主动让我走上前台，改任名誉院长。即使按规定结束在重庆大学的所有工作之后，马老仍然一如既往，始终关心、支持、爱护重大新闻学院。请允许我代表新闻学院师生道一声：尊敬的马院长，感谢您为重大新闻学院所做的一切，我们向您致敬！

2022年10月8日 于重庆

前　言

《历史的褶皱：近代中国的媒介与社会》收录了笔者从事研究以来与新闻传播史略有关联的部分论文。之所以说是略有关联，主要因这几组论文虽与新闻传播史有些关系，但不少的论文研究范式与重心并不全然在新闻传播史的范畴。对史学研究来说，“媒介”往往只是通向历史现场的工具。在“媒介”研究尚未兴起之过往，对“媒介”内容的关注总是超过“媒介”本身。

全书以“历史的褶皱”为名，大抵反映了笔者十余年间观察的视角。孟子曾言“观水有术，必观其澜”。若将近代社会喻为历史长河，学者多于波澜壮阔处注目经心，而于遮蔽之处不甚留意。做学问的要义，总希望能在荒芜之处播下种子，延展人们的知识边界。年少之时难免轻狂，颇不知天高地厚，总想在无声处觅惊雷。每当探索至前辈学人未及研究的不毛之地，确有几分兴奋和难耐。是以初学之时，颇多留意一些前辈学人不甚措意的皮毛之处，任凭兴趣，率性而为。不仅天马行空，毫无禁忌，每有所得，也难免暗自窃喜。待阅历稍丰，方知年少轻狂的舞文弄墨更多只是自娱自乐，那些自以为是的“填补空白”，在他人可能只是不屑为之。人入不惑，方知时光易逝，有限之时光的确应思考些意义深远的问题，而不必在些许小问题上浪费光阴。然而前述诸文皆已草就，只能望洋兴叹，权且当作人生经历。若无年少狷狂，就无谈人生成长，这大抵也可以拿来作为一种解释。

笔者自历史学入门，后因工作关系转入新闻系。大抵说来，十余年间主要研究兴趣分别在东西方文化交流、医学社会史、新闻传播史三个领域。本册所收各文大多与新闻传播史略有关联，按集中之时段，约略分为“时代号角”“旧时光影”“历史转折”三篇。“时代号角”侧重在晚清印刷媒介与现代性的生成，“旧时光影”偏重民国时期的媒介、思想与社会图景的描写，这两部分多为数年前的旧作。“历史转折”一篇则多是笔者近年来关于新中国的政制转型与报业革新的一些思考。上述三篇，大体是不同时段作者治学的一些反映。因各时段研究精力、研究对象皆有不同，以致学术生产的数量、质量前后并不一致。为保持各篇相对平衡，暂且每段各选文五篇，全书共收文十五篇。

需要说明的是，全书所收各文先后在《新闻与传播研究》《国际新闻界》《近代史研究》《中共党史研究》《文艺研究》《音乐研究》《社会科学战线》《宗教学研究》等出版物公开发表。特别感谢匿名评审以及上述学术期刊的厚爱，使得拙文得以刊布。论文写作的时间跨度十余年，此次编辑合成一册，出于保留历史印迹之考虑，编辑时尽量保留了作品发表时的原貌。然而由于各刊物的注释风格颇多差异，因此结集出版时按出版要求对注释略作调整。唯涉及一些报刊，其时未标列详细页码或版面，现在已难以逐一回校，因此也未能完全统一，特此说明。

著　者

2022 年 2 月 24 日

目　录

第一篇 /

时代号角　印刷媒介与现代中国的发生

第二篇 /

旧时光影　民国的媒介、思想与社会图景

第三篇 /

历史转折　新中国的政制转型与报业革新

第一篇　时代号角

印刷媒介与现代中国的发生

近代西南最早的英文期刊：《华西教会新闻》述论

《华西教会新闻》（*The West China Missionary News*）作为西南地区最早以英文出版的近代期刊，在中国新闻史、出版史、宗教史上都占有非常重要的地位。但是，这份刊物发行量较小，在国内收藏甚少。该刊的稀缺及不广的收藏，使得学术界对刊物的研究相对有限，一些既有的只言片语的论述往往也多有讹误。近些年来，随着史料的发现及学术研究的不断推进，学术界也越来越注意到这份刊物非同凡响的价值。

为论述方便，有必要先对 *The West China Missionary News* 的名称作简单说明。该刊是一份英文刊物，在刊物的封面上，创刊号作 *West China Missionary News*，但在 1899 年 1 月 23 日，华西差会顾问部召开的第一次会议上，明确的定名是 *The West China Missionary News*。笔者所见最早的一份纸本，1900 年出版的第 2 卷第 7 期，封面已改作 *The West China Missionary News*。此后直至终刊，该名称一直未有变化，名称的始终如一反映出这份刊物办刊宗旨较为明确一致，刊物的编辑出版过程也相对稳定。至于这份刊物的中文名称，学界有不同的称法，概而言之，主要有《华西教会新闻》《华西传教新闻》《华西教会月报》等。这份刊物因以英文出版，主要又是给传教士看的，故而刊物本身并没有对应的中文名称，上述几种称呼都是研究者为研究、论述的方便，直接从英文名称翻译过来的，可以说都是可行的。就目前的研究情况来看，《华西教会新闻》这一称法最为普遍。

一、《华西教会新闻》出版概况

《华西教会新闻》于 1899 年 2 月在重庆创刊出版，第一任主编是陶维新夫人（Mrs. R. J. Davidson）。该刊是基督新教在西南地区创办的第一份刊物，也是近代以来在四川出版的第一份英文刊物。《华西教会新闻》共出版 45 年，于 1943 年底停刊，是基督教在四川创办的最重要、出版时间最长的一份刊物。就整个近代四川新闻出版史而言，该刊的出版年份亦属最长。

近代以来，帝国主义的全球扩张如火如荼，基督教亦追随其步伐广传“福音”。两次鸦片战争的失利，基督教凭借不平等条约向内地不断扩展。与此同时，传教士也大量涌入中国。新教传教士进入四川，始于1866年，该年伦敦会杨格菲(Griffith John)与英国圣书公会伟烈亚力(AIexander Wylie)游历四川。1877年，内地会的麦嘉底牧师(John McCarthy)在重庆建立了基督新教第一个福音传教点。此后的十余年，各差会相继来川，各自建有自己的传教站。到19世纪末，基督教差会在西南地区已是“派系林立”，数量甚众。

基督教在华西的各差会为避免传教领域的重叠和传教力量的分散，乃决定联合布道、协作共进。1899年1月，基督教在华西的各差会在重庆召开首次宣教师大会，共有72位传教士与4位来访者与会。此次大会通过《睦谊协定》，对各差会的传教区域进行了明确划分，决定各差会在事业方面相互协作，并专门成立华西差会顾问部(The West China Missionary Advisory Board)，负责协调各差会间的关系。[1]

也正是在这次会议上，圣公会何诗白牧师(J. H. Horsburgh)提交了一份报告，详细说明圣公会如何利用通函(circular letter)加强圣公会内部传教士之间的联系，这给与会传教士留下了非常深刻的印象。与会传教士迫切感到华西的各差会也同样需要这样一种媒介来协调各差会之间的关系以增强合作。[2]

大会讨论并决定为传教士们出版一份新闻通讯类的杂志，陶维新夫人被指定负责这份杂志的编辑和发行。[3]大会考虑到当时的实际情况，不可能像圣公会那样通过传教士游历的方式来传递信息，因此决定寻找一个中心和负责人接收来自各个传教站的信息，再把收集的这些信息进行分类整理，最后以邮寄的方式分发出去。[4]杂志的具体工作交由华西差会顾问部负责，杂志的名称和定价由华西差会顾问部第一次会议讨论决定。[5]

1. 此次会议在华西基督传教史上具有重要的意义，正是因此会议，差会间分散无序的传教状态得以调整，达成了差会间相互协作的共识，各差会间“合作高于冲突”的原则由此确立。相关的介绍可参见刘吉西等 . 四川基督教［M］. 成都：巴蜀书社，1992.

2，3. The West China Missionary News［J］. *The West China Missionary News*, 1938（2）：7.

4. The West China Missionary News［J］. *The West China Missionary News*, 1917（6）：5.

5. The First Editorial-February 1899［J］. *The West China Missionary News*, 1939（2）：39.

1899 年 1 月 23 日，华西差会顾问部召开第一次会议，会议专门对刊物的出版问题进行讨论，最后议定将这份刊物定名为 *The West China Missionary News*，同时还规定刊物售价为每年 0.5 两白银。[1] 重庆被选定为杂志的出版中心，陶维新夫人被任命为主编。此外还任命了各地传教站的编辑和通信者，他们负责给《华西教会新闻》提供当地的“新闻”。[2]1899 年 2 月，《华西教会新闻》在重庆出版第 1 期。该期共 16 页，包括 10 页正文和 6 页增刊，为手写本。

1900 年，因义和团运动和四川境内不断发生教案，基督教在华西的传教活动遇到很大危机，大批传教士被迫撤至东部沿海城市。1900 年 8 月，《华西教会新闻》延期出版至第 2 卷第 7 期后，迁往上海，编务通讯地址暂设上海昆山路 34a（34a Quinsan Road，Shanghai）。[3]《华西教会新闻》在上海属临时出版，出版的具体期数不详。然而在 1901 年所出第 3 卷 1、2 期合刊封面上，已有“Published at Chungking-West China”字样，这表明在上海出版的时间不超过半年。在 1901 年年初，该刊已迁返重庆继续出版。[4]《华西教会新闻》迁返重庆后，共在重庆出版 6 卷，卷期从第 3 卷至第 8 卷。1907 年 1 月，《华西教会新闻》由重庆迁至成都出版，卷期续前，为第 9 卷第 1 期。此后直至停刊的 37 年间，该刊一直在成都出版，未有任何迁转。

《华西教会新闻》早期的印刷情况不甚清楚，唯知最早的几期系手写本。然据 1900 年第 2 卷第 7 期来看，此时已改为 16 开铅印，可见初期手写草创的困难局面并没有持续太久，教会方面对该刊的出版甚为重视。自 1904 年起，《华西教会新闻》由重庆的龙门浩书社（The Lung Men Hao Press）负责印刷。1905 年，龙门浩书社与广益公司（音译，Kuang I Publishing Co.）合并为华英出版公司（The Chinese & English Publishing Co.）。从是年 6 月起，《华西教会新闻》也改由华英出版公司负责印刷。1907 年 1 月，《华西教会新闻》从重庆迁至成都出版，此后一直交由基督教在西部地区最大的印刷出版机构华英书局（The Canadian

1. Echoes from the West China Conference［J］. *The West China Missionary News*, 1925（2）: 7.
2. The West China Missionary News［J］. *The West China Missionary News*, 1917（6）: 6.
3. 封面［J］. *The West China Missionary News*, 1900（7）: 8.
4. Joseph Beech.Report of publishing committee［J］. *The West China Missionary News*, 1901（1-2）: 3-4.

Mission Press）承印。[1]

《华西教会新闻》是针对传教士而办的，并没有打算面向中国的阅读人群，因此它的发行量并不高。刊物最高发行量在 450 册左右，通常维持在 400 册左右。1903 年，杂志发行量为 222 册，1904 年为 230 册。[2] 1914 年，《华西教会新闻》的发行量达到 400 册，不过，这一数量到 30 年代末 40 年代初仍不见增长，每月的出版量仍基本保持在 450 册以内。在读者的分布方面，海外和国内的读者数量大体各占一半。以 1937 年为例，确切的订购人数是 424 人，中国各地订户为 195 人，占总订购人数的 46%，美国、英国、加拿大与澳大利亚等地的订户为 229 人，占总订购人数的 54%。[3] 考虑到在川各差会及下属各主要传教站都会订阅，因此，国内的销售份额几乎全由传教士占据。

第二次世界大战爆发后，随着日军侵华的扩大化，中国与海外的沟通日渐困难，传教士所需的图书与文化用品无法从海外输入，在华传教士与国外教会的联系被切断，《华西教会新闻》损失了为数众多的海外订购者，国外捐赠也因此中断，经营状况备受影响。在此情况下，《华西教会新闻》仍坚持出版，在加强各教会之间的联系与沟通信息方面扮演了重要的角色。随着中国国内经济的日益恶化，各教会的经济状况也渐入窘境，《华西教会新闻》最终无力承担印刷与纸张的巨额费用，被迫于 1943 年年底停刊。在最后一期，编辑部这样写道："曾经打算本年出版 3 期，但事实证明这已不可能。华西教会新闻出版委员会在最后一次会议上，带着深深的遗憾决定：在财政状况好转或者得到专项补助前，当前除了暂停出版外已经别无他选。因此，本期将是无确定时期的最后一期。"[4]

二、《华西教会新闻》的组织系统与经营管理

《华西教会新闻》最初由华西差会顾问部负责，后来华西差会顾问部下设出版委员会，改由出版委员会具体负责《华西教会新闻》的出版工作。《华西差会顾问部细则》规定出版委员会由三人组成，其中两人应该分别是杂志的主编和经理。委员会负责所有与《华西教会新闻》相关的出版事宜，重大事宜则与华西差

1. To sub-editors and subscribers［J］.*The West China Missionary News*, 1906（12）: 291.
2. To subscribers and friends［J］.*The West China Missionary News*, 1904（12）: 249.
3. The West China Missionary News［J］.*The West China Missionary News*, 1937（2）: 37.
4. Decision to Suspend Publication Pro Tem［J］.*The West China Missionary News*, 1943（5-12）: 56.

会顾问部下设的当地分部（共设成都、重庆、云南、贵州四个分部）协商决定。[1] 1937 年 9 月 24 日，华西差会顾问部执行委员会决定终止差会顾问部的运作，由各差会各任命一名代表组成新的《华西教会新闻》出版委员会（The West China Missionary News Publication Committee）负责《华西教会新闻》的出版工作。[2] 就《华西教会新闻》来看，该刊 1938 年 3 月号封面仍写明由差会顾问部负责出版，是年第 4 期起则改由《华西教会新闻》出版委员会出版。由此至停刊，该刊的出版工作一直由出版委员会负责。

《华西教会新闻》组织系统图

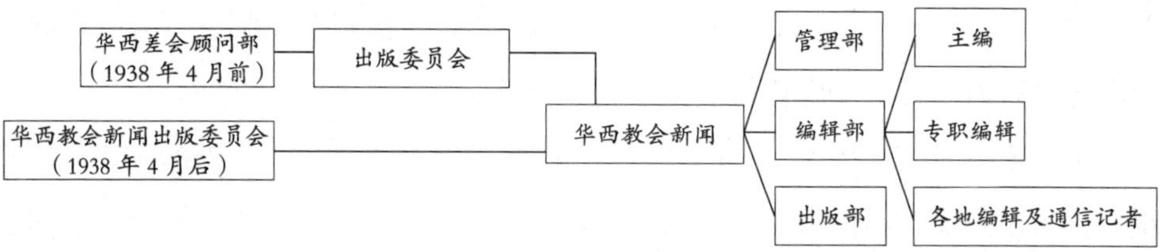

1901 年 1 月 8 日，华西差会顾问部出版委员会召开第一次会议，决定将《华西教会新闻》的具体工作分为出版、管理与编辑三个部门，以减轻编辑的负担，让他们能各司其职、办好刊物。出版委员会议定，由陶维持先生（Mr. A. Warburton Davidson）负责出版工作，希斯洛普（Mr. Hyslop）负责商业管理，陶维新夫人除继续担任主编外，还要招揽各地编辑（sub-editors），负责编辑部总体工作。[3] 随着《华西教会新闻》出版步入正轨，刊物的内容愈为丰富，文章品质和数量都有明显的提升，这对刊物的编辑提出了进一步的要求。1909 年 5 月，因编辑部工作需要，编辑部添设了教育、文学、新闻、青年工作与妇女工作五个专职编辑。第一届专职编辑分别为新闻编辑倪维新（J. Neave）、教育编辑客士伦（C.R. Carscallen）、文学编辑斐焕章（J. Vale）、青年工作编辑唐彼美（C. E. Tompkins）和妇女工作编辑惠爱真（Miss. G. E. Wells）。[4]

尽管杂志添设了五位专职编辑，但专职编辑并不能代替撰稿作者成为杂志的信息来源。《华西教会新闻》的时事消息大部分都依赖该杂志在各传教站的编辑

1. Constitution and by-law of The West China Mission Advisory Board［J］. *The West China Missionary News*, 1916（3）: 27.
2. West China Missionary Advisory Board executive committee［J］. *The West China Missionary News*, 1937（12）: 16.
3. Joseph Beech.Report of publishing committee［J］. *The West China Missionary News*, 1901（1-2）: 3-4.
4. Minutes of West China Missions Advisory Board［J］. *The West China Missionary News*, 1909（6）: 3.

（sub-editors）和通讯记者（correspondents）采写。杂志委任了各传教站（stations）的传教士担任外地编辑和通讯记者。1901 年第 7、8 期合刊上，编辑部即公布了各地的编辑共 19 人。[1] 1906 年 9 月，《华西教会新闻》公布的各地编辑名单共有 26 人，遍及华西 26 个传教点，其中 24 人都在四川。编辑人数以内地会为最多，共 14 人。[2]

《华西教会新闻》作为教会内部的英文刊物，主编和经理等重要职务都由外国传教士担任，只有杨少荃等少数中国基督徒参与了编辑。从 1899 年 2 月第 1 号出版至 1943 年底停刊，先后有 10 人担任《华西教会新闻》主编，其中周忠信（Dr. J. Taylor）担任过 4 次，杜焕然（J. L. Stewart）担任过 2 次。主编主要负责文字编撰及其他各项交流活动，经理则主要负责杂志的经济收支、征订、资金捐赠、广告刊发等事宜。在杂志 45 年的历史中，共有 15 人担任过杂志的经理，较突出的有海国禄（A. H. Broomhall）、傅文博（G. M. Frank）、孙秀英（Miss Adelaide Harrison）等人，其详细情况如下表：

《华西教会新闻》历任主编、经理（1899—1943）

主编		经理	
姓名	任职时间	姓名	任职时间
Mrs. R. J. Davidson（陶维新夫人）	1899.2—1902.7 [3]	Hyslop（希斯洛普）	1901.1—1902.12
Mrs. John Parker（巴约翰夫人）	1902.8—1906.12	A. H. Broomhal（海国禄）	1903.1—1906.12
O. L. Kilborn（启尔德）	1907.1—1909.4	G. M. Frank（傅文博）	1907.1—1909.12
Henry Hodgkin（霍德进）	1909.5—1910.1 [4]	A. T. Crutcher（陈文增）	1909.6—1916.2
Dr. J. Taylor（周忠信）	1910.2—1911.12	Mr. Homer G. Browm（饶和美）	1916.3—1914.4
J. L. Stewart（杜焕然）	1912.1—1916.12	W. N. Ferguson（福格森）	1917.5—1918.5
Dr. J. Taylor（周忠信）	1917.1—1921.12	空缺	1918.6—1918.12

1. Sub-editors［J］. *The West China Missionary News*, 1901（7-8）: inner front cover.

2. To sub-editors［J］. *The West China Missionary News*, 1906（9）: 208-210.

3. 1901 年 3 月，毕启（J. Beech）在上海担任过临时主编。

4. 霍德进虽被选为主编，但要到 1910 年 1 月才能加入工作。因此 1909 年 5 月至 12 月缺主编。启尔德离任前已经编好 5 月刊。1910 年 1 月，霍德进担任主编，2 月即卸任，可谓该刊历史上实际任职最短的正式主编。

续表

主编		经理	
姓名	任职时间	姓名	任职时间
J. L. Stewart（杜焕然）	1922.1—1924.12	G. M. Frank（傅文博）	1919.1—1921.12
Dr. J. Taylor（周忠信）	1925.1—1928.12	G. Vinden（云登）	1922.1—1922.12
Dr. Lewis F. Havermale（何体道）	1929.1—1930.12	S. H. Frier（福赉尔）	1923.1—1925.1
Mr. F. Boreham（罗四维）	1931.1—1934.1	G. M. Frank（傅文博）	1925.2—1927.8
Dr. J. Taylor（周忠信）	1934.2—1936.4	H. J. Opershaw（夏时雨）代理	1927.9—1928.5
Mr. Homer G. Brown（饶和美）	1936.5—1939.12	G. M. Frank（傅文博）	1928.6—1933.1
Mr. Lutley（陆义全）	1940.1—1943.12	Miss Adelaide Harrison（孙秀英）	1933.2—1937.4
		Mrs. E. C. Lechler（陆义全夫人）	1937.5—1938.4
		Mrs. B. Burgoyne Chapman（贾溥萌夫人）	1938.5—1938.6
		空缺	1938.7—1938.10
		Jane Hibbard（希巴德）	1938.11—1939.10
		Argetsinger，Miss Minmie E.（明德馨）	1939.11—1943.12

《华西教会新闻》从创办之初就缺乏雄厚的资金支持。刊物的资金主要来源于三个方面：第一，杂志的订购费用。《华西教会新闻》的发行量不大，刊物订购数量长期稳定在400册左右。这大约400册的订购费用是《华西教会新闻》资金最重要的来源。第二，广告收入。广告收入构成《华西教会新闻》另一项重要的资金来源。以抗战中的1936年为例，杂志全年收入为1060.73鹰元，其中杂志订购费用为699.13鹰元，广告收入为260.50鹰元。两项收益约占全年总收入的90.5%，成为《华西教会新闻》主要的经济来源[1]。此外，教会捐助也是《华西

1. West China Missionary News［J］. *The West China Missionary News*, 1937（3）: 30.

教会新闻》收入的一个来源。《华西教会新闻》不时得到部分传教士个人及教会团体的捐赠。在困难时期，编辑经常发出请求捐助的呼吁。不过，这样的捐助数量相对有限，并无法从根本上保障杂志的常规运作。总的来看，《华西教会新闻》经济状况并不富裕，资金来源也相对有限，杂志甚至还要寄希望于个人或团体的无偿捐助以协助出刊，这在很大程度上决定了《华西教会新闻》未来的命运。

全面抗战爆发后，中国经济遭遇严重的通货膨胀，印刷、纸张、工作人员的费用日益攀高。1937 年 2 月期的《华西教会新闻》，共 40 页，印刷出版费用为 71.80 元。1941 年 2 月出刊的 1、2 期合刊，共 52 页，印刷出版费用高达 452 元。再到 1941 年 10 月出刊的 9、10 期合刊，共 54 页，费用又增长一倍多，达 992 元。[1] 1941 年 3 月 24 日到 3 月 26 日，仅仅在三天之内，成都生活费用的平均指数就从 1012 元增至 1449 元。[2]《华西教会新闻》面对如此规模的通货膨胀，显得办法不多，力量不足。尽管编辑部一再坚持出版，但最终不得不于 1943 年底停刊。

三、《华西教会新闻》的办刊宗旨与风格

华西基督教差会创办《华西教会新闻》的主要目的是为交流信息和加强合作，这决定了《华西教会新闻》自其筹备之日起就是一份“由传教士所写、为了传教士、关于传教士”的传教士圈内的刊物。杂志创办初始，编辑们就选择了基督教教父圣·奥古斯丁的箴言“基于要事，统一；基于非要事，自由；基于所有事，仁爱”，作为杂志的基本原则。[3]

1899 年 2 月，《华西教会新闻》创刊号的社论表述了其最初的宗旨：“要是没有各地助理编辑们系统、积极的说明，我们的刊物将会失败，因为它是为了‘来自华西所有差会的信息的流通’——而在有效的相互协作下，将会出现最愉快的工作前景：即在不同地方和不同差会的所有同工互惠的‘紧密团结’，以增加富有同情的理解和‘领悟性’的祈祷。当我们发布新闻报道的时候，我们是在写信给‘弟兄们’‘肢体’‘同工’；当我们阅读它们的时候，我们要培养共同的理念并祈祷避免批评的或评判的精神。”[4] 首任主编陶维新夫人指出：“《华

1. Important Notice［J］. *The West China Missionary News*, 1941（11-12）: 355.
2. Cost of Living in Chengtu［J］. *The West China Missionary News*, 1941（5-6）: 196.
3. The West China Missionary News［J］. *The West China Missionary News*, 1917（6）: 6.
4. Editorial［J］. *The West China Missionary News*, 1899（1）: 2.

西教会新闻》是华西三省传教士的声音，只有依靠大家共同维持才能成功。呼吁地方编辑、普通读者就任何有用的或对传教士来说有趣的文章投稿，才能使《新闻》成为传教士进步的真正记录、思想交流的管道。”[1]第三任主编启尔德则说：“为什么要等到八到十年召开一次的传教大会才来交流思想和经验呢？唾手可得的《华西教会新闻》就是我们的平台。”[2]《华西教会新闻》早期所有的言论都表明，杂志出版的目的旨在为华西地区传教士提供沟通与交流的平台，促进华西各差会的紧密协作。1905 年，在致全体订阅者的信中，《华西教会新闻》更是明确阐明杂志的根本目的在于促成华西传教士爱与同情的紧密结合，从而让传教士们感到他们并不是孤立的个体或松散的小团体，而是为“中华归主”而奋斗的统一体。[3]

创刊伊始，《华西教会新闻》秉持的办刊宗旨就相当明确，在该刊出版的 45 年历史中，该刊的办刊宗旨虽偶有调整，但其基调却一以贯之，基本上没有变化。启尔德总结刊物“由传教士所写、为了传教士、关于传教士”的特点可谓贯穿始终。这一点从作者群体及讨论主题上也可以清楚看到。作为华西基督教差会的“喉舌”，加之又是一份纯英文出版物，刊物文章大多出于西人手笔，华人文字寥若晨星。[4]早期的杂志中，仅刊载过一位陈姓中国人（Ch’en Chang-sin）的通信，那还是因为该期出版时传教士大部分都从四川撤离，杂志为了解内地情况的无奈之举。[5]有学者作过统计，《华西教会新闻》出版的 45 年中，共有约 90 位中国人士在刊物中发表各类地方消息、通知、报告、诗歌、散文、专论等文章约 140 篇。在 1919 年前，华人发表的文字不超过 20 篇，20 世纪 20 年代之后，华人撰写的文章才逐步增加。这些中国作者绝大多数都是基督教会领袖，他们受过较好的教育、具有丰富的基督教工作经验，关键是能用英文写作。一些较有名望的教会领袖如吴耀宗、刘廷芳、张伯怀、韦卓民、赵紫宸、张雪岩、孙恩三、刘龄九、沈子高、张凌高、方叔轩、顾子仁、蔡咏春、杨少荃、王俊贤、费宗之

1. Editorial［J］. *The West China Missionary News*, 1901（7-8）: 61.

2. Editorial［J］. *The West China Missionary News*, 1907（1）: 1-2.

3. To subscribers and friends［J］. *The West China Missionary News*, 1905（12）: 256.

4.《华西教会新闻》完全由外国人负责经营管理，主编和经理等重要职务都由外国传教士担任。作为中国基督徒，笔者只见到杨少荃参与了刊物编辑。

5. Ch’en Chang-sin.Kuan Hsien Notes［J］.*The West China Missionary News*, 1901（1-2）: 25.

等都曾在刊物发表文章。尽管华人在刊物上有所发声，然而较之《华西教会新闻》刊载的全部文章而言，华人作者的声音无疑极为微弱，刊物仍旧把持在传教士手中。而无论是传教士，还是华人作者，文章讨论的议题显然都是以“传教”为中心展开的。

《华西教会新闻》长期秉持的以“传教士”为核心的办刊宗旨虽然有利于刊物的稳定，但另一方面也使得刊物变得相对封闭而保守。这在 20 世纪 30 年代初的刊物上表现得极为明显。1929 年 1 月，何体道担任《华西教会新闻》主编，他上任后试图对刊物的办刊方针做出大胆改革。他在担任主编后发行的第 2 期《华西教会新闻》中，即 1929 年的 2 月刊中，第一次以刊物主编的身份在社论中明确地宣告了他带领下《华西教会新闻》的组稿方针：“我们的政策是为对宣教工作有兴趣的人提供一个机会，让他们有可能通过阅读了解任何一位——无论中外、激进或保守——撰稿者的观点。”[1] 何体道的意图是使刊物变得更开放，然而他的做法挑战了刊物的原有宗旨，因而遭到了部分传教士的强烈质疑。有的传教士对刊物邀请中国作者撰稿的思路质疑，他们声称既然刊物的名称为“传教士”（missionary），那就是为传教士团体而办的刊物，中国人无权对传教士的工作方法和传教成效指手画脚。[2] 尽管何体道随后对这种论调进行了驳斥，并坚持相对开放的办刊理念，鼓励刊登不同意见、不同来源的稿件，然而不难看到《华西教会新闻》从创办伊始即坚持的办刊宗旨将刊物局限在了“传教士”的小圈子里，哪怕是偶尔、局部的变化都可能遭遇巨大阻力，以致刊物的性质、风格、特点长期沿续，难有实质性的突破。

随着近代中国时局的变化，以及中国基督教徒的日益增多，《华西教会新闻》是继续代表传教士、停留在封闭的小圈子，还是代表整个华西教区，正视中国基督徒的成长日益成为一个突出问题。1937 年 9 月 24 日，华西差会顾问部执行委员会决定终止差会顾问部的运作，改由各差会各任命一名代表组成新的《华西教会新闻》出版委员会负责刊物的出版工作。1938 年 3 月 21 日，在新的出版委员会举行的第一次会议上，委员们就提出杂志风格应该更加中国化，希望得到

1. L. F. Havermale.Editorial［J］. *The West China Missionary News*, 1929（2）: 7.
2. L. F. Havermale.Editorial［J］. *The West China Missionary News*, 1929（4）: 2.

中国基督徒的合作，使刊物能够代表整个教会而非只是传教士团体。[1]《华西教会新闻》出版委员会的这种意图反映出《华西教会新闻》对传统的“为了华西传教士，由华西传教士所办”的这一既定办刊宗旨的反思，透露出杂志企望朝向“为华西教会”转变。同年 11 月，新闻出版委员会再度召开会议，委员会提出建议将杂志刊名改为《华西基督教新闻》（*The West China Christian News*），虽是从 Missionary 到 Christian 的一词之易，却反映了委员会希望刊物能涵盖更为宽泛的内容，代表整个华西基督教而非仅是传教士小团体。[2] 上述的意见都显示出在新的时代背景下，《华西教会新闻》不应故步自封，仅仅作为传教士交流与沟通的平台，而应该肩负起整个华西基督教会沟通、交流的重任，这就要求《华西教会新闻》从传统专为“传教士”服务转向为包括中国信徒在内的整个华西基督教会服务。尽管杂志的管理机构已注意到杂志有变革的必要，不过就实际来看，杂志名称最后还是没有改变。在刊物的最后几年，杂志虽努力更为开放，也为中国基督徒提供了更多的话语空间，但由于语言的障碍，杂志的读者群体始终还是曲高和寡的“小众”，而不可能真正面向中国“大众”。

纵观刊物 45 年的创办历程，《华西教会新闻》“互通生气、加强协作”的办刊宗旨及“由传教士所写、为了传教士、关于传教士”的办刊特点未曾出现明显的变化，这虽然有利于杂志内容与风格的稳定、连续，但在另一方面却也局限了杂志的发展，导致了杂志长期封闭在传教士的小圈子之中，未对其时的中国社会造成重大影响。

四、《华西教会新闻》的编排设置与内容

《华西教会新闻》出版历史较长，出版期数众多，为更好地展现杂志的编排设置与主要内容，下面以 1899 年 2 月创刊号及其后每十年第 1 期（1909 年第 1 期、1919 年第 1 期、1929 年第 1 期、1939 年第 1 期）为样本，对各期刊载的具体内容略加介绍，以望能管中窥豹，让读者对该刊的基本样态及主要内容有大致了解。

1899 年 2 月出版的创刊号登载的内容有：社论，华西传教士大会报告，华西顾问部记录，外国儿童学校（消息），重庆新闻。在正刊之后，还附有一个长

1. The News Publication Committee［J］. *The West China Missionary News*, 1938（4）: 136.
2. J Hibbard.The Publication Committee Report［J］. *The West China Missionary News*, 1938（12）: 429.

达 6 页的增刊，记载了首届华西传教士大会对传教领域的划分与协作的决议。

1909 年第 1 期的内容：类似社论的编者前言、加拿大信徒传教运动、美以美教区会议、华西圣教书局月会、诗歌箴言："文"的国度、展望与回顾、邮政式罗马拼音法、昭通传教站新闻、成都传教站新闻、摘要、协合中学工作、要闻节选、出生启事。

1919 年第 1 期刊载文章：社论、华西圣教书局、华西圣教书局的组织结构、早期的小册子发行、书册发行成果、"在水边播种"、医院布道的小册子、布道与小册子、书局将来的展望、成都会议对华西圣教书局的意义、至理名言、布道消息、贵州少数民族的生活状况、荣县的妇女布道工作、富顺的妇女布道工作、重庆消息、感恩节、医务人员的请求、为公众利益、通信、建筑消息、医学论文、流感的疗法、出生启事。

1929 年第 1 期内容如下，社论、巨人的工作、我的杯子：你能喝吗？川东之行、华西差会顾问部、何谓进步？附注、重庆新闻、出生启事、华西边疆研究会计划、罗泉井教会：困难时期的发展。

1939 年第 1 期文章目次如下，马德拉斯来电、一条教义、信仰宣言、进入新的一年、诗歌：生命的长河、布道试验、侯礼敦主教、杨少荃、成都的工厂、满足需要？一封来信、义务祷告、昆明成为"难民城"、重庆新闻、"但这就是永生"、书会新成员、大学博物馆、黑门、下江新闻、华西教会新闻、上海给马德拉斯的建议、成都市区新闻。

从编排设置上看，《华西教会新闻》各期并没有明确固定的栏目划分，但每期杂志在编排上的大致分类还是有迹可寻的。例如创刊号有的"社论"和"新闻"，在其后的每一期基本上都会出现，成为相对固定的栏目。从整个编辑的体例来看，杂志基本上遵循社论、纪要、专文、各地新闻、通信、杂录（分类名称为笔者所加）这样的大致体例进行编排以让杂志显得较为规范、连续。笔者根据对该刊的阅读，对杂志刊载内容进行了大致分类，介绍如下：

社论：主要是杂志编辑部对差会、杂志及其他重要的事件所作评论、发表意见，或对该期杂志涉及的重要文章加以介绍。该栏目是杂志较常规的栏目，杂志通常会以"社论"为名编排一组文章作为开篇。

纪要：主要刊载华西差会顾问部、华西基督教各差会、各基督教团体的各类会议、报告、会议纪要、参会印象、会议评论等。此类文章如华西传教士大会报告、华西顾问部记录、中华圣公会新闻、云南的加拿大卫理公会、成都会议的印象、会议详情等。

专文：传教士对各类问题的分析、评论、研究。如发生在长江上游地区的惨剧、华西地区的少数民族部落、贵州少数民族的生活状况、万县方言、泸州的洪灾、早期的中国传教事业、成都的社会环境和工业环境等文章都属此类。

各地新闻：杂志基本上每期都会以一定的篇幅刊载来自各地的新闻，这些消息按地点排列为一组文章，基本都被安排在专论文章之后、读者通信之前。例如第 19 卷第 7 期的 *News Notes* 就刊载有来自西藏、叙府（今四川宜宾）、重庆、铜梁等地的消息。在最初的一段时间，刊载的新闻主要集中在成都、重庆、万县等大中城市，随着基督教势力的不断扩张，各县镇的消息也有所报道。

通信：该类信息通常被编排在各地新闻之后，旨在让读者透过信件了解各地情况、交流思想。与各地新闻相较，该类报告主要以“通信”的形式出现，内容不仅有各地见闻，还包括传教士对杂志办理、传教方针、时事问题等的交流和讨论。

杂录：主要是传教士个人的一些启事、通告等，包括出生启事、讣告、婚礼、休假等信息，通常安排在杂志的末尾。

需要说明的是，这种分类仅是笔者对杂志刊载内容进行的大致划分，事实上，每期杂志并不严格按这种分类编辑，即使一些常规设置的栏目，也并非每期固定不变。例如最后一期就没有社论。但若将几十年的杂志作纵向比对，则不难发现，上述分类与杂志内在的编排逻辑基本上还是吻合的。

再从杂志刊登的内容上看，作为基督教华西顾问部的机关刊物，《华西教会新闻》刊载的核心内容无疑是基督教在华西各差会的传教信息。《华西教会新闻》是基督教在华西各差会为协调传教力量、加强事业协作而创办的沟通与交流平台，这决定了杂志是华西基督教各差会共同的财产。“差会联合创办”的特点使得《华西教会新闻》能以较平等、包容的态度代表各不同差传团体的利益。《华西教会新闻》对华西地区各差会的会议计划、安排、事业都有报道，堪称是华西基督教传教活动的“全书”。刊物内容既包括华西各差会传教布道的会议、决策、方案、报告，又包括各传教团体及传教士在华西兴办教育、设立医院、推进宗教文字出版、从事社会救济等方面的具体工作与详细活动，完全体现出“由传教士所写、为了传教士、关于传教士”的特征。例如创刊号所载华西传教士大会报告、华西顾问部记录，1909 年第 1 期所载美以美教区会议、华西圣教书局月会，1919 年第 1 期关于华西圣教书局的系列文章都属于此类。这些与传教活动直接相关的文章在刊物上比例最大，构成了杂志的主体，这也决定了《华西教会新闻》是一份地道的宗教刊物。

除上述与传教活动密切相关的文章外，《华西教会新闻》也有部分文章涉及中国西部的政治经济、人文地理、风土人情及社会状况等方面的内容。这类文章在整个杂志中所占比例虽然不高，但总数不少。仅以 1916 年的杂志为例，涉及四川地区的社会风俗、人文地理的文章大致就有《成都的社会环境和工业环境》（18 卷 2 期）、《四川的桐油树》（18 卷 2 期）、《成都城墙的历史》（18 卷 9 期）、《四川的史前石器》（18 卷 9 期）等篇。此外，杂志还刊载了一些传教士对西藏、贵州和云南等地的考察报告。1901 年的第 1、2 期合刊中就刊载有名为《华西地区的少数民族部落》一文，对华西地区的少数民族做了较为详细的介绍。1911 年 1 月，内地会茂尔夫妇（John R. Muir）在其《漫游西藏边境》的文章中则对该地区进行了很有价值的地理测量。斐焕章对“占卜、算命和巫术”有较为深入的分析。加拿大传教士穆里儒（W. J. Mortimore）讨论了《中国的丧葬风俗》（17 卷 4 期）。类似的文章还有《苗族的季会》（19 卷 1 期）、《川西的少数民族地区及其人民》（19 卷 2 期）、《中国西部的风土人情》（19 卷 5、7 期）等。有学者进行过初步的统计，《华西教会新闻》所刊论述西藏的文章不下 40 篇，内容涉及西藏政治、地理、宗教、民俗、妇女、建筑、疾病、藏文献、差传工作等方面，当属新教传教士对西藏较早期的初步认识，具有重大的研究价值。

五、《华西教会新闻》的价值

《华西教会新闻》作为近代四川出版时间最长的刊物，记录了近代以来传教士在华西地区活动的基本轨迹，也较完整地保存了西方传教士对西南地区的观察和认识，其价值无疑非常重要。以笔者陋见，《华西教会新闻》的价值至少体现在下列几个方面：

第一，《华西教会新闻》是研究近代西南地区基督教传播史、研究近代西南地区中西文化交流史的重要载体。

由于西南地区地处内陆，近代以来，与外部世界接触沟通相对有限。西南地区的中西文化交流，很大程度上是由传教士作为中间人来完成的。无论是获得世界和平奖章的文幼章（James G. Endicott），还是在博物学界享有盛誉的葛维汉（David Crockett Graham），以及开创中国牙科事业的林则博士（Ashley W. Lindsay），他们都拥有华西传教士这个共同的身份。《华西教会新闻》这一记录华西传教士事业、活动、生活轨迹的重要文献，无疑是研究近代西南地区基督教传播史、近代西南地区中西文化交流史最直接、最核心的第一手资料。

《华西教会新闻》作为华西差会顾问部的机关刊物，是华西地区基督教差传工作的权威指南和时代见证。1906 年 5 月，华西差会顾问部年会决议将《华西教会新闻》作为华西顾问部的机关刊物。[1] 此后，《华西教会新闻》协调各差会之间利益及加强各差会相互协作的作用更为明显。在当时交通不便、信息不畅的条件下，《华西教会新闻》在某种意义上起到了发布决议、传递消息的作用，华西地区的传教差会几乎都将《华西教会新闻》作为重要材料置于案头。作为时代的见证，《华西教会新闻》致力于刊载华西各基督教差会的各项事业以促进相互协作。杂志主编启尔德将杂志的内容概括说："我们的杂志首先是一份报纸，我们想获得华西（四川、云南、贵州）各个传教站的信息。当然，我们想得到的信息是传教士的信息，由传教士为传教士写的关于传教士的，特别是关于传教方法和传教工作的信息。"[2] 确如启尔德所言，刊物几乎所有的文章都与传教士相关联。刊物不仅刊载了华西各差会的报告、决议、消息，而且报道了各传教团体在川兴办教育、设立医院、推进文字出版、从事社会救济等事业。这些文章内容丰富、范围宽泛、报道详细，勾勒了近代以来传教士在西南地区生动、细致的活动画卷，弥补了中文世界中相关材料不足的缺憾。

作为传教士之间"互通声气、加强协作"的英文刊物，本刊明确以传教士为

---

1. Minutes of the Annual Meeting of the Advisory Board of the Reference and Cooperation［J］. *The West China Missionary News*, 1906（6）: 137.
2. From His First Editorial January-1907［J］. *The West China Missionary News*, 1939（2）: 40.

阅读对象，这虽然致使杂志封闭在传教士的小群体之中，然而语言的相对“垄断”以及刊物内部交流的性质却又增强了刊物的史料价值。就负责编辑刊物的传教士而言，他们多多少少是本着保留档案、记载历史的心态来面对这项工作的。当时编辑部在给华西差会顾问部的报告中就自信地说：“在将来，一些勤奋而执著的历史研究者势必通过《华西教会新闻》获得华西教区基督教发展的原始材料。”[1]编辑们在出版过程中所表现出来的这种严谨的态度无疑给后世治史研究者留下了一笔丰厚的文化遗产。毫不夸张地说，《华西教会新闻》是今天我们了解、研究传教士在西南地区活动的大百科全书。如果在研究近代西南地区基督教传播史、西南地区中西文化交流的过程中回避或忽视了《华西教会新闻》，这将是莫大的遗憾。

附带说一句，20 世纪 40 年代燕京大学新闻系古廷昌曾发表“*The Protestant Periodical Press in China*”（其时中文译为“中国基督教抗罗系出版之期刊的研究”），对基督新教出版的期刊作详尽的调查与统计。古氏说其时基督教在华出版时间最久的期刊首推《教务杂志》（*Chinese Recorder*），而次之的，即为《华西教会新闻》[2]。由此，也可以看出《华西教会新闻》在基督教传播史及出版史上的地位。

第二，《华西教会新闻》为研究西南边疆社会提供了重要的资料。

回顾西南边疆研究的历程，不难发现近代西南边疆研究乃是由西方学者发其端绪。对于传教士在早期西南边疆研究中扮演的角色与地位，学术界已有不少的论述。民国边疆史学家徐益棠回顾中国边疆民族研究时就说：“我国边疆民族之研究，创始于外国之传教士、商人、领事、军事家、自然科学家，而尤以法国之天主教徒及英国之基督教徒为最有贡献。”[3]传教士在早期西南边疆研究中的地位可见一斑。在早期由外国研究者主导的西南边疆研究中，传教士学者往往身兼“学者”与“传教”的双重身份，在实际活动中，他们也多是传教兼及科学考察。而在近代传教士对西南边疆的学术研究进程中，《华西教会新闻》

1. Report of the editor of West China Missionary News［J］. *The West China Missionary News*, 1918（12）: 11.
2. KU T Ch. The Protestant Periodical Press in China［J］.*Truth And Life*，1936，X（6）: 7.
3. 徐益棠 . 十年来中国边疆民族研究之回顾与前瞻［J］. 边政公论，1942，1（5-6）: 54-56.

占有相当重要的地位。

《华西教会新闻》的内容虽以传教事业为主，但也刊载了大量关于西南边疆的文章，这些文章构成了传教士对中国西南最直观的认识，从别样的层面展现了传教士对西南边疆的印象和情感，映射出传教士在认识西部中国的过程中所持有的立场、态度和逻辑。这些文章中不少是后来在西方较有影响的汉学家、博物学家早期的研究成果，有较重要的学术价值。比如葛维汉博士在杂志上就陆续发表了《四川省的宗教状况》（30 卷 6 期）、《世界屋脊之行》（32 卷 12 期）、《华西协合大学博物馆》（35 卷 1 期）、《川苗之行》（38 卷 10 期）、《羌族的宗教》（44 卷 3、4 合期）等文章，对西部地区的宗教及民族风俗有详细深入的研究。另一位博物学家、英国皇家地理学会会员叶长青（H. Edgar），则在杂志上发表了一系列康藏地区的见闻、介绍、研究，包括《人类崇拜：佛和菩萨》（25 卷 4 期）、《藏区尼庵和觉姆》（31 卷 12 期）、《西藏的土匪》（32 卷 1 期）、《理塘之行》（35 卷 4 期）、《喇嘛教》（39 卷 5 期）等，这些文章通过《华西教会新闻》这个平台，不仅引起了在华传教士的关注，也将神秘的康藏介绍给了西方，引起了西方读者对西南边疆的兴趣。

《华西教会新闻》上刊载的有关西南边疆的文章涉及范围甚广，包括语言学、生物学、民族学、民俗学、考古学、宗教学等多个领域，就文章的价值观之，其中不少文章堪称近代西方学者对西南边疆进行的最早的科学研究，有着较高的学术价值。当然，《华西教会新闻》作为一份典型的宗教刊物，传教士片断的描述大多带着“西方中心”及基督教的偏见。然而，我们也应该辩证地看到，这些文章同时也构成东西方交流中西方传教士对近代西南边疆之最初印象。刊物为今日的西南边疆研究提供了来自“他者”的重要材料，无疑是研究民族学的珍贵文献。

不仅如此，《华西教会新闻》更提供了有关传教士研究者丰富的个人信息。《华西教会新闻》虽是一份地道的宗教刊物，但因该刊是西南地区传教士最方便、最直接的交流平台，故而杂志包含大量传教士个人的信息。较之于纯粹研究性的刊物，诸如以传教士为核心的华西边疆研究学会出版的《华西边疆研究》，《华西教会新闻》更多刊载传教士的旅行笔记、感想见闻，兼及短小的研究文章。以前述传教士叶长青为例，叶氏是近代在西南边疆从事博物学研究的重要学者，但学术界对其了解极为有限。《华西教会新闻》不仅刊载了叶氏的若干见闻录，而且还刊发了关于他生平、事业的重要文章。叶氏逝世后，杂志第 38 卷第 4 期即刊发了讣告，次期又刊载了在西南地区传教的数位传教士对叶长青的纪念悼文，较为详细、全面地总结、回忆了叶长青的一生，其中披露的诸多细节对我们了解这位长期为学界所不熟知的博物学家提供了重要的参考。《华西教会新闻》刊载的与传教士相关的旅行日程、休假安排、研究计划、书信、札记、见闻、启事、讣告、追思纪念等内容，或可于不同层面揭示传教士的个人经历、知识背景、性情喜好、人际网络。透过研究者本身的“人”与“事”，想必更能展示这些传教士学者于学术研究之外的情感、态度与思想。

第三，《华西教会新闻》是研究近代四川社会的珍贵文献。

《华西教会新闻》虽是一份宗教刊物，然而其价值与意义并不局限于宗教研究。作为西南地区最早创办的一份英文刊物， 同时也是四川地区出版时间最长的期刊，《华西教会新闻》以传教士的视角记录并保存了四川社会的点点滴滴。从这个意义上讲，《华西教会新闻》是四川社会近代变迁忠实的旁观者、记录者，是一座研究近代四川社会的史料宝库。

近代的传教事业与国际政治有紧密的关系。蒋梦麟即说：“如来佛是骑着白象来到中国的，耶稣基督却是骑在炮弹上飞过来的。”[1] 蒋氏的论述代表了近代人士对基督教的基本判断。部分传教士虽极力强调政教分离，但传教活动受近代政治的强烈影响却是无可置疑的事实。基于此，传教士对政治、时局、地方态势往往保持着高度的关注。对近代较重要的政治事件，传教士几乎都有观察。例如：

1911 年，四川首先爆发了声势浩大的保路运动，作为事件的目击者，传教士就提供了许多对事件的亲历报告。杂志于 1912 年第 4 期就刊载了《革命与宗教事业》一文，分析了革命活动给基督教带来的机会，指出“清政府虽然不断地颁发告示，但这些告示却远没有革命宣言有力”，传教士评论说，前者是被迫的，而后者是自愿的。[2] 同一期，杂志还以《四川事件》为名，以编年史的叙述方式

1. 蒋梦麟 . 西潮［M］. 天津：天津教育出版社，2008：6.

2. The Revolution and Religious Work［J］. *The West China Missionary News*, 1912（4）: 9.

对保路运动的前因后果及事件经过作了非常详尽的报道。[1]此外，杂志还报道了许多传教士提供的四川各地参与运动的地方性观察，记载了各地民众参与政治变革的情况。

1926 年 9 月，万县“九五惨案”引发了较大规模的排外运动，陶然士（Rev. T Torrance）观察到重庆、成都两地对英、美两国传教士的不同态度：“在重庆，英国传教士被驱逐。在成都，传教士却得到了最仔细的照顾和保护。在重庆，美国的传教士拥有更多的特权，但在成都官方和半官方圈子里却形成了一个亲英俱乐部。”[2]

1927 年，华西传教士记录了他们对国民革命北伐的反应。1927 年 3 月，长江下游各地还处在非基督教运动的动荡之中，成都的传教士已经报告“四川是中国当前最平静的省份之一，成都肯定比上海更为安全”[3]，因此他们建议那些撤离四川的传教士，至少是男性传教士应该计划返回四川继续未尽的“福音”事业[4]。他们对北伐持以相对谨慎的认同，但是他们发表在杂志 1927 年 7、8 月期的一封信却表明他们强烈指控国民革命军挑起了南京事件。[5]

面对近代中国的政治变革，传教士既是历次政治运动的亲历者，又是作为“他者”的观察者，这些来自不同地域的观察、判断，虽然有其局限性，却是研究地方政治的重要材料。若能将这些不同的观察、判断综合观之，当能接近复杂多变的历史真相。例如《华西教会新闻》中也有传教士对地方军阀的认识。在传教士心目中，四川军阀既是典型的黩武主义者，又是多变的机会主义者，他们还因为在危难时期给传教士提供了必要的安全保障而成为传教士笔墨中传颂的对象。这些形象在《华西教会新闻》中都有呈现，但哪一个是真实的呢？如果将这些印象抽离出来，或许任何一个形象都不尽可靠，倘若能综合观之，则当不难看到地方军阀在传教士眼中复杂多变的形象。

---

1. Events in Szechwan［J］. *The West China Missionary News*, 1912（4）: 11-17.
2. Rev. T. Torrance. The 1925 Report of The American Bible Society in Szechuan［J］. *The West China Missionary News*, 1926（12）: 16.
3. The Situation［J］. *The West China Missionary News*, 1927（5）: 43.
4. The Situation［J］. *The West China Missionary News*, 1927（5）: 15.
5. Report of the Senate of the West China University to the Board of Governors［J］. *The West China Missionary News*, 1927（9）: 12.

《华西教会新闻》还报道了中国共产党及其领导的工农红军在20世纪30年代的活动情况。1933年第3期、第4期，杂志即刊载了《川东北的共产主义者》，对红四方面军初进川东北地区发表了评论。此后的十余期杂志中，刊载了多篇关于工农红军的报道，反映出工农红军进入川东北后对西南政局的影响，并引发了传教士的高度关注。1933年第9期《华西教会新闻》还发表了以《共产主义对基督教的挑战》为题的专题社论。这些文章虽然不乏传教士对共产主义的误读与曲解，然而却为我们研究20世纪30年代中国共产党在四川的革命活动提供了新的线索与资料。

此外，传教士对各地情况的报道也成为我们今天研究地方史的珍贵资料。例如清末的城市管理，成都的警员曾对“无业游民”和乞丐进行清理，他们设置了教养工厂以安置乞丐，让他们自食其力。对这样的“乞丐工厂”，研究者以往知之甚少，《华西教会新闻》却为我们提供了工厂工作条件、内部管理、收容者的生活状况等方面的详情。[1]再者，在一篇关于新都土匪的文章中，传教士观察到在一些因军事冲突而造成的权力空白地带，政府甚至转而求助土匪来维持社会秩序。地方当局与盗匪的武装对抗导致了地方局势长期的混乱，而政府通过贿赂盗匪反而能维系相对稳定的社会秩序。[2]这些饶有意义的记载为我们考察地方社会史提供许多新的视角与材料。

总之，《华西教会新闻》不仅是传教士群体交流的平台，还以“他者”的视角记录了西部社会的变迁，成为历史忠实的观察者与记录者。在当时，杂志充当了华西各差会交流的纽带，以及西部中国与外部世界沟通的桥梁；而在今日，我们则可以透过它看到近代四川从清末直至抗战丰富多彩的历史画卷。

（原文题为《珍贵的文献　研究的宝库：〈华西教会新闻〉概览》，原刊于《华西教会新闻（1899—1943）》，32卷本总序，国家图书馆出版社2013年。）

1. Vale，Beggar life in Chentu［J］. *The West China Missionary News*, 1907（9）: 6-7; 1907（10）7-9.
2. Among the Churches［J］. *The West China Missionary News*, 1925（11）: 28.

异乡中的“四川”：新发现英国出版《华西教区简报》考述

基督教文字事业是基督教宣教布道的重要方式之一。自近代基督教传入华西地区以来，基督教即创办了大量的宗教期刊。[1]较知名的如《华西教会新闻》《希望月刊》《协进》等。近年来，学术界对基督教在华西地区创办的各种期刊已有相当丰富的研究。[2]然而遗憾的是，仍有部分期刊沧海遗珠，湮没不彰。笔者机缘巧合，意外发现20世纪上半叶在英国出版的旨在报道中国华西地区基督教传教活动的英文刊物《华西教区简报》（*The Bulletin of the Diocese of Western China*）。由于该刊在海外出版发行，此前并不为国内学界知晓。本文据新发现的这套材料，考释其源流、绍介其内容，以望能为西南基督教史之研究介绍这份珍贵史料，以补遗珠之憾。

一、《华西教区简报》出版概况

《华西教区简报》系在英国印刷出版的英文刊物，刊名最初为 *The Bulletin of the Diocese of Western China*，起初并无中文名称，为描述之便，笔者暂将之译作《华西教区简报》（以下简称“简报”）。之所以说它是新发现的刊物，是因为无论是王绿萍的《四川报刊集览》《四川报刊五十年集成》，陈建明的《近代基督教在华西地区文字事工研究》，还是其他西南基督教史的既有研究中，笔者都没有见到学者对其进行介绍或加以利用。从这个意义上讲，它是一份尚未被国内研究者注意到的“新”刊物。

“简报”创办于1904年，其时正是圣公会在川活动渐入佳境之期。1876年9月《中英烟台条约》签订，根据该条约，英国获得了“驻寓”重庆的特权，自此，

1. 华西地区是一个传教意义上的相对空间概念。最初华西地区仅指四川，随着各差会传教区域的扩展，华西地区一般包括四川、云南、贵州、西藏等区域。基督教（Christianity）在中文词义上包括了天主教、东正教、基督新教，乃是一种广义性的称谓。本文中若无专门说明，所说“基督教”乃专指基督新教而言。

2. 代表性的作品：如陈建明. 近代基督教在华西地区文字事工研究［M］. 成都：巴蜀书社，2013. 相关研究论文更多，主要集中在对《华西教会新闻》《希望月刊》《华西边疆研究学会杂志》《协进》等刊物的研究方面，兹不赘列。

新教在中国西南部的传教活动真正得以展开。[1]1888 年，华中地区传教士何诗白（J. H. Horsburgh）入川考察，三年后，何诗白率领圣公会传教士正式入川传教。1895 年，坎特伯雷大主教按立曾在内地会工作的盖士利（William Wharton Cassels）为圣公会华西教区会督，主持内地会和圣公会在川教务，并将成都以北嘉陵江以东的地区作为圣公会布道区。在盖士利会督的领导下，到 1903 年圣公会在四川地区已发展到 9 个县。[2] 正是在圣公会迅速扩张的背景下，为了解圣公会在华西的传教状况，便于教区内部的沟通和交流，圣公会在英国创办了此份“简报”。

笔者目前所能见到的“简报”最早一期系 1904 年 11 月出版的第 3 期。根据此后“简报”的出版频率推断，最初的创刊号应该是 1904 年 6 月前后。目前所见最后一期“简报”出版于 1957 年 7 月，此后未见新刊出版。考虑到 1958 年中华圣公会终止活动，可以推断“简报”此时应该正式结束。全部“简报”共计 191 期，分为两个部分。第一部分从 1904 年 11 月至 1951 年 1 月，连续编号，共计 178 期。第二部分从 1951 年 7 月至 1957 年 7 月，另起刊期，共计 13 期。总的来看，从 1904 年至 1957 年的 54 年间，“简报”都坚持连续出刊，并无中断，是一份连续性极强的刊物。“Bulletin”就性质来说，更偏于一种简报性质的内部报告或通讯。翻阅“简报”，其内容主要是圣公会华西教区传教情况及教会人员见闻的简要报告，目的是使英国圣公会和捐赠者对华西教区工作有所了解。“简报”主要是赠阅给捐赠者，仅有少量感兴趣的读者订阅。

早期的“简报”相对简单，篇幅在 15 页左右，时常没有封面和目录，显得较为随意。1912 年前的部分“简报”甚至没有编期，只能通过正文中刊载信函的写信时间推定出版的大致时间。1924 年后，“简报”逐渐规范，每期都有统一设计包含目录的封面（见图 1），篇幅也扩充到将近 50 页。1931 年起“简报”还附加了 *where the CMS, CIM and BCMS are at work* 的副名，还在封底更新了由莫如德会督夫人（Mrs. Mowll）设计的华西教区地图。[3] 新增的副名明确表明该份

1. 陈建明 . 近代基督教在华西地区文字事工研究［M］. 成都：巴蜀书社，2013：10.
2. 刘吉西，李栋，赵永吉，等 . 四川基督教［M］. 成都：巴蜀书社，1992：91.
3. Editorial Notes［J］. *The Bulletin of the Diocese Association of Western China*, 1931（108）: 30.

刊物的核心内容主要与圣公会（CMS）、内地会（CIM）和圣经差会（BCMS）在华西地区的传教活动有关。之所以副名中会包括内地会（CIM）和圣经差会（BCMS），主要是因为三个差会在华西地区具有很强的协同性。[1]

图 1 “简报”1904 年第 3 期，1924 年第 79 期，1937 年第 132 期，1947 年第 167 期封面。

1935 年，为回应本色教会发展之呼声，华西圣公会分为东川、西川两个教区。自 1937 年 4 月第 132 期起，“简报”英文名改为 *The Bulletin of the Diocesan Association for Western China*，“简报”封面印上了中文“中华圣公会四川东西教区”的竖排字样，并搭配了约翰·路德（Mr. John Rudd）设计制作的具有浓郁中国风格的建筑插画作封面，封底还增添了两个教区的地图。[2] 其时“简报”一年四期，寄赠给向教区基金提供 5 英镑及以上资助的捐赠者，对那些有兴趣的订户则每年收取 2 英镑的订费。[3] 总体而言，“简报”发行量很低，一年总的发行量仅约 1000 份。[4]1943 年 1 月，受战争影响，“简报”为节省成本再度简化掉封面。1947 年 7 月，“简报”新增封面并定中文名为“四川”，采用了“长江行船”的照片作为封面插图，英文刊名改作 *Four Streams*：*The Bulletin of the Diocesan Association for Western China*。很显然，传教士误以为“四川”得名来源于其境内的四条江。

1. 圣公会（CMS）与内地会（CIM）在华西地区的传教有很大的协同性。譬如早期圣公会华西教区会督盖士利，事实上也是内地会的负责人。1912 年，内地会还将 21 个县的传教权直接划归圣公会管理，盖士利继任会督。直到 1924 年圣公会才派遣莫如德（H. W. K. Mowll）担任华西教区会督。圣经差会（BCMS）原本是从圣公会中分立而出，系 1922 年圣公会中的福音基要派成立的传教组织，圣经差会于 1923 年首次派传教士入川，来川人数极少，主要与圣公会合作布道。因此，“简报”仍将其视为传教“同道”，一并予以报告。

2，4. Editorial Notes［J］. *The Bulletin of the Diocese Association of Western China*, 1937（132）: 28.

3. *The Bulletin of the Diocese Association of Western China*, 1937（132）: 33.

新中国成立后，圣公会华西教区与英国方面的联系并没有中断，1951 年 7 月，“简报”封面仍作 *Four Streams*，正文刊头则由“简报”（*Bulletin*）改为“新闻信”（*Newsletter*），全称为 *Newsletter of the Diocesan Association for Western China*，另起重新编期，出版频率也改为半年刊。这种联系一直持续到 1957 年下半年。该年 7 月，“简报”最终停办，结束其 50 余年的历史，所见最后一期为新编第 13 期。

《华西教区简报》系英国圣公会所办的教会简报，最初的编辑和印刷地点显示在英国的斯特劳德乔治大街（George Street，Stroud），不久之后搬至福克斯顿（Lathom Villas，Folkstone）。1930 年代，编辑和通讯地点较多时间都在伦敦特雷波维尔路（Trebovir Court，Trebovir Rd.）。1938 年后，变更为沃林顿伍德科特大道（Woodcote Avenue，Wallington），1951 年后迁至英格兰东南部肯特郡的阿什福德（North Street，Ashford，Kent）。

“简报”的核心内容由圣公会华西教区的传教士提供，但由于“简报”是在英国编印出版，因此这些材料只能通过信件的方式寄往伦敦，最终在伦敦进行编辑。受通信影响，来自华西教区的信函时常不能按时抵达，因此“简报”也时常不能按时出版。在较为稳定的时局下，“简报”基本上按季出版，每年四期。第二次世界大战爆发后，出版就明显受到影响。自 1940 年起，“简报”出版周期开始变得起伏不定，1943 年仅发行 3 期，最长发行间隔长达 6 个月。1951 年至 1957 年则更改为半年期。尽管“简报”出版频率略有差次，但就整体而言，“简报”的出版却相当稳定，每年均有出版，并没有出现空缺。

由于“简报”大多内容源于传教工作的报告，在表达上并无明确规范，因此“简报”每期的篇幅并不固定，少则十几页，多则四五十页。第二次世界大战期间，因通货膨胀导致的成本抬升也影响到“简报”的篇幅。例如 1943 年 1 月，由于纸张短缺和印刷邮资上涨的缘故，“简报”不得不进行改版调整，把封面去掉。第 154 期“简报”开篇《致读者》中就说道：“委员会经上次会议商议决定，我们必须在没有独特的封面的情况下，把简报的规模控制在 16 页以内；主题类型和排版也相应做出调整。出于对经济效益的考虑，订阅卡也不会被印刷出来。”[1]这期杂志篇幅只有 12 页。随后 5 月出版的第 155 期则仅有 8 页。可见，圣公会在当时的经济状况不容乐观。这种情况直到战后才有所好转。1947 年 7 月后，“简报”不但新增了封面，而且不再对出版篇幅加以限制。

二、《华西教区简报》的主要内容

作为一份基督教性质的刊物，“简报”的目的主要是便于英国圣公会和教会捐赠者了解圣公会在华西教区的传教情况，并在圣公会系统中做内部的信息沟通和交流。“简报”基本内容包括两个部分，一是华西教区的传教士发回的认为有价值的信息，二是在英国的编辑为寻求对华西教区的捐赠而例行组织活动的一些信息。从栏目设置上看，总体上主要以“会督书简”“会堂消息”“个人消息”“布道巡回秩序”“祷告会”“捐献致谢”等栏目最为常规。以 128 期为例，该期“简报”共 8 篇文章，分别为“会督书简”“中华圣公会川西教区会议”“会堂消息”“个人信息”“祷告日及礼物”“布道聚会”“布道巡回秩序”“感恩和祷告的特别主题”。所有的栏目中，“会督书简”“会堂消息”“个人消息”这几个栏目是“简报”最具特色的部分。当然，不同时期的“简报”也略有变化，一些时段也会刊载关于教区会议、专题性的教务讨论等方面的内容。下文兹就“会督书简”“会堂消息”“个人消息”三个栏目略作介绍。

“会督书简”顾名思义即会督发来的信件，这也是《华西教区简报》最重要、最稳定的栏目。该栏目自 1904 年创刊直到终刊，一直是“简报”核心、最具有特色的栏目。栏目主要刊载圣公会华西教区会督的信简，类似于各教区会督定期的教务报告和巡回见闻。最初华西教区只设一位会督，1935 年后划分为川东、川西两个教区，除增设会督外，还任命了多位副会督。每期“简报”都会刊载 1~3 名会督的信函。这些信函都由圣公会华西教区会督整理、撰写，并邮寄给杂志的编辑。信函大都是以第一人称的口吻描述会督在教区的工作或者外出传道的见闻。会督在信函中谈及的话题十分丰富，涵盖教区的季度报告、布道情况、新建教堂的使用、基督学校的管理以及教区医院的日常运营等。不仅如此，信简中也多有对中国各地政治局势的相关描述。例如第 8 期的“简报”中刊载了 1906

1. Editor's Note [J]. *The Bulletin of the Diocese Association for Western China*, 1943 (154): 1.

年 1 月盖士利会督所写的信，盖士利在信中描述了他携家人抵达上海的情形。他敏锐地察觉到中国人表现出一种强烈的自主意识，这种精神往往与排外情绪混杂在一起。与以往不同的是，这一思想并非来自与外部世界不熟悉的儒生，而是来自中国教育程度更高、更先进的政党，他们的成员开始感到，他们现在可以摆脱迄今所依赖的外来援助。[1]第 121 期的"会督书简"则写道，"政治形势不容乐观，几周前又一次引起了极大的焦虑，因为在中国新年期间，遂宁及附近其他地区遭遇军事袭击导致很多地方被毁。"[2]不难看到，会督书简所描述的内容极为宽泛。这些来信不但反映了会督的理解、态度和观念，也通过来信影响到海外对中国的观察。然而，因海外信件邮寄历程较长，加之西南地处内陆通信多有不便，"会督书简"报道的"新闻"往往成为"旧闻"，一般存在 2~3 个月的时差。

"会堂消息"主要刊登教会在四川省各个县市所设传教点（station）的工作进展和人员变动情况。与《华西教会新闻》"各地消息"基本由驻地的传教士采写不同，"简报"的"会堂消息"除由驻地传教士所写外，还有很大部分实际上出于会督之手。会督定期会到各会堂巡回布道，这些"会堂消息"也会根据会督巡回布道的时间和路线依次报告。以 1936 年 4 月出版的 128 期"简报"为例（见图 2），左图"会堂消息"皆标记有第几天字样，各教堂报告顺序分别为保宁（Paoning，今阆中）、千佛场（Ts'ien-Fuh- Ch'ang）、新店子（Sintientsi），这与当期"巡回布道"（右图）的安排顺序基本一致。该期"会堂消息"即为宋诚之会督（Bishop Song）1935 年 11 月前往教区巡视后的见闻。[3]较之于"会督书简"的综合宏观、长篇纵论，"会堂消息"所刊教会工作则延伸到具体的传教区域，主要以各传教站点的消息为主。这类消息较为短小精练，多为教会内部的人事动态，和各地教会学校、医院、教堂的具体事务。例如关于千佛场的报告就称："杨牧师（Pastor Iang）仍坚持在这里工作，这项工作得到很多鼓励，教友态度虔诚，最近有不少受洗"。[4]

1. The Bishop's page［J］. *The Bulletin of the Diocese of Western China*, 1906（8）: 1.
2. The Bishop's Letter［J］. *The Bulletin of the Diocese of Western China*, 1934（121）: 5.
3. Station Notes［J］. *The Bulletin of the Diocese of Western China*, 1936（128）: 12.
4. Station Notes［J］. *The Bulletin of the Diocese of Western China*, 1936（128）: 10.

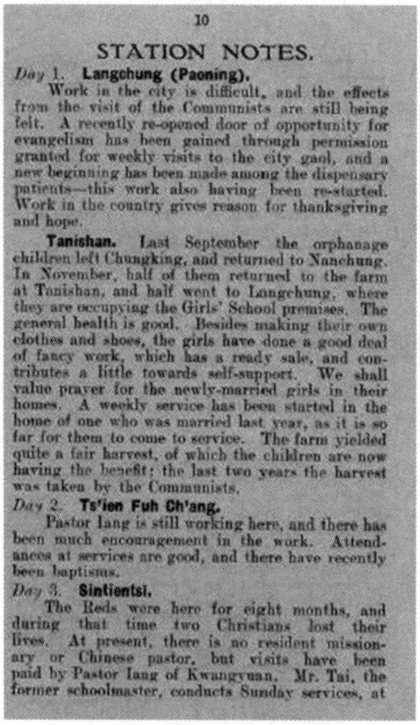

10

STATION NOTES.

Day 1. **Langchung (Paoning).**

Work in the city is difficult, and the effects from the visit of the Communists are still being felt. A recently re-opened door of opportunity for evangelism has been gained through permission granted for weekly visits to the city gaol, and a new beginning has been made among the dispensary patients—this work also having been re-started. Work in the country gives reason for thanksgiving and hope.

Tanishan. Last September the orphanage children left Chungking, and returned to Nanchung. In November, half of them returned to the farm at Tanishan, and half went to Langchung, where they are occupying the Girls' School premises. The general health is good. Besides making their own clothes and shoes, the girls have done a good deal of fancy work, which has a ready sale, and contributes a little towards self-support. We shall value prayer for the newly-married girls in their homes. A weekly service has been started in the home of one who was married last year, as it is so far for them to come to service. The farm yielded quite a fair harvest, of which the children are now having the benefit; the last two years the harvest was taken by the Communists.

Day 2. **Ts'ien Fuh Ch'ang.**

Pastor Iang is still working here, and there has been much encouragement in the work. Attendances at services are good, and there have recently been baptisms.

Day 3. **Sintientsi.**

The Reds were here for eight months, and during that time two Christians lost their lives. At present, there is no resident missionary or Chinese pastor, but visits have been paid by Pastor Iang of Kwangyuan. Mr. Tai, the former schoolmaster, conducts Sunday services, at

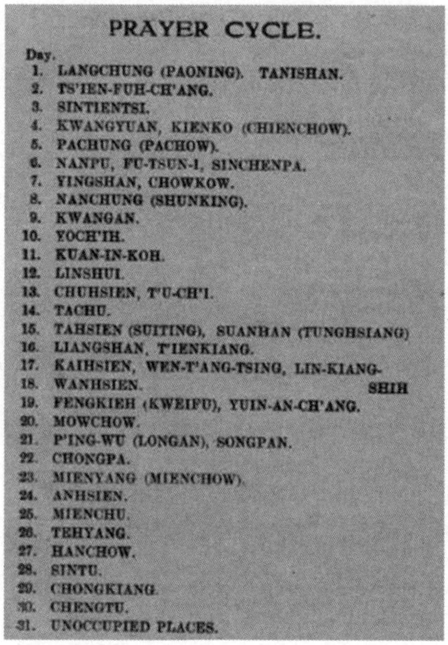

PRAYER CYCLE.

Day.
1. LANGCHUNG (PAONING). TANISHAN.
2. TS'IEN-FUH-CH'ANG.
3. SINTIENTSI.
4. KWANGYUAN, KIENKO (CHIENCHOW).
5. PACHUNG (PACHOW).
6. NANPU, FU-TSUN-I, SINCHENPA.
7. YINGSHAN, CHOWKOW.
8. NANCHUNG (SHUNKING).
9. KWANGAN.
10. YOCH'IH.
11. KUAN-IN-KOH.
12. LINSHUI.
13. CHUHSIEN, T'U-CH'I.
14. TACHU.
15. TAHSIEN (SUITING), SUANHAN (TUNGHSIANG)
16. LIANGSHAN, T'IENKIANG.
17. KAIHSIEN, WEN-T'ANG-TSING, LIN-KIANG-SHIH
18. WANHSIEN.
19. FENGKIEH (KWEIFU), YUIN-AN-CH'ANG.
20. MOWCHOW.
21. P'ING-WU (LONGAN), SONGPAN.
22. CHONGPA.
23. MIENYANG (MIENCHOW).
24. ANHSIEN.
25. MIENCHU.
26. TEHYANG.
27. HANCHOW.
28. SINTU.
29. CHONGKIANG.
30. CHENGTU.
31. UNOCCUPIED PLACES.

图2 1936年4月第128期“简报”所载“会堂消息”（左）、“布道巡回秩序”（右）。

“个人消息”则是对华西教区传教士近期活动的说明，多是几句话的短消息，旨在说明传教士个人的动态。这部分消息主要是华西教区传教士的动态，但也不乏有英国方面的传教士动态，这表明该栏目具有双向沟通的功能。例如1930年10月第106期“简报”就刊载了以下6条个人消息，显然是英国方面提供的信息。

威尔逊小姐（Miss A. G. Wilson）一行正航行驶向中国，她护送着13人的女同道，她们准备前往内地会服务。她们将在扬州语言学校学习后，再被送到东川教区。

T. E. 本森牧师（Rev. T. E. Benson），E. M. 本森牧师（Rev. E. M. Benson）之子，他也是普雷斯顿万圣堂（All Saints', Preston）的牧师，他于9月11日与另外五人同行前往中国。在进一步学习汉语后，他预计将前往四川，这个团体的另外两名成员伦纳德先生（Mr. Leonard Street）和西蒙兹先生（Mr. W. H. C. Simmonds）也将有望前往圣公会教区。

年底之前，C.T牧师（Rev. C. T.）、邓汉姆太太（Mrs. Denham）、杰克逊夫妇（Mr. and Mrs. C. B. Jackson）和他们的小女儿将启程重返中国。

我们听说R牧师（Rev. R）和巴齐尔太太（Mrs.）明年春天将休假。

埃文森牧师（Rev. A. Evans）在服务教区40年后，已经从中国的积极工作中退休了，九月底他仍在中国暂时承担教区的代表工作。

圣公会在茂州（Mowchow）服务的斯普雷克利夫妇（Mr. and Mrs. J. W. Spreckley）已于七月回家。斯普雷克利太太在沿江下行途中受伤，在重庆接受了一次严重的手术，但她康复得很好，希望不久她可以恢复如初。[1]

除上述三个重要的栏目外，“简报”还有“布道巡回秩序”“捐献致谢”“祷告会”等栏目。“布道巡回秩序”属于教区常规的事务活动，系会督定期前往教区巡视的时间安排表（见图2右）。“捐献致谢”主要刊载当期捐赠者及捐赠数额列表及教区致谢。“祷告会”（Prayer Meetings）较为特别，它并非华西教区的祷告会，而是英国圣公会出于纪念、募捐的目的在英国圣公会各教堂专门为华西教区举行的祷告仪式。该栏目主要预告各教堂的活动时间、地点，以便有兴趣的教众参与。

值得注意的是，1947年“简报”改版后，其风格出现了明显的变化。“简报”不再囿于纯粹的事务报告，开始有意识地就传教领域中的具体问题进行较深入分析，各种不同题材的文章在这一时期陆续刊登。这一时期“简报”的内容涉及医疗卫生、教会历史、基督文学、个人传记等多个领域，综合性明显增强，刊登栏目也更为灵活多变，甚至出现了一些专题性的“简报”。例如1948年5月出版的第170期“简报”就是一期“基督教文字”的专题。这期“简报”共有12篇文章，除“会督书简”“个人消息”等固定栏目外，有7篇文章都跟基督教的文字事业有关。探讨的主题包括“中国内陆与基督文学”“书籍饥荒”“张贴和小册子”“小册子的价值和用途”“教育文盲识字”“如何在商店销售基督教文学”“中国主日学校的教材”。在华西协合大学任教的陆德礼（A. F. Lutley）在《书籍饥荒》一文中就反思书籍匮乏的问题，他指出华西地区神学生和神职人员书籍的匮乏，核心的问题在于“传教士的翻译不被中国人认同，但中国人的翻译又存在诸多错误”。他提出最好的解决办法是让传教士和中国大学一起翻译，但传教士又苦于工作繁忙并没有时间精力投入。[2]除了文字专题外，“简报”还曾就医疗、神学教育、教会事务等做过专题性的探讨。第168期“简报”刊载了医疗专题，

1. Personal Notes［J］. *The Bulletin of the Diocese of Western China*, 1930（106）: 37.

2. A. F. Lutley. A Famine of Books［J］. *The Bulletin of the Diocese Association for Western China*, 1948（170）: 10.

文章包括“一些医疗工作的开端”“目前医疗工作的趋势”“巡回医疗的一般做法”“护士培训工作”“东川教区的南充医务室”“婴儿福利”“医疗工作的未来希望”，对教会医疗工作的发展现状以及医护人员的培训机制均有详细说明。[1]第171期“简报”则侧重基督神学教育，集中刊载了“重庆的神学培训”“成都的神学培训”“妇女培训”“主日学校教师培训班”“圣经学校”等文章。[2]“简报”内容和题材的变化反映出华西教区的基督徒已经有意识地就传教过程中的种种问题进行反思性地探讨，而不再局限于简单的事务报告。然而遗憾的是，这种变化并未持续太久。新中国成立后，随着国内局势的变化，来自中国内地的对外通信受到一定程度的影响，报告书写者变得谨慎克制，“简报”的内容再度变得单调起来。1951年改版后的第1刊仅有7页篇幅，内容又复归简单的事务报告。

三、《华西教区简报》的史料价值

《华西教区简报》的发现为学术界对基督教在华传播史、四川地方史的研究提供了新的材料和视角。“简报”的史料价值至少体现在以下几个方面：

（一）“简报”是中国基督教史研究的重要资料

“简报”本身就是基督教文字事业的重要内容，是基督教文字事业史研究的重要对象。“简报”出版时间持续之长在近代基督教文字事业史上极为罕见。学术界一般认为《教务杂志》（*Chinese Recorders*）是近代以来创办时间最长的基督教刊物。《教务杂志》创刊于1867年，1941年底停刊，持续了74年。其次当推《华西教会新闻》，该刊从1898年创刊，1943年停刊，持续了45年，它也被认为是近代西南地区出版时间最长的刊物。与这两份刊物相较，“简报”从1904年创刊至1957年停刊，跨度长达54年，无疑在基督教文字事业史上占据重要地位。另外，“简报”的制作过程独具特色，“简报”作者群体既包括海外传教士，也包括中国基督徒，他们以华西为共同的报道区域，在四川采写，最后邮寄至英国编辑出版。这种出版流程与学界所熟知的基督教在华编印出版的期刊杂志截然不同，形成了近代期刊出版史与文化传播史的一道“奇观”。就此而论，“简报”为基督教文字事业史研究提供了全新的样本，也扩充了中国新闻史或中

1. *The Bulletin of the Diocese Association for Western China*, 1947（168）.
2. *The Bulletin of the Diocese Association for Western China*, 1948（171）.

国基督教出版史的研究边界。

“简报”还为基督教区域史、基督教人物史的研究提供了重要历史素材。基督教入华后，各差会为协作配合提高传教效率，避免传教过程中的矛盾和摩擦，曾对中国进行区域划分。譬如1899年华西传教大会就通过“睦谊协定”重新调整了各差会在华西的传教区域。基督教的活动都在特定空间中展开，不可避免地具有地域性的色彩，其传播过程中普遍存在“普世性”与“本地化”的内在冲突，因此基督教史的研究某种意义上也可以看作基督教区域史研究的集合。“简报”提供了圣公会华西教区这一特定区域基督教会的详尽活动，成为基督教区域史研究的典型样本。再者，“简报”中刊载了大量的会督书简，这些书简同样也是研究相关基督教人物、思想的重要材料。“简报”所收书简起至圣公会华西教区第一任会督盖士利，迄至建国初期第六任会督蔡复初，其间还包括大量副会督的书简。这批书简数量之庞大，内容之系统、完整，在已知的基督教史料中极为少见。可以肯定地指出，这批书简对于研究盖士利、莫如德、侯礼敦、宋诚之、古鹤龄、蔡复初等中外基督教人物而言具有不可估量的学术价值。同时，由于长期性、持续性的特征，这批书简也是观察基督教与地方社会互动乃至探寻基督教思想发展脉络的绝佳文本。

（二）“简报”是圣公会在川活动最直观的历史见证

“简报”是圣公会华西教区向母会的直接报告，较为完整地反映了圣公会华西教区在川活动的历史，是研究圣公会华西教区的必备材料。如果说《华西教会新闻》是一份反映西南地区基督教多个差传教会活动的刊物，那么“简报”则是专门针对圣公会在川的活动，并不涉及其他差会。“简报”共计191期，跨度五十余年，除1904年前圣公会在川初创之时并无记载外，持续见证了圣公会华西教区的发展全貌，可谓是圣公会华西教区的编年史。

“简报”出版的目的是供给圣公会内部交流，以便英国圣公会和教会捐赠者对该区域的传教情况有所了解。因此，“简报”的报告可谓事无巨细，极为详尽。“会督书简”保存了圣公会华西教区历任会督的通信，这些通信长达50余年，翔实地记录了华西教区教会领袖的观察、态度和行动，这些连续性的通信本身就构成一部编年史；“会堂消息”则较具体地展现了圣公会在川各教堂的教务状况，详细记载了教区各地的布道、医疗、教育等事务性报告，是研究圣公会华西传教活动的重要资料；“个人消息”则记载了传教士的个人活动，包含传教士个人的婚姻、生育、调动、休假、死亡等工作与生活动态，勾勒了在川传教士生动的生活图景，若结合《华西教会新闻》相关栏目参详对照，当可为华西地区传教士群体研究提供了新的线索。

此外，“简报”对圣公会的内部组织、会议记录、教务发展、经济状况等各方面都有报告，甚至也不乏对圣公会华西教区历史的自我书写。例如 1905 年第 5 期上，“简报”刊发了圣公会华西教区成立以来逐年的发展统计。[1]1924 年刊载的《遂宁教区报告》开篇就是“早年工作的回忆”，详细记载了圣公会进入遂宁开堂的经过。[2]1935 年至 1938 年，“简报”连续几年刊登了华西教区的年度资金报告。1947 年第 166 期起，“简报”三期连载了圣公会华西教区简史，这是最早关于圣公会华西教区历史的自我书写。[3] 显然，这些材料都是研究圣公会在川传播活动的重要资料。

值得一提的是，“简报”还刊载了大量华西教区的照片。笔者埋头检视这批材料时，这些照片每每于烦琐的文字叙述之中带来极大的视觉和情感冲击。“简报”从 1907 年 10 月起，至少到 1919 年年底（该期为 62 期，63-78 期已散佚不可见）的十余年间，基本上每期都配发各种照片。例如 1917 年第 56 期，简报配发了 3 张关于“绵州（绵阳）寄宿学校”的照片，生动再现了当时教会中学学生旗操、修建操场以及体操活动的场景，并绘制了学校的地图。1919 年第 63 期“简报”刊登了保宁女信徒的照片，盖士利夫人（Mrs. Cassels）撰文就着照片逐一介绍了照片上的信徒，另一篇介绍保宁医院的文章则配发了新修的病房照片。作为阅读者，这些照片显然消解了读者对特定人物、时空的陌生感，拉近了与阅读对象间的距离。而作为研究者，这些照片生动记录了圣公会在川活动及近代四川的历史影像，留下了直观地理解过往的影像史料。

---

1. Comparative Statistics Since the formation of the Diocese [J] . *The Bulletin of the Diocese Association of Western China*, 1905（5）: 13.

2. Rev. Arthur Polhill. One of the Parishes in the Diocese-Suiting [J] . *The Bulletin of the Diocese Association of Western China*, 1924（79）: 28.

3. History of the West China Dioceses [J] . *The Bulletin of the Diocese Association for Western China*, 1947（166）: 3-6; 1947（167）: 4-7; 1947（168）: 3-9.

（三）"简报"是传教士对四川近代社会的他者观察

"简报"五十余年对四川近代社会持续的观察，本身就是一套视角独特的历史材料。传教士置身于特定的时空环境，必然与地方社会、区域文化产生紧密的互动。他们对"地方"的持续性观察是理解近代社会变迁的重要窗口。

"简报"对西南地区政治发展提供了持续性的观察和富有意义的评论。例如在 1911 年 8 月、10 月的两封信中，盖士利会督描述了由于铁路路权的纷争引起的社会不安。[1]1918 年第 57 期"简报"则记载了"四川的内战"，盖士利在信中描述了四川境内川、滇、黔各军事势力混战的情形。[2]

最值得注意的是，在 20 世纪 30 年代的"会督书简"中，侯礼敦会督（Bishop Holden）的通信生动地描述了工农红军进入四川的情形。1933 年至 1934 年，在川传教士曾因此三次部分地撤离。例如 1934 年 7 月的简报中，侯礼敦报告说，在宣汉的一些新教徒加入了红军。仪陇的教堂墙壁上写满了红军的标语。[3]侯礼敦描绘了川陕红军攻克宣汉、通江等地后给成都造成的巨大震动。[4]由于工农红军的迅速壮大，川陕苏区的红军大致从 8000 人增加到大约 7 万人，侯礼敦甚至怀疑这些人是苏联直接或间接提供的。[5]

另一方面，中央红军 1934 年从江西瑞金实行战略转移，开始了二万五千里长征。1935 年 1 月底渡赤水进入川南，随后转战四川 10 个市（州）。中央红军进入川南后，侯礼敦会督也对中央红军的动向有适当的关注。1935 年 4 月出版的"简报"中，"会督书简"刊载了侯礼敦对此的观察和评论。直到 1935 年底，侯礼敦的信函中都不断报告他对国民党蒋介石和中央红军的观察。除会督的来信外，其他派驻各地的传教士也有类似报告。1935 年 7 月的"简报"就刊载《红军经过后的保宁》一文，对红军经过后地方社会的反应作了直接的描述。由于红军的到来往往会有征用教堂等革命活动，所以这些观察不可避免地带有一些偏见的评价，甚至不乏道听途说的色彩。当然透过这些材料，不同历史背景下对共产

1. The Bishop's Letter［J］.*The Bulletin of the Diocese Association of Western China*，期号不详，写信时间分别为 1911 年 8 月、10 月 .
2. The Bishop.Civil War in Szechwan［J］. *The Bulletin of the Diocese Association of Western China*, 1918（57）: 2.
3. The Bishop's Letter［J］. *The Bulletin of the Diocese Association of Western China*, 1934（122）: 6.
4. The Bishop's Letterr［J］. *The Bulletin of the Diocese Association of Western China*, 1935（123）: 2-3.
5. The Bishop's Letterr［J］. *The Bulletin of the Diocese Association of Western China*, 1935（123）: 8.

党褒贬不一的评价也反映出基督教在不同的时代背景下看待中国政治局势的不同态度。这些观察、言说无疑都构成理解特定时代下社会环境的重要材料，诚有陈寅恪所谓“伪材料亦有时与真材料同样可贵”[1]的价值。

随着战争的推进，西部地区青年学生的抗争热情也被观察记录下来。“直到最近，政府还坚持认为，对于大多数学生来说正确的态度是继续学习而不是参军。……上周有中学生示威游行，一些学生认为应该多一点言论自由少一点束缚……大学生也受到影响，但他们试图通过理性来解释问题而不是像中学生那样。令我感到震惊的是昨天一个基督学生跑来说一群学生志愿者即将离开去参军”。[2] 1945 年 5 月“简报”所留存下来的关于成都校园情景的写照成为华西地区战时社会变迁的重要见证。

此外，“简报”还有部分文章对四川地区的社会、民俗有所记载和刻画。例如 1924 年第 79 期“简报”刊登了一篇《中国婚礼》的文章，宣称是专门给青年读者写作的。文章讲述了当地教会收养的一位叫“恩典”（En Day）的女孩子的婚礼，对下聘、订婚、准备嫁妆到最后的结婚仪式都做了详尽介绍。作者不仅亲身参与了这场中国式婚礼，还拍摄了婚礼新人照片，生动地描绘了这场充满传统仪式感的典礼。[3]

四、结语

作为一份纯粹的内部宗教刊物，《华西教区简报》显然有其局限。譬如它的内容主要以圣公会华西教区为主，“简报”解读、理解社会的视角和眼光都受到自身立场的左右与限制。但不可否认的是，这样一份“简报”在基督教史研究上有着极为重要的意义。它持续性地记录了圣公会华西教区的发展变迁历史，是研究圣公会在川传播史不可或缺的绝佳材料。再者，“简报”历时 54 年之久。如果将这份“简报”纳入中国新闻报刊史的序列，那么它还将改写近代西南报刊史的出版记录，超越《华西教会新闻》成为西南地区出版时间最长的报刊。“简报”时跨晚清、民国与新中国三个时段，对近代以来四川社会生活有着独特的观察和

1. 陈寅恪 . 冯友兰中国哲学史上册审查报告 . 金明馆丛馆二编［M］. 北京：生活 . 读书 . 新知三联书店，2001：280.
2. Letter from Rev.D.N.Sarget［J］. *The Bulletin of the Diocese Association for Western China*, 1945（161）: 8.
3. E. H. Allibone. A Chinese Wedding［J］. *The Bulletin of the Diocese Association of Western China*, 1924（79）: 31-36.

理解。这种超长的“他者”视角，持续性地对区域社会的关注与书写，无疑也使得“简报”可能成为地方社会史研究的宝藏。综上所言，《华西教区简报》是一份有重要价值的珍贵史料，理应受到研究者的重视。诚望这份新发现的材料有益于四川基督教史的研究，这也是笔者介绍此刊的初衷。

（原刊于《宗教学研究》，2021 年第 2 期）

也谈近代最早的军乐队：基于新见报刊史料的考证

军乐是西方音乐传入中国的重要途径，军乐及军乐队一直也是中国近现代音乐史研究的重要内容。然而，中国近代最早的军乐队究竟源起于何时，学界一直未有定谳。目前学术界对此问题大致持两种观点：一说认为最早的军乐队是成立于袁世凯排练的北洋新军（约于1899年成立）。此论以美籍学人韩国鐄为代表。[1]此后一些通史性作品，诸如汪毓和《中国近现代音乐史》、刘再生《中国近代音乐史简述》等也大致持同样观点。[2]另一种观点则认为张之洞创办的江南自强军军乐队是近代中国最早的军乐队（1897年成立）。这种说法率先由张能政于1987年提出，陶亚兵此后在《中西音乐交流史稿》与《明清间的中西音乐交流》两书中均举证了大量史料，支持这一说法。[3]

尤其值得注意的是，陶亚兵虽然认为“目前在史料中最早被提及的中国欧式军乐队，是张之洞自强军中的军乐队”[4]，但他根据另外两条材料推定“至少在清政府正规的新式陆军建立的十多年前，西洋军乐已经在清军中有了一定范围的运用”。唯陶氏所据的两条史料全系旁证，只可作推论而不能落到实处，他也未能进一步发现直接的证据和材料，故其推论也一直悬而无果。学术界对此问题的探讨推进至此亦暂告中断。近来笔者翻检近代报刊，发现学界未曾关注的几条材料，或可有助于此问题的进一步深入探讨。为便于讨论的展开，先枚举《申报》

1. 韩国璜．中国现代军乐肇始初探［J］．音乐艺术，1981（3）：3.

2. 汪毓和在《中国近现代音乐史》（第二次修订版）中讲：“关于中国自办的新式军乐队，根据目前掌握的史料，最早应在‘甲午战争’之后。当时，清廷决定委任袁世凯督练新军，在1898年袁世凯亲自编订的《兵略录存》中，已写明有军乐队编制及有关的要求。”参见人民音乐出版社、华乐出版社2002年版，第1页。2009年，汪氏出版了《中国近现代音乐史》第三次修订版，在这一版本中叙述略有变化。他指出：“19世纪中叶以来，随着‘洋务运动’的发展，有关‘新军’的试办也提上了日程。‘甲午战争’后，在袁世凯的北洋军和张之洞的自强军中，已有西式军乐队的设置和有关活动的记载。”参见人民音乐出版社2009年版，第35页。刘再生提出：“中国近代军乐队肇始于何时？一般认为，1885年左右赫德在天津训练的管乐队和袁世凯于1897年左右创建的军乐队，是目前所知最早两支中国西式军乐队。”参见刘再生．中国近代音乐史简述［M］．北京：人民音乐出版社，2009：21.

3. 张能政．近代中国的第一支军乐队［J］．历史知识，1987（6）：19-20；陶亚兵．中西音乐交流史稿［M］．北京：中国大百科全书出版社，1994；陶亚兵．明清间的中西音乐交流［M］．北京：东方出版社，2001.

4. 陶亚兵．中西音乐交流史稿［M］．北京：中国大百科全书出版社，1994：202.

所见材料三则（标点为笔者所加，下同）：

史料一

西乐来申

前日招商局之海晏轮船于十点余钟进口，有李傅相之西乐全班附轮而来，行至公家花园时，船中吹弹竞奏，诸西人皆争相观听，探系该西乐在津屡次奏技，集赀以充赈款。听者莫不啧啧称美，故傅相令该西乐来沪，亦将择日奏技以期集赀充赈。傅相之关心民瘼即此可以概见矣。[1]

史料二

西乐奏技

前报言李傅相在津所招之西乐班来沪奏技集赀以作赈款一节，兹见西字报登有告白，则言中国水师乐班，知前言李傅相之乐班者误也。其告白内开定于今日下午四点钟起在公家花园奏技，以供西人观听。计奏八套，在津所奏之《妈妈你好糊涂》一曲亦在其内，往听者当不乏人也。[2]

史料三

西乐迭奏

中国水师乐班来沪奏技曾列于报，该乐班自奏技后，分单集赀以济赈款。本埠赛马之第一日，该乐班亦在跑马厅与沪地西乐班更替迭奏，相续不绝，颇足悦耳。水师乐班本定于礼拜六仍在公家花园开奏，今以适值跑马之第三日，故亦移至跑马厅以便听客之娱耳者，又得悦目也。[3]

上述三则史料均见于1883年11月前后的《申报》，所言说者为是年10月李鸿章所设水师西乐班来沪义演赈灾之事，反映出早在自强军军乐队与北洋陆军军乐队成立的十余年前已有军乐班的活动。透过上述三则材料，更不难对该乐班的基本情况有所了解。该乐班应属北洋水师系统，为李鸿章在天津设立，其时被称为“中国水师乐班”。乐班在光绪九年（1883）初冬来沪之前已“在津屡次奏

1. 西乐来申［N］. 申报，1883-10-18.
2. 西乐奏技［N］. 申报，1883-10-25.
3. 西乐迭奏［N］. 申报，1883-11-03.

技”。该乐班于 1883 年 10 月 16 日乘招商局海晏轮来沪，曾在公家花园（今黄浦公园）与跑马厅等地定期献技筹款。截至 11 月 3 日，乐班仍在跑马厅演出，在沪演出时间长达半月之久。在沪期间，该乐班还与在沪的西乐班（估为工部局乐队，1879 年成立）有过交流，两支乐队在跑马厅“更替迭奏，相续不绝”，共同为观众奉献了精彩演出。

这支乐队来沪义演影响甚广，除《申报》为此进行了连续性的报道外，其他的媒体亦有报道。例如《益闻录》即有记载：

史料四

西乐助赈

李傅相水师中向有西乐一班，以中国人为之。惟吹唱之间，悉系西调，呜呜哑哑，别有新声。傅相以直隶灾，故特令该乐班到申，在公家花园吹唱得资助赈，初二三四三天因西人跑马，故移乐班于跑马厅中与西班更唱迭和，过此数日，仍在公家花园云。[1]

与前几则材料不同的是，《益闻录》的报道明确指出，这支乐班成员全由“中国人为之”，吹唱之间“悉系西调”。如果《益闻录》所载无误，那么可以肯定这支水师西乐班是一支纯粹由中国人组成的西式军乐队。

此外，史料二也曾提及该乐班在公家花园演出时“西字报登有告白”。所谓“西字报”，是指当时在上海出版的英文报纸《字林西报》（*The North China Daily News*）。笔者仔细翻检了 1883 年 10 月前后的《字林西报》及其附赠周报《北华捷报》（*North Chain Herald*），再度发现几条相关材料。这几条材料全系英文，牵涉问题重大，为避免差误，影印如下：

1. 西乐助赈［J］. 益闻录，1883（305）：513.

史料五 [1]

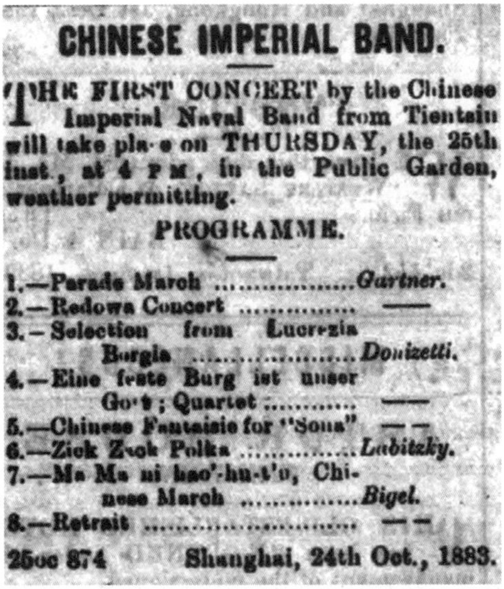

CHINESE IMPERIAL BAND.

THE FIRST CONCERT by the Chinese Imperial Naval Band from Tientsin will take pla·e on THURSDAY, the 25th inst., at 4 P.M., in the Public Garden, weather permitting.

PROGRAMME.

1.—Parade March ....Gartner.
2.—Redowa Concert .... ——
3.—Selection from Lucrezia Borgia ....Donizetti.
4.—Eine feste Burg ist unser Go·t; Quartet .... ——
5.—Chinese Fantaisie for "Sona" ——
6.—Zick Zack Polka ....Labitzky.
7.—Ma Ma ui hao'-hu-t'u, Chinese March ....Bigel.
8.—Retrait .... ——

25oc 874　　Shanghai, 24th Oct., 1883.

史料六 [2]

them.

The following is the programme played by the band this evening under the direction of M. A. Bigel, the Music Instructor:—

1.—Parade-marsch ....W. Gurtner.
2.—Die schöne Augusta—Fantasia für Cornet ....A. Bigel.
3.—Ein' feste Burg ist unser Gott —Quartet .... ——
4.—Cornette—Polka..................D. Arban.
5.—Tientsin echoes—Valse......... ——
6.—Chinese fantasy for So na, (鎖拿) ....A. Bigel.
7.—Pot-pourri—Quadrille .... ——
8.—Der Kleine Rekrut—Marsch..Fr. Küchen.

September 22nd.

史料五所示之图即前揭文所称西字报刊登的“告白”，刊载于1883年10月24日，是演出的预告。该告白所揭示的内容甚为丰富：其一，西人称此乐队为“Chinese Imperial Naval Band”，简称为“Chinese Imperial Band”，且不论其译法是否妥帖，这反映了西人对该乐班的一种看法。其二，10月25日是该乐班在

1. Chinese Imperial Band［N］. *The North China Daily News*，Thursday，1883-10-24. 此外，1883年10月25日该报today doing栏目中还有“Concert—Chinese Imperial Band in the Public Garden. 4.00 p.m”的一条提示。参见*The North China Daily News*，1883-10-25.

2. Outports：Tientsin［N］. *North China Herald*, 1883-09-28.

上海公家花园的第一场音乐演奏会。其三，最重要的是告白刊登了乐队所有预演的曲目，使我们得以了解这支乐队的演奏内容。全场演奏共有 8 首，除前述《妈妈你好糊涂》外，还有进行曲、雷多瓦舞曲、多尼采蒂的歌剧《吕克莱斯·波尔吉》节选、巴赫康塔塔《我神乃大能堡垒》、波尔卡、中国唢呐等。

史料六所示之图为《北华捷报》报道水师乐班于 1883 年 9 月 22 日在天津公家花园为赈灾募捐献艺的节目单。这份报道是《北华捷报》驻津的记者从天津发回上海的报道。对比这两份演出节目单，其中有三首曲目是重复的，分别是开场的进行曲、巴赫康塔塔《我神乃大能堡垒》、中国唢呐，天津所演的另外五首曲目则是幻想曲《最美的奥古斯塔》、《天津回声》圆舞曲、瓜德利尔舞曲集萃、波尔卡舞曲、德国小新兵进行曲。乐队在津、沪两地演出时间仅间隔不足一月，但两次演出曲目仅有 3 首重复。由此可以判定，水师乐队抵沪演出时，至少已能较熟练地演出十余首中西方曲目，而且乐队可以与外国西乐班“更替迭奏”，在公家花园为西人演奏，说明乐队对这些曲目的演奏应该相当纯熟。无论从曲目的演奏，还是演出的形式上看，李鸿章所办的这支水师乐队已经相当成熟，至少其水平不应被低估。

不仅如此，该条史料还清楚地表明，德国人毕格尔（M. A. Bigel，又译作毕格俚）曾出任北洋水师乐队的艺术指导，这也解释了为何乐队的演奏单中会有不少的德国曲目。对于毕格尔，学界一直只知他曾担任赫德乐队的艺术指导，后来通过赫德书信方得知在毕氏担任赫德乐队艺术指导以前，其实就曾经担任过乐队指挥。[1] 但是，赫德书信并没有言明毕氏担任的是哪家乐队的指导，学界对此问题也未曾留意。此篇报道则明确证实毕氏在任赫德乐队指导前，就在李鸿章的水师乐队担任艺术指导。由此，也可以看到在北洋水师乐队与后来的赫德乐队之间可能存在某种联系。或许，赫德就曾亲聆水师乐师在天津租界公家花园的演出，并受其刺激萌生了创办乐队的想法，这才有了后来有名的“赫德乐队”。而北洋水师乐队 15 名被裁撤的乐童，他们其中是否又有人直接加入了赫德乐队，这似乎也值得考证。虽然这些都只是推测，但却也不无可能。因为毕格尔的关系，北

1. 中国第二历史档案馆，中国社会科学院近代史研究所 . 中国海关密档：赫德、金登干函电汇编（1874—1907）：第 4 卷［M］. 北京：中华书局，1992：730. 另据同页编者注：毕格俚，德国人，1888 年 5 月进中国海关。第一年在北京总税务司署任见习供事，第二年起任代理供事，1891 年卒于天津。

洋水师军乐队与赫德乐队之间的关系确实让人浮想联翩。不过，这些问题显然还有俟后来者的研究。

综合上述材料，我们不难了解水师西乐班在津、沪演出的大致情况。同时也可以确定，在光绪九年（1883 年）之前，天津水师西乐班就已经成立。此外，天津水师西乐班的存在也可与陶亚兵提及的天津海关道周馥日记所记淮军行营制造局仿制"洋鼓吹"的史料相互印证，进而可以推定淮军行营制造局仿制的"洋鼓吹"极可能就是供水师西乐班所用。[1] 总的来看，上述这些证据无疑都坐实了陶亚兵先生的推论，"至少在清政府正规的新式陆军建立的十多年前，西洋军乐已经在清军中有了一定范围的运用"。同时，这些证据也明确证实了天津水师西乐班的活动时间远早于张之洞的自强军军乐队与袁世凯北洋陆军军乐队。更因天津水师西乐班的存在，中国近代最早军乐队成立的时间也将大大提前。但是接下来的问题是，这支西式军乐班究竟成立于何时呢?

根据前述材料可知，这支"中国水师乐班"成立于天津，早在来沪之前已在津"屡次奏技"，因此这支乐队组建的时间应在 1883 年前。查考李鸿章在天津筹建北洋水师之举措，笔者判断这支被西人视为"中国水师乐队"的西乐班与北洋水师学堂有关。

1870 年至 1895 年，李鸿章任直隶总督兼北洋大臣期间，极为重视海防，积极筹建北洋海军，并以天津为中心举办了一批早期的近代军事和实业学堂。1876 年至 1880 年，李鸿章先后从外国购到八只炮舰，并订购了两只炮舰、两艘巡洋舰（1881 年到华）、两艘铁甲舰、一艘钢甲舰（1885 年到华），这些战舰后来成为北洋舰队成军时的主力舰。与战舰的购置相比，更困难的是驾驶战舰的人才极为匮乏。李鸿章曾感慨，"铁甲船非难购，难在驾驶之不得其人与法"。[2] 为解决人才供给的问题，李鸿章于 1880 年春夏间，在天津筹建北洋水师学堂。北

1. 陶亚兵在其书中提及，1885 年 5 月（光绪十一年四月），天津海关道周馥陪同新设总理海军事务衙门大臣醇亲王巡阅北洋海防，周氏日记载有淮军行营制造局制造西洋铜管乐器一事："（光绪十一年四月）二十二日（1885 年 6 月 4 日）巳刻，回天津。是日午后，阅淮军行营制造局，局有八厂，共屋百余间，环于海光寺外，匠徒七百余人，每日可造哈乞开司枪子万粒其余炮车、开花子弹、电线、电箱及军中所用洋鼓吹，皆能仿制。"陶氏据此推测"洋鼓"极有可能是为清军所制的乐器。不过遗憾的是，这些材料并非有关军乐队的明确记载，只能作为旁证进行推定。以致陶亚兵在做出大胆的推定后，只能遗憾地表示，"只是现在还没有发现对其运用情况的具体记载"。参见陶亚兵 . 中西音乐交流史稿［M］. 北京：中国大百科全书出版社，1994：201.

2. 李鸿章，吴汝纶 . 李文忠公全书・朋僚函稿：卷 19 - 卷 20［M］. 台北：文海出版社影印本，1908.

洋水师学堂于1881年8月落成，完全仿照西国章程操练。包遵彭在《清季海军教育史》和《中国海军史》中曾引用《天津水师学堂事略稿》一档，该档提及该校驾驶学堂“计设总办一员，监督一员，正教习一员，副教习无定数，文案一员，操练习一员，司事一员，汉文教习一员，医官一员，书识二名，洋号手一名，洋鼓手一名”。[1]因而可以确知，在北洋水师驾驶学堂中已有洋号手、洋鼓手各一名。这反映出在北洋水师学堂已开始使用西式军乐，北洋水师驾驶学堂中的洋号手与洋鼓手可能就是西乐班的教员。不过因为无直接的证据，这仅仅是推测，也无法具体落实西乐班成立的时间。

最核心的材料来自李鸿章本人在光绪十四年所上的《查覆海防报销折》。该奏折本是李鸿章向清廷请求报销筹备北洋水师所费款项的折子，李氏为请款计，事无巨细地罗列了筹备水师所耗各类款项，其中就明确提及这支乐队的成立初衷、演变、建制与用费。

史料七

又水师军乐乐童一款，兵部以营制所关应令奏明核办。查西洋各国水师皆有军乐以壮声威，光绪八年先后募到乐童三十五名，各月给口粮银三两六钱，又购买乐谱及油烛等费银一百两。业于十三年十月择定二十人派上铁舰，设立领队一名，月给银十二两，帮领队一名，月给银十两，一等乐军六名，各月给银八两，二等十二名，各月给银六两，余均裁撤。[2]

李鸿章的这道奏折清楚表明，水师军乐之创设主要是因为考虑到“西洋各国水师皆有军乐以壮声威”，故而循例而设。军乐乐童于光绪八年（1882）招募，共招乐童35名。经过五年的训练培养后，光绪十三年（1887）十月，选定20名乐童正式上舰，并组织成制的军乐队，设领队、帮领队各1人，一等乐军6名，二等乐军12名，此外的15名乐童则被裁撤。结合前述《天津水师学堂事略稿》

1. 包遵彭．清季海军教育史［M］．台北：国防研究院，1969：79；中国海军史：下册［M］．台北：中华丛书编审委员会，1970：781-782，791．另据姜鸣先生的考证，保存在台湾“国防部”的《天津水师学堂事略》手稿影印件，准确的原文应是：“第三章 编制 驾驶学堂：总办一员、监督一员、正教习一员、副教习洋汉视学生多寡无定数、文案一员、司事一名、操教习二员、汉文教习三员、医官一员、书识二名、三班学生额设一百二十名、洋号手一名、洋鼓手一名、夫役X名。管轮学堂：总办一员（驾驶总办兼理）、监督一员、正教习一员、副教习无定数、司事一员、三班学生额设一百二十名、其余办事各员，除以上专设员数外，均由驾驶学堂兼理。”参见姜鸣．严复任职天津水师学堂史实再证［J］．历史研究，2008（3）：164-179，192．

2. 李鸿章．查覆海防报销折（光绪十四年五月十八日）［G］// 章洪钧，吴汝纶．李肃毅伯（鸿章）奏议：卷11，沈云龙主编．近代中国史料丛刊：第十八辑，台北：文海出版社，1968：2635-2636．

档，可以基本推定，这35名军乐乐童由北洋水师学堂负责训练。军乐班大致经历了北洋水师学堂军乐班、北洋水师军乐班两个阶段，而1883年赴沪义演则可能是这支军乐班的第一次外出演奏，因其隶属水师系统，故而被外人视为“中国水师军乐班”。由是，这支为学界长期忽视的水师军乐队全然浮出水面。

从时间上看，李鸿章1882年设立的水师乐班远早于张之洞的自强军军乐队和袁世凯北洋陆军军乐队。那么，李鸿章的水师乐班又是否是中国最早的西式军乐队呢？笔者认为这仍有待进一步的讨论。因为在水师乐班成立之前，清军中似已有西式军乐的运用：

史料八

鄂垣大阅

冬至后三日，天有微雪。两湖总督李制军、鄂抚潘中丞同赴校场大阅，观者塞途。已午正，两宪暂退用膳，又见抚标中军汪参戎引凤字营张金龙红绫旗两面，督率四百名洋枪队列校场之两旁。未正，洋枪队奏西乐以迎，悠扬可听。两宪出自声震雷霆之门，各登高座，洋枪队已排成一字长蛇阵，三百八十四杆洋枪一齐轰发，大有迅雷不及掩耳之势。[1]

该条史料中有“洋枪队奏西乐以迎，悠扬可听”的描述，明确显示早在光绪戊寅冬武昌的军事操演中已有西式军乐的运用。尤可玩味的是，此条材料所示校场大阅的组织者两湖总督李制军实乃是李鸿章的长兄李翰章，鄂抚潘中丞为湖北巡抚潘霨，而“凤字营”“洋枪队”则表明这支操演的军队极可能是从李鸿章的淮军系统分化而来。若此论成立，则可判定早在19世纪70年代后期的淮军中，已有近代西式军乐的运用。而李鸿章之所以在北洋水师中设立西乐班，除仿效西国水师外，也不排除是延续淮军使用西乐的传统。

韩国鐄曾在《清末民初西乐的输入》一文中判断说：“目前还未能充分证实十九世纪中叶由洋人领导的几支洋枪队是否用到西式军乐队。所以一般皆以1895年年底袁世凯在天津小站建立新军不久之后所组成的军乐队为中国的第一支西式军乐队。”[2]然而据史料八所示，19世纪70年代中后期淮军已有使用西乐

1. 鄂垣大阅［N］. 申报，1879-01-01.
2. 韩国璜 . 清末民初西乐的输入［J］. 中国音乐（北京），1990（3）：3-4.

的洋枪队，而且此时的洋枪队已不由洋人领导，完全由中国人掌握，只是大部采用西式火器。查考洋枪队史实，早期的洋枪队确由洋人领导，最有名者为美国人华尔所率的常胜军。但因常胜军不好节制，故李鸿章于 1864 年 5 月将其裁撤。至于常胜军中是否有军乐队，不得而知。但史料八所示的洋枪队显然是此后淮军自设的洋枪队。

那么，淮军的洋枪队有无可能是中国近代最早采用西乐的清军呢？综合前述各种材料，并结合淮军的具体情况，笔者认为这是极有可能的。就 19 世纪 60 年代清军的配置来说，淮军自入沪之后逐步西化，可谓是当时最为西化、近代化色彩最浓的军队。淮军西化的典型就是自设洋枪队，开清季各军“练兵”之先声。淮军之设洋枪队始于同治元年（1862 年）。李鸿章入沪之后，极感西式装备之精良，故而亟须对淮军加以改造。是年九月，淮军改“各营之小枪队为洋枪队，每哨并添劈山炮二队”。[1] 同治四年（1865 年）十月，李鸿章在奏折中提到，“臣军久在江南剿贼，习见洋人火器之精利，由是尽弃中国习用之抬枪、鸟枪，而变为洋枪队。现计出省及留防陆军五万余人，约有洋枪三四万杆”，[2] 可见其时淮军已大部使用洋枪。不仅如此，淮军还聘募洋教习，教演洋枪操法，淮军除了营伍编组未加改变外，其操练枪炮，均采西式。[3] 所谓的西式，一是训练时间加长，二是指阵法、号角、口令俱为西式，绝不同于别军。[4] 淮军名将周盛传便讲道：“卑军马队各营，一律仿照洋人马队阵式操法，并画出图阵，译出口令，每日分中晚两操，营哨各员，一体督队学习。”[5] 由此可见，淮军的演操至少在形式上已非常西化。因其阵法、号角、口令全采西式，因而亦不排除在操演过程中率先采用西式军乐，而陶亚兵提到的 1877 年江南制造局译出的《喇叭吹法》一书也极可能就是供淮军军乐队学习之用。故此，笔者倾向于认为中国近代最早的军乐队可能产生自淮军之中，唯因直接证据的不足，只能暂作推测。

---

1. 王尔敏 . 淮军志［M］. 台北：中央研究院近代史研究所，1967：93-94.
2. 李鸿章 . 复陈奉旨督军河洛折（同治四年十月初八日）［G］// 顾延龙，戴逸 . 李鸿章全集 37 诗文 . 合肥：安徽教育出版社，2008：303.
3. 王尔敏 . 淮军志［M］. 台北：中央研究院近代史研究所，1967：199.
4. 王尔敏 . 淮军志［M］. 台北：中央研究院近代史研究所，1967：200.
5. 周盛传 . 拟用华洋合操法禀［G］// 周家驹 . 周武壮公（盛传）遗书（附年谱）：卷 4. 沈云龙 . 近代中国史料丛刊：第 39 辑，台北：文海出版社，1968：487.

总之，早在 1882 年，李鸿章就在天津设立水师西乐班，乐班全由中国乐手组成，并在津、沪两地多次演出。学术界目前视自强军及陆军军乐队为最早军乐队的看法极不严谨，亟须修正。但是 1882 年成立的水师乐队仍可能不是中国近代最早的西式军乐队，中国最早的西式军乐队极可能源于淮军，与淮军洋枪队的组建有关。至于其中的内在关系，因限于史料的不足，笔者暂无法对其做详细的考述。学界有必要系统检视西式军乐在淮军中的传播历程，重新审视李鸿章与淮军、北洋水师在中国军乐史上的地位。在无更深入具体的史料发现之前，学界无妨暂以李鸿章的水师西乐班为中国近代西式军乐队之发端。

（原刊于《音乐研究》，2014 年第 3 期）

近代中国音乐术语的典籍化：近代音乐类辞书的编纂实践

术语（terminology）是在特定学科领域用来表示概念的称谓的集合，是通过语音或文字来表达或限定科学概念的约定性语言符号。术语的生成和确立大体要经历创制、传播、典籍化等几个环节。辞典的编纂意味着术语的典籍化和权威化，是术语生成中最重要的步骤之一。辞书出版家陆尔奎说过“一国之文化，当与其辞书相比例，国无辞书，无文化可言也。”[1]蔡元培指出：“一社会学术之消长，观其各种辞典之有无与多寡而知之。”[2]音乐辞书的编纂不但是音乐术语系统化、规范化的关键之举，也是现代音乐学科发展程度的直接体现。学术界于近代音乐史研究虽然成果丰硕，然而却甚少关注到作为现代学科标志的音乐“术语”相关问题。专门探讨近代音乐术语典籍化问题的研究为数甚少[3]，这提示该领域在近代音乐史研究中尚有较大的开掘空间。本文不揣浅陋，尝试从近代音乐类辞书编纂的视角来审视近代音乐术语确立的进程，进而探求理解近代音乐学科发展的新路径。

一、始于“互译”之沟通：晚清东、西洋音乐术语的互译认知

西方音乐虽早在明清之际就已传入中国，但明末清初所传甚少，范围不广，影响亦难言深远，中西方音乐真正全面深入的接触并产生认识论上的深刻意义当在晚清。晚清国门洞开以降，中西文化交流频率的逐步加快不仅使得作为物理学的声学知识传入中国，同时作为音乐学基本的西方音乐理论也逐步传入中国。然而，异质文明的交流与沟通，关键即在于建立起一套可以彼此言说的话语体系。随着东西方音乐的接触、交融，如何在中、西方音乐间作自由地沟通即成为跨语

1. 陆尔奎 . 词源・说略［J］. 东方杂志，1915，12（4）.
2. 蔡元培 . 植物学大词典［M］. 上海：商务印书馆，1918：序 .
3. 就笔者目力所及，目前学界仅有极少数学者专文提及近代的音乐术语问题。其中较有代表性的如北京外国语大学日语系朱京伟教授，氏著《近现代以来我国音乐术语的形成与确立》《西洋乐器中文译名的形成与演变》两文，系国内较早系统地阐述近代音乐术语问题的专题论文。此外，氏著《近代日中新語の創出と交流：人文科学と自然科学の専門語を中心に》一书中亦专列有一章探讨近代音乐术语问题，主要内容与上述两文大体一致。另外，德国哥廷根大学东亚系杰琳德・吉尔德（Gerlinde Gild）的《西方冲击下中国近代音乐理论和术语的演变》一文亦对此有所关注。

际交流的重要问题。

为给传教士提供语言上的便利，马礼逊于1808年开始《华英字典》的编纂工作，这部最早的英汉词典完成于1823年。其中就收有“音乐”条目，在此条目下，马礼逊不仅介绍了音乐的类别、音乐音阶、音高，也介绍了中国一些乐器的制作、工艺和材料。因为是华英字典，因此这些内容都是中西一一对应式的，这种体例充分反映出中、西方在音乐领域中沟通的可能性是如何建立起来的。例如在音乐的条目下，马礼逊如此写道：

Music，乐，yǒ；音乐 yiu yǒ； music with drums，鼓乐 Koo yǒ；Loud Music，大乐 ta yǒ；Soft music，细乐，se yǒ .

Music Proceeds form Poetry，乐出乎诗者也。Yǒ Chŭh hoo she chay yay.

In the 律吕正义 leŭh leu ching e，the European，Ut，re，mi，fa，sol，la，are made by 乌勒鸣乏朔拉 Woo，Iih，ming，fǎ，soo，la.

The four parts of European music are called 最高声 tsuy kaou shing，or treble；高声 Kaou shing，or alto；中声 Chung shing，or tenor；下声 hea Shing，or bass.[1]

可以看到在Music条目下，马礼逊率先对音乐做了简单的分类，即鼓乐、大乐、细乐，不过这种分类法既非西方式的，亦非中国式的。因为鼓乐是指以鼓演奏（with drums）的音乐，而大乐、细乐之分则是从声音高低的角度做出的，显然是采取了不同的标准。这种分类方式既不同于当时西方的分类标准，亦和中国传统的分类原则不同，这反映出词典的编纂者对中西方音乐的认识尚停留在较粗浅的层面上。此外不难看到，马礼逊对音阶的认识显然来自《律吕正义》中的乐理知识，他直接借用《律吕正义》的内容，将Ut，re，mi，fa，sol，la与乌、勒、鸣、乏、朔、拉建立起对应性的关系。马礼逊并非专业的音乐家，他对中、西方音乐知识的认识和理解事实上都停留在较浅显、传统的层面，然而作为第一本英、汉对照的字典，其有着较重要的指示、规范的意义，它率先在英、汉语言之间建立起了较为规范的对应性关系，并成为此后西方人学习中文的语言工具书，进而使得东西方之间广泛的沟通与交流成为可能。

1. MORRISON R. A Dictionary of the Chinese Language, in three parts［M］. Macao China: Printed at the Honorable East India Company's Press, 1815-1823: 286.

作为第一部英汉辞典，《华英字典》不仅是来华传教士、外国人必备的语言工具书，而且也成为此后英汉辞典编纂的重要“蓝本”。继马礼逊之后，1844年卫三畏（W. William）编有《英华韵府历阶》，1848年前后麦都思（W. H. Medhurst）编成《英汉字典》，罗存德（W. Lobscheid）在1866年编有《增订英华字典》，卢公明（J. Doolittle）于1872年编有《英华萃林韵府》，这一批汉英辞书都不同程度参考了马礼逊的《华英字典》，共同构成了早期英汉语言、词汇、意义沟通的基本规范。

MUSIC, 樂 yŏ; 音樂 yin yŏ; music with drums, 鼓樂 koo yŏ. Loud music, 大樂 ta yŏ. Soft music, 細樂 se yŏ.
Music proceeds from poetry, 樂出乎詩者也 yŏ chŭh hoo she chay yay..
In the 律呂正義 leŭh leu ching e, the European Ut, re, mi, fa, sol, la, are made by 烏勒鳴乏朔拉 woo, lih, ming, fă, soo, la.
The four parts of European music are called 最高聲 tsuy kaou shing, or treble; 高聲 kaou shing, or alto; 中聲 chung shing, or tenor; 下聲 hea shing, or bass.
There have been five emperors and kings who understood music, Heuen-tsung of the Tang dynasty, &c. 帝王知音者五人唐玄宗 te wang che yin chay, woo jin, tang heuen-tsung.

《华英字典》Music 条[1]

MUSIC, 音樂 yin yŏ; music, women, wealth, and gain, 聲色貨利 shing sĭh hó lé; loud music, 大樂 tá yŏ; soft music, 細樂 sé yŏ; music proceeds from poetry, 樂出乎詩 yŏ ch'hŭh hoo she; instruments of music, 樂器 yŏ k'é; a music book, 琴譜 k'hin p'hoó.
MUSICAL stones, 磬 k'hing, 編磬 p'hëen k'hing, 特磬 tĭh k'hing, 毊 heaou, 璆 keaou.
MUSICIAN, 樂師 yŏ sze; bands of musicians, 伶侏 k'hëen choo, 衍衍 yuên yuên, 伶人 líng jin, 伶倫 líng lûn; master of do. 伶官 líng kwan; inferior players, 樂戸 yŏ hoó, 吹手 ch'huy shòw.

《英汉字典》Music 条[2]

Music, n. 樂, 音樂; to make music, 作樂, 奏樂; loud and noisy music, 大樂; soft music, or music performed on small instruments, 小樂, 細樂; music ranks as second in the six liberal arts, 樂入六藝之次; music, women, wealth and pleasure, 聲色貨利; to chant with music accompanying, 歌; sweet sounds of music, 歌音嘹嚦.
Music-book, n. 樂譜.
Music-box, n. 琴箱.
Music-master, n. 樂師, 教樂師傅.
Music-stool, n. 琴凳.
Musical, a. 樂, 樂嘅; musical instruments, 樂器; a repository for musical instruments, 樂府, 樂器; musical stones, 磬, 編磬, 特磬; musical instrument maker, 製樂器人, 整樂器師傅.
Musician, n. 吹打佬, 樂師, 吹手; the musicans in the imperial palace, 御韶; juvenile musicians, 八音仔; musicians who play in temples and on festive occasions, 樂生; a band of musicians, 一班八音, 一副吹手; bands of musicians in ancient time, 伶侏, 衍衍; the master of musicians, 樂官.

《增订英华字典》Music 条[3]

对比马礼逊的《华英字典》、麦都思的《英汉字典》、罗存德的《增订英华字典》三部字典中“Music”条目，可以明显看到在字典编排的体例上，三部词典都有一以贯之的相通之处。此外就条目内的解释来看，麦都思、罗存德的字典都依稀能看到马礼逊《华英字典》的影子。比如关于*Loud Music*和*Soft Music*的解释，马礼逊将之释为“大乐”和“细乐”，麦都思的《英汉字典》完全移植了马氏的解释，罗存德的字典基本上也遵照了此种解释，唯阐释稍为翔实。

1. MORRISON R. Dictionary of the Chinese Language, in three parts［M］. Macao China: Printed at the Honorable East India Company's Press, 1815-1823: 288.
2. MEDHURSL W, H,. Medhurst, English and Chinese Dictionary in two Volumes: Vol. II［M］. Shanghai: London M: ssionary Society Mission Press, 1848: 865.
3. KWONG K C, An English and Chinese Dictionary［M］.Revised and Enlarged by Tetsujiro Inouye, Bungakusiii, Tokio: Published by J. Fujimoto. 16th Year of Meiji: , 1887: 736-737.

与马礼逊、麦都思等人所编辞典较为不同，卢公明1872年所编《英华萃林韵府》在体例上有较大区别，这部词典的很多条目均是卢公明邀请专业人士撰写。由于这些条目出自当时的专业人士之手，因此大抵代表了其时西方人在该领域的最高水准，《英华萃林韵府》在专业性上也要比马礼逊、麦都思所编的综合辞典更为突出。由于《英华萃林韵府》采取了分类编纂的形式，这也使得该类别词汇颇具有专业辞典的意义。具体就音乐领域而说，《英华萃林韵府》中音乐类的条目乃是由狄考文夫人狄就烈（Julia B. Mateer）完成，基本上反映了晚清外国传教士中对中、西方音乐认识的最高水平。[1]《英华萃林韵府》中，狄就烈编辑列出了75个中西音乐的术语，并在中、英文之间搭建起了对应性的关系。兹将《英华萃林韵府》中音乐类的条目列表如下：

《英华萃林韵府》中狄就烈所制音乐术语字典一览表[2]

英文	汉语	英文	汉语	英文	汉语
Accent	轻重	Interval	度	Scale	乐级子
Alto	副品	Interval Major	满度	Scale，Diatonic	原级子
Bar	准隔	Interval Minor	亏度	Scale，Chromatic	全备级子
Bar，Double	句隔	Key	首音	Scale，Major	满级子
Bass	下品	Legato	贯音	Scale，Minor	亏级子
Beat	拍	Leger Lines	外线	Scale，Nature	自然级子
Chant	讽诵调	Measure	准	Sharp	刚
Chord	相协的音	Mezzo	中声	Signature	记号
Chorus	副歌	Music	乐	Slur or Tie	连勾
Cleff	排号	Music as an Art	乐法	Soprano	正调，正品
Cleff，F	丁排	Music as a Science	乐学	Staccato	顿声
Cleeff，G	戊排	Natural	归号	Staff	乐表

1. 关于狄就烈的传记可参见Robert M. Mateer：Character-Building in China：The Life-Story of Julia Brown Mateer［M］. New York：Chicago & Toronto：Fleming H. Rovell Company,1912；朱葆琛．狄夫人邦就烈事略［M］//文会馆志，潍县，1913. 有关狄就烈及《乐法启蒙》的研究成果，可以参见宫宏宇．狄就烈、《乐法启蒙》、《圣诗谱》［J］．中国音乐，2008（4）；宫宏宇．基督教传教士有关中国学校音乐教育之主张与实践——以狄就烈为例［J］．音乐探索，2014（1）：72-79.

2. J. B. Mateer, List of Musical Terms［M］// Justus Doolittle（卢公明）：*Vocabulary and Hand-Book of the Chinese Language：Romanized in the Mandarin Dialect*，Foochow：Razario，Marcal and Company，1872：307-308.

续表

英文	汉语	英文	汉语	英文	汉语
Close	终隔	Note（a Character）	音号	Step	整步
Crescendo	放声	Note（a Sound）	乐音	Step，Half	半步
Crescendo Pressure Form	突放声	Octave	一层级子	Style	式样
D.C	反始	Organ Tone	均声	Swell	鼓声
Degree	位	Part	品	Tenor	上品
Diminuendo	收声	Piano	弱声	Time	长短
Diminuendo Pressure From	突收声	Pianissimo	极弱声	Tone	声音
Flat	柔	Pitch	高低	Transpose	挪级子
Form of Tone	吐嘱	Power	气力	Trill	颤声
Forte	强声	Quality	清浊	Triplet	三并二
Fortissimo	极强声	Repeat	重号	Tune	腔调
Harmony	相协	Rest	歇号		
Hold	拖勾	𝄞	回转号		

在《英华萃林韵府》原文中，词典编纂者还在狄就烈的基础上于中文右侧附注了拼音，本文此处仅列出英文、中文两项。透过上表可以看到，在19世纪70年代西式乐理上已有相当程度的输入，然因中文世界中难以找到明确的对应术语，故而《英华萃林韵府》不乏新造了一些音乐词汇，一些词汇的意义也略有变化。例如在马礼逊的字典中，Alto解释为高声，Tenor解释为中声，Bass解释为低声，而在《英华萃林韵府》中则分别解释为副品、上品、下品（分别对应现代术语中的“女中音”“男高音”“男低音”）。而马礼逊的字典中最高声的“treble”则并没有出现。另外不难发现，《英华萃林韵府》中的中文术语与现代音乐术语还有较大差异，例如（括号中为现代术语）：

级子（音阶）、整步（全音）、半步（半音）、歇号（休止符）、亏度（小音程）、满度（大音程）、亏调（小调）、满度（大调）、乐字（音名）、准隔（单纵线）、排号（谱表）、正品（女高音）、副品（女中音）、下品（男低音）、上品（男高音）、挪级子（转调）、二分号（二分音符）、四分号（四分音符）、二分准（二拍子）、三分准（三拍子）、自然级子（自然音阶）

这种差异提示现代音乐术语的生成有复杂的历史过程，英美音乐术语对现代音乐术语的规范和影响事实上相对有限。

《英华萃林韵府》以后，亦有《麦嘉湖英厦辞典》（1883 年）、《鲍康宁汉英分解字典》（1900）、《卫三畏汉英韵府》（1903）、《卫礼贤德英华文科学字典》（1911）、《翟理斯华英字典》（1912）等语言类辞典不断问世，其中虽不乏收录有关音乐类的术语，显示了西洋音乐的跨语言转换存在着相当漫长的历史过程。不过总的来说，由于这些辞典主要的阅读对象是西方人，中国知识界对这些辞典的接受相当有限，因此从西洋直接译介引入的音乐术语对中国现代音乐学的影响亦相对有限。

二、专业性的尝试：清末日译音乐术语的引入与术语索引的编纂

甲午海战之后，中国知识分子前往日本留学渐成热潮。1900 年后，从日本转口输入的西学知识急剧增长。据统计，1902 年至 1904 年共译西书 533 种，其中从日文译出的占 321 种，占六层以上。[1] 伴随日文译书的增多，大量日译名词蜂拥而入。音乐学亦不例外，受日本近代音乐学之影响，清末大量的西洋乐理著作得以翻译出版，日译音乐术语大行其道。晚清从日文译出的西洋乐理著作甚多，较重要者如 1904 年曾志忞据铃木米次郎所译日文《音乐理论》一书译成的《乐典教科书》；1905 年陈邦镇等以铃木米次郎的乐理讲义编译而成《音乐学》一书，作为湖北省师范学校学生的教科书出版；1906 年辛汉、伍崇明译出的铃木米次郎所著《乐典大意》；1906 年倪觉民据日本山田源一郎及多梅稚合著的《初等乐典教科书》为底本编著《初等乐典教科书》；1907 年徐傅霖、孙掞同翻译，日人田村虎藏所著的《中学乐典教科书》；1908 年沈彭年编辑《乐理概论》；1909 年李燮义编译《乐典》。这些乐理著作多系日本译入，内容亦不乏相通之处，自成一系统，不但形成了出版上的垄断，更形成了相对独立、前后贯通的语言体系，对中国现代音乐学的发展产生了深远影响。

学术界一般将曾志忞翻译的《乐典教科书》视作系统引入西洋乐理的奠基

1. 熊月之 . 西学东渐与晚清社会［M］. 上海：上海人民出版社，1994：13.

之作。《乐典教科书》书后附有《乐语索引》，这也是目前所见最早从日文译出的音乐术语索引。曾志忞于1901年进入日本早稻田大学主修法律，1903年进入东京音乐学校学习，随后开始在日本展开广泛的音乐活动。1904年7月，上海广智书局出版曾志忞翻译的《乐典教科书》。此书原是英国拜耳所选编《学校音乐论理教科书》，后由日本高等师范学校铃木米次郎译为日文，改名为《音乐理论》，并经日本文部省审定。曾志忞留日期间，就曾使用这本书作为教材，曾氏注意到该书的重要价值，据日译本译出改名为《乐典教科书》。是书第三章附有“中国之五声音阶”“中国雅乐之音阶”；第五章附有“关于乐曲奏法之术语”，此部共收术语73条，分为三类：（一）关于速度之语，共收术语23条，如“grave and solem—严格”“slow—缓”“quink—速”；（二）关于势力之语，共收术语16条，如“Soft—弱势”“loud—强势”“losing itself—减势”；（三）关于曲风之语，共收术语34条，如“animated—有精神”“with expression—有感情”“expressive—发想的”“marked—留意”；书末附有《乐语索引》，共附录音乐术语189条。《乐语索引》按英文A-Z排列，对照中文，并附注文中出现页码，如第一条“Abbreviation—记号——第百四十一”。[1]

比对《英华萃林韵府》，《乐典教科书》与《英华萃林韵府》均有提及的术语共有二十余条，但大多在译法不同。略举例如下（“/”符号前系《英华萃林韵府》所译，“/”符号后为《乐语索引》所译）：

Accent（轻重 / 强势），Beat（拍 / 波动），Crescendo（放声 / 渐次增声），Diminuendo（收声 / 减声），Flat（柔 / 变），Legato（贯音 / 圆滑），Measure（准 / 小节），Interval（度 / 音程），Natural（归号 / 本位记号），octave（一层级子 / 第八音），Pitch（高低 / 音度），Quality（清浊 / 音色），Repeat（重号 / 再奏），Rest（歇号 / 休止音），Scale Diatonic（原级子 / 全音阶），Time（长短 / 拍子）

两者仅有极个别的词汇译法一致，如“Forte”两者均译为“强声”，“Piano”两者皆译作“弱声”。不难看到，《乐语索引》术语的译法与《英华萃林韵府》的译法关联度甚小，属于完全不同的两个系统。

《乐语索引》原本为《乐典教科书》一书中出现的术语附录汇编而成，所译

1. 铃木米次郎 . 乐典教科书［M］. 曾志忞，译 . 上海：广智书局，1904.

术语大抵反映了晚清音乐界对日译音乐术语的接受程度。《乐语索引》虽然主观上并没有术语标准化、规范化的意识，客观上却成为此后西方音乐理论中国化的基础和典范。《乐典教科书》在晚清影响极大，此后不少音乐教科书即以曾氏此书为蓝本，不但内容相近，附录的《乐语索引》更是被反复刊印，反映出后来者对曾译术语的认同。1906 年，上海科学书局印行了倪觉民编著的《初等乐典教科书》。此书的编著主要是因为倪觉民认为曾译《乐典教科书》"程度太高，不便初学"[1]，职是之故，倪氏以日本山田源一郎及多梅稚合著的《初等乐典教科书》为蓝本，并参考其他各书编辑成书。有意思的是，该书附记部分明言"采曾氏乐典教科书"而成，共包括四个部分，全系从曾氏《乐典教科书》舶来。具体而言，倪觉民将曾著第三章附记之"中国之五声音阶""中国雅乐之音阶"分别编为附记一、二，第五章"关于乐曲奏法之术语"编为附记三，"乐语索引"编作附记四。[2] 作为教科书，倪氏所编《初等乐典教科书》运用颇广。1930 年代，河北省立第一师范学校音乐课程曾油印《乐典讲义》一种，然考其版本，其实即据倪氏所编《初等乐典教科书》翻印，仅略去序言、作者及版权页而已。《乐典讲义》一书仍在其后附录"中国之五声音阶""中国雅乐之音阶""关于乐曲奏法之术语""乐语索引"四部，足可见曾氏所译术语影响之深远。[3]

在曾志忞《乐语索引》之后，另一份较重要的术语索引是陈邦镇等人所译的《乐语略解》，此份《乐语略解》亦是作为附录，附载于《音乐学》一书中。《音乐学》于 1905 年由陈邦镇、傅廷春译出，作为湖北省师范学校学生的教科书出版。是书原系日本铃木米次郎、中岛六郎合著，"专备师范教科之用"，陈邦镇在译时"复采铃木先生及田村虎藏、石原重雄，臼井规矩郎、近森出来治诸君音乐教科书编纂而成"。《音乐学》分上、下两编，上编为《乐典大意》，下编为《学校唱歌》。上编《乐典大意》后附《乐语略解》，按首字母 A-Z 排列，中西文对照，共收各类音乐术语 445 条。《乐语略解》在内容上较曾志忞翻译的《乐典教科书》中所列术语要丰富得多。较为特别的是，"乐语略解"在西文后还用括号注明了

1. 倪觉民 . 初等乐典教科书［M］. 上海：科学书局，1906：凡例 .
2. 倪觉民 . 初等乐典教科书［M］. 上海：科学书局，1906：68-93.
3. 靳盈之 . 乐典讲义［M］. 石家庄：河北省立第一师范学校，1912.

术语来源，例如“Accelerando（It.）—拍子之速度”“Bis.（Lat）—二度”“Brise.（Fr）—装饰音”，分别意味着上述三词来源于意大利语、拉丁语和法语。

对比曾志忞《乐语索引》，两者虽然都系从日本教科书中译出，但译法略有差异。兹以A部两者均收录的术语略作说明（“/”符号前系曾译，“/”符号后陈译）：

Acciaccatura（短急倚音 / 碎音装饰音），Adigo（不急速 / 甚缓慢之拍子），Allegro（快活 / 神速快活之拍子），Allegretto（如 Allegro 而不速 / 较神速之拍子，较 Allegro 迟），Andante（更缓徐 / 缓慢之拍子），Appoggiatura（倚音 / 倚音装饰音），Arpeggio（全弦神速返动 / 全弦神速），Augmented intervals（增音程 / 增音程）

仅以A部收录术语略作对比，可以看到两者所译意思都极近类似，只是曾志忞所译更为简约，而陈邦镇所译稍显繁复。《乐语索引》《乐语略解》在清末的集中刊行表明晚清音乐界中源于日文译出的西方音乐术语的使用已较为普遍，虽然在术语的意义规范上还略有认识上的差异，但已获得较普遍的认同。

更重要的是，两种术语索引的出现反映出晚清音乐术语的编纂已逐步从综合性辞书或语言类辞书中独立出来，成为较专门的一个领域。只需简单类比同时期综合性的辞书，《乐语索引》《乐语略解》的专业性即可见一斑。东吴大学首任国学教习黄摩西曾于1911年编著《普通百科新大辞典》一书，是书收录有音乐类术语131条。然观是书所收术语，不仅数量远逊于前述两书，而且收录诸如二分音符、三角铁、三十二分音符、三连音符、三进拍子、大谱表、上主和弦、上声、手风琴、切分音、比集加都、比各洛、不完全、夫拉几瓦来、反切、中音、中和弦、尺八、卡司登内忒、加线等术语，不仅各类术语夹杂其间，未能条理明晰，而且不少术语译法上也略显生硬、欠妥。例如黄氏将“Pizzicato”（拨奏曲）完全音译为“比集加都”，将“Piccolo”（短笛）音译为“比各洛”等皆属此类。[1]黄摩西所编《普通百科新大辞典》已属晚清各类大百科全书中收罗较为齐备者，更是少有的包含音乐术语的百科全书。但就音乐术语而言，综合性的百科全书显然要逊色于《乐语索引》《乐语略解》这类专门性的术语索引。

1. 上海国学扶轮社 . 普通百科新大辞典［M］. 上海：上海国学扶轮社，1911：118.

三、民国国人音乐专业词典的编纂实践

民国以降，在新音乐运动的激进狂飙之中，如何翻译、欣赏、理解西洋音乐成为关键的问题。大量的西洋音乐新名词的涌入，对新名词进行较为系统的分类、整理显得尤为紧迫。由于各种术语纷歧舛错，术语的统一和规范成为中国音乐学发展的紧迫任务，民国音乐学人开始有意识地整理、编纂音乐辞典。1938 年，教育部音乐教育委员会甚至专门提出划定音乐通用名词并编辑音乐辞典的方案，这显示出音乐辞典的编纂成为音乐学界的共识性认知。民国音乐辞典的编纂、出版无疑有助于音乐术语的规范化和标准化，而规范、统一的术语也使得现代音乐学确立起了相对严谨的话语系统，是其趋向成熟的显性标志之一。

从文本上，民国音乐辞典大致可以分为论著类术语索引及对照表、期刊连载术语、单选本音乐辞典三类。

（一）论著类术语索引及对照表

论著类术语索引及对照表即指在近代音乐学著作之后，附录相关术语的索引及中英文对照表。严格意义而言，这类术语索引及对照表并不能算音乐辞典，只是作者为方便读者阅读起见对论著中涉及的音乐术语略作索引。然而，在规范的音乐辞典产生之前，这些术语索引及对照表事实上扮演了语义规范的角色。

（1）《口琴吹奏法》所附《乐语辞典》

《口琴吹奏法》系潘金声 1929 年所著，上海北新书局 1933 年初版。潘金声系中国近代口琴之父，《口琴吹奏法》旨在普及口琴，提高国人音乐水准。书后所附“乐语辞典”，按英文字母 A-Z 排列，对应中文，共收各类音乐术语 377 条。该书内容虽主要在介绍口琴吹奏法，但《乐语辞典》所载术语却是音乐学的常用术语，并不局限于口琴之用。潘氏在序言中明确指出：“本书后面附有‘乐语辞典’，完全是音乐上的常用语，这部书是用了十几种参考书，费了数月光阴，才编辑成功的，即口琴以外，他种音乐，也可适用”。[1]

（2）柯政和编《音乐通论》所附《音乐辞典》

柯政和所著《音乐通论》，1930 年 2 月由北平中华乐社发行。正文凡 33 章

1. 潘金声 . 口琴吹奏法［M］. 上海：北新书局，1933：序 .

372 页，后附《音乐辞典》，另起编页，共 133 页，收录术语 5000 余条。从体量上看，书后附的《音乐辞典》虽说是附录，但事实上已足可与单选本的音乐辞典媲美。柯氏当时正在着手编辑《最新音乐辞典》，然“惟恐一时不易付梓”，故而“先选出日常最需要的用语五千余语”，附于书末以供急需。[1]《音乐辞典》按首字母从 A-Z 排序，标注词源、并对应中文译文，例如“Aballate（意）— 如舞曲”“Abandon（法）— 自由，无拘束”。

（3）朱稣典著《音乐概论》两种

朱稣典先后出过两本不同版本的《音乐概论》，一种出版于 1934 年，后附“中、西文名词索引”，收中文术语约 556 条，西文名词 370 条。另一种书后附有“音乐名词对照表”，系中英文术语对照，共收 220 条。

1934 年版《音乐概论》，由上海中华书局出版，系中华书局“中华百科丛书”之一种。这套丛书由舒新城与中华书局陆费逵共同主持，旨在“供中等学生课外阅读或失学青年自修研究之用”。[2] 有鉴于丛书的目的，编者主要是“把音乐的全般知识，总括地说明一下，以供爱好音乐者的展望”。全书内分八章，叙述音的产生、种类、性质以及音阶、音程等。书末附有中文名词索引和西文名词索引。中文名词索引以笔画多少为序，共收词 556 条。西文名词索引按首字母 A-Z 排序，共收词 370 条。遗憾的是中、英文之间并没有对照互译，因此仅仅只是为方便阅读的检索。

此外，朱稣典还在中华书局另出一种针对师范学校的《音乐概论》，笔者所见是 1948 年 8 月第 5 版。是书封面题首标注：“新课程标准师范学校、乡村师范适用”，可见是一本针对师范学校教授音乐理论的教材。编辑大意中明确指出：“本书的编制，完全依照课程标准中的教材大纲”。[3] 这本书共有十章，208 个小段落，供三年之学。除介绍乐谱、节拍、音程等音乐理论外，还介绍了唱歌指挥法、音乐大家简史。书末附有“音乐名词对照表”。附录的“音乐名词对照表”按章节顺序，将各章中出现的重要术语以中外文对照的形式分别标注，共收术语

1. 柯政和 . 音乐通论［M］. 北平：中华乐社，1930：凡例 .
2. 舒新城 . 总序［M］// 朱稣典 . 音乐概论 . 上海：中华书局，1939：4.
3. 编辑大意［M］// 朱稣典 . 音乐概论（第 5 版）. 上海：中华书局，1948.

220余条。对照表多采英文，习惯上通用他国语者，均另注明，并排斜体字母以资识别。[1]

（4）郑志著《乐学大纲》后附《音乐小辞典》

上海世界书局1936年6月印行，全书分章叙述基本乐理，声乐、器乐、管弦乐、歌剧等的起源和种类，西洋音乐简史，著名小提琴家、钢琴家、歌唱家等，共29章，后附《音乐小辞典》。《音乐小辞典》按英文首字母A-Z排列，另起编页，共58页，收术语4600余条。[2]

（二）期刊连载术语

20世纪20年代开始，中国知识界开始有意识地对音乐术语进行分类、整理，在一些音乐类的专业期刊上，开始以连载的形式刊载音乐术语。然而术语整理往往篇幅较大，受制于期刊出版的客观原因，很多连载并不能坚持刊载，以致大多数连载最终都半途而废。查阅近代音乐类期刊，连载有音乐术语的主要有以下几种：

（1）杨祖锡编《西洋音乐词典》

杨祖锡，亦名扬仲子。光绪十一年（1885）生于南京一个家道中落的书香门第。1904年以官费（庚子赔款）留学法国，先后入贡德省理学院、土鲁士大学理学院攻读化学，分别获学士、工程师学位。卒业之后，杨氏得知归国必难展所学，遂又考入瑞士日内瓦音乐学院，学习钢琴、音乐理论、作曲达10年之久。1920年底，他在北京大学《音乐杂志》上刊载《西洋音乐词典》[3]，先后连载5期，共收词1035条。从已刊载的5次来看，他计划编纂的《西洋音乐词典》规模较为宏大，《音乐杂志》5次只刊载到首字母C的部分，之后的部分是否编纂出版则不详。

（2）柯政和编《音乐用语解说》

柯政和，原名柯丁丑，1889年出生于台湾嘉义，早年留学日本学习音乐。1923年起任北京师范大学音乐学教习。1927年至1928年，柯政和在北平爱美乐

1. 音乐名词对照表［M］// 朱稣典．音乐概论（第5版）．上海：中华书局，1948.
2. 音乐小辞典［M］// 郑志．乐学大纲．上海：世界书局，1936.
3. 杨仲子．西洋音乐词典［J］．音乐杂志，1920，1（9-10）．

社《新乐潮》（第1卷第2期起）上连载《音乐用语解说》。从柯政和载于用语解说篇首的解说可见，柯氏共辑录了音乐术语15000余条，主要参考有西人贝克（Baker）、埃尔森（Elson）、格罗夫（Grove）、胡戈·里曼（Riemann）所编音乐辞典，日人伊庭孝、吉田恒三以及乐报会、白眉社所编音乐辞典综合而成。[1] 但遗憾的是，是文只连载了5次，所载术语全系首字A部，共收录词条1230条。然不知何故，最终并未完全刊出。

（3）萧而化编《简要音乐字典》

萧而化编《简要音乐字典》连载于江西省推行音乐教育委员会会刊《音乐教育》。自1933年第1卷第6-7期开始连载，迄于1935年第3卷11期止，共连载22次，首字A-Z字收词约3980条。[2] 萧而化先以美术为专业，1930年接触西洋音乐后始转而研习音乐。萧而化从上海外国书店购买一套英美学校用的音乐理论教科书和一本商务出版的《英中大字典》以“自学”“苦读”的方式钻研和声学等音乐理论。1933年，江西省教育厅成立江西省推行音乐教育委员会，萧而化受聘为委员会会刊《音乐教育》编辑，出任江西音乐师资训练班教席。萧而化所编《简要音乐字典》是唯一在期刊上刊载完毕的音乐字典，全书从A-Z，共收术语3980条。

（4）薛良编《实用音乐词汇》

1943年在桂林音乐知识社《音乐知识》连载7次，以首字母顺序排列，A-F部共收词约1161条。《实用音乐词汇》主要是根据当时英美出版的几本“音乐手册”音乐词典所编译，取材以实用为原则。整个词汇的编排与前几种连载的术语词典类似，都按照英语字母次序排列。[3]

（三）单选本音乐辞典

单选本音乐辞典的编纂与出版最能反映音乐学的发展水平。直到20世纪30年代，方才有真正意义上的单选本音乐辞典问世。民国时期，中国音乐学界至少出版过单选本的音乐辞典。分别是梁得所编《音乐辞典》、刘诚甫编《音乐辞典》、

1. 柯政和．音乐用语解说［J］．新乐潮，1927，1（2）：1-3.
2.《简要音乐词典》自1933年第1卷第6-7期开始连载，迄于1935年第3卷11期止，共连载22次。首次刊载情况参见萧而化，简要音乐字典（附歌谱）［J］．音乐教育，1933，1（6-7）：106-117.
3. 薛良．实用音乐词汇（附歌谱）［J］．音乐知识，1943，1（2）：43-60.

林路编《袖珍音乐辞典》、胡江非编《音乐字典》。以下就各辞典情况略述如下：

（1）梁得所编《音乐辞典》

梁得所，广东连县人，1926年任上海良友图书印刷公司《良友画报》总编辑。1932年5月，梁得所编《音乐辞典》在良友图书印刷公司出版，该辞典印刷精美小巧，收术语6000余条，420页。辞典主要参考《布莱克音乐和音乐家词典》（*Black's Dictionary of Music and Musician*，1924年）、《布雷默-施拉德音乐手册》（*Bremer-Schraders Handlexikon der Musik*，1919年）、《埃尔森音乐词典》（*Elson's Music Dictionary*，1905年）及日本塩入亀辅的《最新音乐辞典》（*Nichieido's New Dictionary of Musical Terms*，1930年）编纂而成。《音乐词典》以西文字母为序排列，音乐术语大致齐备，但各词之解释，较为简单。书末附有“世界音乐家姓名表”，列举古今音乐家凡六百余人，注其生平略历。[1]

（2）刘诚甫编《音乐辞典》

刘诚甫编《音乐辞典》收词4900余条，1935年12月商务印书馆出版。全书600余页，大32开，红色硬封面精装，印制十分精美。[2]1936年2月商务印书馆出版修订版，编者改作刘朴庵，实际即刘诚甫。[3]此外，宏文书局还曾木刻刊印过一版，约540余页，内有诸多黑白照片，唯封面采用彩印，封面插图系一西人家族在钢琴前的家庭生活写照。[4]

然而这本字典由于质量欠佳，受到学界的一致批评。钱仁康评价其“内容之荒唐，令人啼笑皆非”“由于所抄书刊中的译名极不统一，这本辞典中竟出现了四个Beethoven，即贝多芬、悲多汶、裴德芬、白堤火粉，被编者当成四个不同的音乐家；还有四个Schubert：苏柏、叔伯特、许伯提、修裴尔德”。[5]林路曾评价“那是一本十分引人注意的东西，因为它几乎错得一塌糊涂，错得太伟大，使每一个买的人都不得不买它抛弃了。现在，恐怕连商务印书馆都一无所存，甚至版也毁了吧。”[6]

1. 梁得所．音乐辞典［M］．上海：良友图书印刷公司，1932.
2. 刘诚甫．音乐辞典［M］．上海：商务印书馆，1936.
3. 刘朴庵．音乐辞典（修订版）［M］．上海：商务印书馆，1936.
4. 刘诚甫．音乐辞典（木刻版）［M］．上海：宏文书局，1932.
5. 钱仁康．钱仁康音乐文选（上册）［M］．上海：上海音乐出版社，1997：354-355.
6. 林路．袖珍音乐辞典［M］．桂林：立体出版社，1943：序．

（3）林路编《袖珍音乐辞典》

1943 年 2 月桂林立体出版社出版，32 开本，约 124 页。该书以美国纽约的卡尔·菲舍尔（Carl Fischer）公司出版的库恩（Oscar Coon）所著《袖珍音乐术语词典》（*The Pocket Standard Dictionary of Musical Terms*）为底本翻译。然因其时内地制版困难，因此不得已将原本前面所载记谱法略去。辞典后附有“世界音乐名家略传”，主要是据梁得所编《音乐辞典》修补而成，另附有作者自编的“中国已故音乐家略传”。[1]

（4）胡江非编《音乐字典》

胡江非编《音乐字典》1948 年 7 月在东南音乐馆出版，64 开本，130 页，收词 2500 余条。字典以《布莱克音乐和音乐家词典》（*Black's Dictionary of Music and Musician*）为底本，参考梁得所编《音乐辞典》、萧而化编《简要音乐字典》等辞典译成。[2]

除上述专业性辞典外，民国综合性辞书中较早列有音乐词目的是商务印书馆出版的《辞源》。外来音乐词目只收录“五线谱”“音符”“音阶”“音程”等寥寥数条。1931 年刊出续编，才加收了“和声学”“对谱音乐”“歌剧”“管弦乐”“弦乐队”以及“巴哈”“海顿”“贝多芬”等条。[3]1936 年，中华书局出版《辞海》，朱稣典参加编辑条目，收“奏鸣曲”“交响曲”“前奏曲”“轮唱”“门努厄”“窝尔兹”“坡尔卡”“加罗普”“马赛曲”“弦乐器”“管乐器”“钢琴”“外奥林”等条。[4]

四、结语

近代以来，东、西方知识界针对音乐术语曾编纂各种索引、辞典。这些索引、辞典主要分为三种类型：一类是早期英美传教士、汉学家编纂的各类英汉双语语言类辞典，其中包含部分的音乐术语；二是晚清留日学生群体借鉴日本近代音乐理论编译的音乐术语索引；三是 20 世纪以后国人自编的音乐专业辞典。辞书是术语的集合，体现了术语的标准化、规范化历程。近代音乐辞书的三种类型也大

1. 林路 . 袖珍音乐辞典［M］. 桂林：立体出版社，1943.
2. 胡江非 . 音乐字典［M］. 东南音乐馆出版社，1948.
3，4. 音乐辞书纵横谈［M］// 钱仁康 . 音乐文选 . 上海：上海音乐出版社，2013：108.

致展示了音乐辞书的编纂经历的三个阶段：一是近代以来东、西方音乐的相互接触中，西人试图通过贯通中西的方式以实现跨语际的音乐交流，这一阶段辞书编著主要以西人综合性语言类辞书为主；二是晚清以降受到日译音乐词汇的影响，音乐术语辞书的编纂开始朝向专业化方向发展，从原来的综合性的语言类辞书中脱离而出，但由于音乐学发展尚不充分，故而形制上仍以音乐术语索引、中西文对照表此类为主；三是直到民国时期，近现代音乐的快速发展促使中国音乐学界开始有意识地自我选择，试图透过统一、标准的术语构建中国音乐学独立的话语体系，这一阶段出现了多种形式的术语辞典，而独立意义的单行本辞典出现代表了近代音乐术语编纂的高峰。

“术语”构成“学科”的语言系统，是学科成其为“学科”的重要标志之一。托马斯·库恩在他经典的作品《科学革命的结构》中曾用“范式”（Paradigm）和“学科基质”（disciplinary matrix）来界定“学科”，他认为一门学科就有“一个范式支配，或称‘学科基质’规定”，学科基质的主要成分包括“符号概括、模型、共有价值和范例”。[1]音乐学学科地位的获取显然与近代音乐学术语的生成、演进、规范及其系统化表达息息相关。近代以来，音乐术语的确立经历漫长的典籍化过程，这一历程既反映音乐术语的整理、统一过程，同样映射出中国现代音乐学科漫长而曲折的成长历程。

（原刊于《音乐研究》，2018 年第 3 期。）

1. 托马斯·库恩 . 科学革命的结构［M］. 金吾伦，胡新和，译 . 4 版 . 北京：北京大学出版社，2003：152-157.

兄弟阋于墙：中国基督教本色化的困境
——基于《文社月刊》和《野声》停刊之考察

《文社月刊》是基督教于1920年代出版的一份有重要影响的刊物，它曾被《申报》誉为中国宗教杂志的三大权威之一。在提倡本色教会，与促进基督教文字事业方面，《文社月刊》更被推崇为“先导者”。但不幸的是，《文社月刊》只存在了不到三年，它于1925年10月创刊，1928年7月便告停刊。《文社月刊》存世虽短，但因为它在鼓吹本色化方面的卓著贡献，已引起学者足够之注意。[1]但或许是因其鼓吹本色化之成就恢宏灿然，今之学人往往强调它于“本色化”的努力，于其他问题则不甚措意。本文即试图以《文社月刊》的停刊与《野声》的创办为中心，以历史史料为基础。讨论《文社月刊》为何停刊，缘何沈嗣庄、王治心、张仕章三位编辑离开《文社月刊》而另办《野声》，进而通过对一系列问题的解答来分析20世纪20年代中国基督教会的历史处境。

一、《文社月刊》的创办及停刊

1920年代遍及全国的非基督教运动被基督教视为庚子拳乱（义和团运动）后的又一次大触动。这次中国知识界兴起的反教风潮，让基督教界开始反省，检讨应该如何调整基督教传播策略以因应时代的变化。[2]检讨的结果之一，便是促

1. 作为20年代中国基督教会最具代表性的期刊之一，《文社月刊》已引起学界广泛关注。王成勉．文社的盛衰［M］．台北：宇宙光出版社，1993；何凯立．中华基督教文社与本色神学著作［M］．中国神学研究院期刊5；周蜀蓉．本色化运动中的中华基督教文社［J］．宗教学研究，2005（4）：88-93. 然而以上的著作或文章全然侧重于文社在鼓吹中国教会本色化上的成绩，缺乏对《文社月刊》和具体史实的考订，也未注意到《文社月刊》与《野声》内在的关系。就笔者所及，尚未见到有研究者对《野声》做过相关研究。这或许是因《野声》的影响远不及《文社月刊》，又或许是《野声》的出版时间短暂、出版数量有限，现在已不易寻觅之故。总之，在本文之前，《野声》尚未进入研究者的视野。

2. 1922年兴起的非基督教运动，持续长达六年之久，中国知识界精英，无论是赞成或反对，大多卷入其中，公开表达自己对基督教的认知，基督教会内也因此开始反思基督教在华的传教策略，回应性地开始本色教会的努力。1925年以后，运动由最初的文化运动转化成“反帝”政治运动，北伐期间则发展成严重的反教暴力事件，使在华基督教遭受了自义和团运动以来最为严重的打击。“非基督教运动”的主要研究成果，英文著作有：G. Lutz. Chinese Politics and Christian Missions：The Anti-Christian Movements of 1920-1928［M］.Notre Dame，Ind.：Cross Cultural Publications，1988；Michael Glen Murdock，The Politics of Exclusion：Revolutionary Centralization. National Identity and Christianity China during the Nationalist Revolution. 1923-1927［M］.The University of Michigan. 1999：Ka-che Yip，Religion. Nationalism，and Chinese Students：The Anti-Christian Movement of 1922-1927［M］. Western Washington，1980。中文类的著作主要有：叶仁昌．五四以后的后对基督教运动［M］．台北：台北久大文化，1992年；杨天宏．基督教与民国知识分子：1922—1927年中国的非基督教运动研究［M］．北京：人民出版社2005. 杨先生2005年的著作代表了目前大陆学界对“非基督教运动”研究的最新成果。

使中国教会迈向本色化的道路。文社的举办，正是这一思想于中国基督教文字的直接实践。文社之全称为中华基督教文字事业促进社，举办于 1924 年 2 月，宗旨即在于“提倡能促进中国本色基督教运动之国文著作，并引起此类文字阅读之兴趣。”[1]1925 年 7 月中华基督教文字事业促进社在上海举行第一次执行委员会，会议决议刊发月报一种，使国内外各种基督教运动介绍于读者，增加其对于基督教文字之兴趣。会议决议该报第一期须于 1925 年 9 月内蒇事，其出版事宜由副执行干事负责。[2]1925 年 10 月，作为中华基督教文社的机关刊物，《文社月刊》正式创办。创办之初的《文社月刊》，专以鼓吹本色文字及本色基督教为职志，其志甚为宏大。但它的创办者肯定不曾想到，这样一份被寄予厚望的期刊仅仅只存在了三年便不得不停刊。

1928 年 6 月，《文社月刊》突然刊载了一篇《文社干事部辞职宣言》，宣布干事部三位编辑沈嗣庄、王治心、张仕章全体离职。沈、王、张于文中声称因反对派指斥其“言论激烈，工作不力”，三人“实逼处此，虽欲牺牲而不能”，唯有辞职。[3]7 月 20 日，中华基督教文社发布通告，正式决议《文社月刊》停刊，通告声称“自六月下旬，本社干事因经济梗阻，全体去职，致使月刊无形停顿”，因而“决议本刊自第三卷第六期以后，停止出版。”[4]据此文告，《文社月刊》于第三卷第六期出版之后正式停止出版。[5]

辞职“宣言”与文社“通告”在表明《文社月刊》确已终刊的同时，透露出一些有关《文社月刊》停刊的信息。“宣言”直陈是反对文社立场的“反动派”指责月刊“言论激烈，工作不力”，导致沈、王、张被迫出走，而“通告”则将月刊之停办归咎于三干事因迫于文社经济上的压力知难而遁。不难发现，谁应该为月刊停刊负责，双方各执一词。于是，月刊停刊的真正原因何在则更成为一个问题。那么，《文社月刊》停刊的原因究竟何在呢？

我们不妨先就文社的经济状况作一考察。文社虽然提倡中国教会的本色化，

1. 中华基督教文字事业促进社宪章草案修正文［J］. 文社月刊，1925，1（1）：55-56.
2. 中华基督教文字事业促进社执行委员会记录［J］. 文社月刊，1925，1（1）：47.
3. 文社干事部辞职宣言［J］. 文社月刊，1928，3（8）：15.
4.《二个通告》之一［J］. 野声，1928，1（2）：68.
5.《文社月刊》实于 1928 年 6 月出完第三卷第八期后停刊，通告或是指 1928 年所出“第六本”之意。

但颇具讽刺意味的是，文社自己的活动经费绝大多数来源于外国资助。《文社月刊》的创办，很大程度上获益于美国宗教社会团的经济资助，文社自身并无创办刊物的经济实力。文社的经济问题，在此之前即已引起注意，认为确有自养的必要。如沈嗣庄即意识到这个问题的重要性，提倡并鼓励文社的自养，以从根本上脱离外国资助。沈嗣庄说：

本社的经济，大半是从美国社会宗教研究社所津贴的，这是我们所不可忘怀的。虽然承美国方面的好意，允许无条件的予本社以经济的援助，但是我们一方面感觉到自立的必要，一方面又在经验上感觉到经济力的后面，虽然表面上说的是无条件的，而其实在，终不能免去那在事实上和精神上所受的必然的拘束，因此我们自不能不积极的筹划《文社月刊》国内经济的募集，以到达经济独立的目的了。[1]

在沈氏看来，《文社月刊》经费的募集不仅是经济独立的问题，而是要通过经济的独立来谋求“事实上与精神上”的自由，但就整个文社的自养情况来看，这样的努力收效甚微。《文社月刊》自养的办法之一便是扩大“销量”来获取经费，但其时《文社月刊》却因言论的原因，销行并不理想，沈嗣庄在解释《文社月刊》销行不畅时说：

而本社月刊及书籍不能畅销的最大原因，要当以本社对于国民革命，素表同情。且其态度显明，见诸文字（本社文社月刊，在国军克复杭沪时，曾发行中英文特刊）。因此，在国军未克复北京之前，文社月刊的销路，自亦不能及于北方各省，而在形式上，也不免受一大打击了。[2]

就《文社月刊》而言，刊物的立场、内容与自养的目标实现无疑已成为一对深刻的矛盾，既然销量有限，则需要想办法拓展销量，以谋进展，然而事情也不尽如人意。1926 年秋冬，为扩充《文社月刊》销路，干事部拟采用“二角代价”的办法，鼓励订户的兴趣。但是却遭到执行委员会的否决，认为这种“形同市侩的引诱，殊不合乎道德”。这一决定或许抵制了市侩式的做法，但却毫无疑问地妨碍了刊物的进一步发展。而有限的销量也在很大程度上制约了它在经济上的自

1，2. 沈嗣庄 . 我服务文社的最后总报告［J］. 文社月刊（上海 1927），1928，3（8）：1-15.

立性。在这种情况下，干事部的编辑对于执委会未能通过这一办法也颇有微词。干事部拟采用的“二角代价”方法，在当时已经为其他刊物采用。沈嗣庄自嘲式地总结说：“像《青年进步》所用的‘代价券’方法，本为鼓起读者兴趣，推畅销路的唯一妙法。而在本社，则被认为不道德的市侩行为，真是有幸有不幸了。”[1]

显然，因为月刊内容和立场的倾向以及执委会“清高”的自我定位，导致了《文社月刊》不可能达到经济上的独立自主，而经济上的附庸则又最终导致两方面惨烈的后果：其一，自养能力过差，一旦遭遇经济困难，便无以为继。其二，因其经济的附庸而束缚言论的自由，稍有不惧，即会授人口实。这样的后果很快就显现出来了。

1928年初，美国宗教社会团以文社“营论激烈，办事不力，自养方面不够努力，缺乏精密的组织和远大的计划”为由，“忽尔中止”资助款项。[2]由于《文社月刊》编辑经费毫无着落，故而陷入经济困境，直接导致了《文社月刊》的停刊。这表明文社通告所称“本社干事因经济梗阻，全体去职，致使月刊无形停顿”之情况属实。可能唯一的问题是通告用语有欠妥帖，让人误认是沈、王、张三人系无法承受文社月刊面临经济压力而辞职。三人事后曾撰文对此进行辩解和驳斥，以证明其请辞是“光明磊落”，并非逃避经济困难。

尽管经济上的“断奶”是文社停刊的直接原因，但经济的困难并非文社的致命伤。沈、王、张三人更不可能仅仅因为经济上的无着落便撒手而去，更不必因此发表一篇态度强硬的辞职宣言。事实上，在辞职宣言中，三人业已表明，真正导致《文社月刊》停刊的原因可能还在于反对派认为其“言论激烈”以及由此而引起的思想冲突。

《文社月刊》刊行之时，恰逢北伐军兴，非基督教运动如火如荼。一方面，针对非基督教运动，早期的《文社月刊》主要以鼓吹基督教文字的本色化为宗旨。据王成勉教授统计，前5册的35篇文章中，讨论基督教文字事业和本色文字相关的文章多达29篇，占82.85%。[3]另一方面，随着中国时局的变化，《文社月刊》

1. 沈嗣庄．我服务文社的最后总报告［J］．文社月刊（上海1927），1928，3（8）：1-15.
2. 文社干事部辞职宣言［J］．文社月刊，1928，3（8）：15.
3. 王成勉．文社的盛衰［M］．台北：宇宙光出版社，1993：76-77.

越来越多地表达了基督徒对中国革命、中国政治的关怀。沈、王、张三人即明确表示，所谓“言论激烈”云者，便是指其“对于国民革命所表示的态度与神学问题上之讨论而言。”[1]纵观《文社月刊》后期所刊文章，“言论激烈”之特色尤为突出。从第6册起，《文社月刊》中本色化的文章占总数比例已不到30%，而基督教思想和行政超过了70%，[2]其中涉及基督教与政治的文章为数不少。《文社月刊》对其时的国民革命“素表同情”。且于其间发表大量反帝言论。在《文社月刊》的立场看来，“本色化”与“反帝”甚而是一体两面，不可须臾离也。特别是在沈、王、张三人主持下，《文社月刊》俨然成为旗帜鲜明的反帝刊物，其神学立场也在非基督教运动的影响下发生较大的转变，例如陈筠即在1928年1月的文章中提出要“极力解放中国被压迫的民族，提高中国在国际上的地位，并且极力将基督教的主义宣传于中国，使与中国文化融合，能够完成中国人的人生观，去实现一个新中国和一个新的基督教出来。”[3]

《文社月刊》所持立场，自然受到不同的对待，“得到了一部分人的同情，和一部分人的反对。同情的认此工作为建设中国基督教的根本要图，反对的则以为是危险分子，非根本铲除不可。”[4]就西方传教士而言，自由派对文社的态度表示欢迎，他们评论说：“没有谁比他们更加了解中国的需要，如果不对他们贫瘠的资源给予大量的补充，基督教文字作品就难以应付当前的危机，这将使中国基督教运动遭受倒退的命运，从而阻碍基督教的前途与未来。”[5]然而，保守派则认为文社在神学上过于自由，在工作原则上表现得太民族主义化了。除了传教士外，中国教会人士也对《文社月刊》有不同的看法。1950年，汤因在对过去40年的中国基督教出版界进行总结时曾提及《文社月刊》停刊的原因，汤氏委婉地表达说，《文社月刊》“因不合当时中国基督教上层阶级某些人士的口味，乃遭断绝经济支持而停刊。”[6]汤氏深谙基督教文字事业之苦痛与艰巨，所言《文社月刊》的风格不合当时中国基督教上层阶级某些人士的口味，当是实有所指，

1，4. 文社干事部辞职宣言［J］. 文社月刊，1928，3（8）：15.

2. 王成勉. 文社的盛衰［M］. 台北：宇宙光出版社，1993：76-77.

3. 陈筠. 基督教对于最近世局当有的态度和措施［J］. 文社月刊，1928，3（8）：1-38.

5. Wesley Shen. New Trends in Literature［J］. *China Christian Year Book*, 1926,（XIV）: 374-375.

6. 汤因. 40年来之中国基督教出版界［J］. 金陵神学志（金陵神学院40周年特刊），1950，26（1-2）：84.

而非空穴来风。

综上所述，《文社月刊》的停办表面是经济的困顿使然，然真正的原因却是其时在“基督教与中国革命”这一语境下基督教内部不同力量政治观念与神学思想冲突的结果，《文社月刊》的停办不仅反映出中国基督教本色化过程中的苦难与挫折，更昭示出“帝国主义”话语体系对其他政治话权与文化表达的压迫。

二、《野声》的创办及停刊

《文社月刊》停刊不久，沈嗣庄、王治心、张仕章在上海共同创办了一份名为《野声》(1928年9月创刊)的刊物，这份刊物以“新文社月刊”相标榜，以“区别”于原有的《文社月刊》。尽管这份“新文社月刊”一方面竭力想与原有的《文社月刊》划清界限，但不论从编辑人员，还是刊物所标榜的“新文社月刊”这一称谓来看，这两份刊物都有着密切的关联，不是说“区别”就能“区别”开的，早在沈、王、张三人宣布辞职时即坦言：“万一文社不能独立的继续，或继续而不能贯彻最初的主义时，我们为维持原有的主义的缘故，或将有‘新文社’的组织，发行‘新文社月刊’与接办‘基督徒读书会’等工作。”因而与其说《野声》是新文社的独立刊物，与旧文社毫无关系[1]，还不如说《野声》就是从旧《文社月刊》中脱胎而出，展现独立文社应有的精神与状态，或继续承载与贯彻文社的最初主义的。不过也应当注意，《野声》与《文社月刊》也存在显著的不同，最重要的区别则在于《野声》的“独立性”。它是一份完全自主、纯粹本色的刊物，它不用因为经济的不自养而在表达上受到束缚，因了《野声》与《文社月刊》这种亲缘性的关系，故而分析《野声》的言说对文社停刊的原因会有更深刻的认识。

沈嗣庄撰写的发刊词表明，《野声》的创刊承担着几个重要的使命，这几个使命也反映出沈、王、张三人其时的主张与立场。在三人看来，原有的文社虽然倡导教会本色化，但是却无不“在基督教帝国主义的权威之下”，因此“要想贯彻主张，改造教会实现耶稣主义，早知是一件不可能的事。”[2]为此，《野声》从一开始，便想“预备最大的牺牲，烧起我们对于人类社会的爱火”。进而“把赤裸裸的拿撒拉耶稣从所谓基督教帝国主义高压之中导引出来。”《野声》同仁

1. 本刊声明（三）[J]. 野声，1928（4-5）：封内.
2. 诸位同志[J]. 野声（创刊号），1928（1）：封内.

认为，“现在的所谓文明，它是资本帝国者所造出来的，是虚假世界上一切不平等事情的化合物，是根本不能成立的”，《野声》的使命在于“超脱现有一切恶制度”。为实现这一目标，《野声》的践行办法便是“努力实行简单的生活”，从而从根本上摆脱“现社会寄生制度”的支配与控制。此外，《野声》是在野者的呼声，和在朝者处于对立地位，它要表达的乃是“平民在求真理求生命的途径上奔跑时候所发泄出的一些呐喊”[1]。概言之，新的《野声》继续坚持了《文社月刊》的主义，即“希望在消极方面脱离帝国主义的牵制，在积极方面实现人生的宗教——即赤裸裸的耶稣主义”[2]。

很显然，实现人生的宗教——赤裸裸的耶稣主义，是《野声》神学立场的表达，更因为这赤裸裸的耶稣主义，而要求在政治上完全脱离帝国主义的压迫，将耶稣从帝国主义的手中导引出来。这样的神学立场和政治见解注定《野声》从创办之初便带有鲜明的“反帝国主义”色彩。从另一方面讲，《野声》所一再强调他们是“彻底本色”“彻底自由”的刊物。《野声》的这一色彩显然是针对文社原有的一些问题的纠正和反叛，并以此显示沈、王、张三人的神学思想。但是这样的《野声》却也显得特别的沉重与困顿。其中最大的问题仍然是“在经济上毫无把握”。《野声》第一期，编辑们便呼吁读者能“对其表示同情”，帮助“征求读者”，以“希望在最短期间内能够推销到三千份”，进而使月刊的经费可以独立。[3]从《野声》的经济状况来看，虽然其号称是“彻底本色”与“彻底自由”，但这种本色与自由的得来却十分不易。《野声》的绝大部分经济来源于教会人士的捐赠，[4]其中沈、王、张三人的经济负担尤为巨大。而其号召的在最短的时间内将销行提高到三千份的理想也最终未能实现。据《野声》的决算表来看，在两年的时间内，《野声》共收到捐赠款445元，发行《野声》的订费及广告费共509元，支出项共计966.77元。[5]虽然收支大致平衡，但显然是编辑量入为出，巧妇为炊。张仕章说：“我们既不要外人接济，又不受教会津贴，只凭同情者的捐款与订阅

1. 沈嗣庄.发刊词［J］.野声（创刊号），1928（1）：1-3.
2. 文社干事部辞职宣言［J］.文社月刊，1928，3（8）：15.
3. 诸位同志［J］.野声（创刊号），1928（1）：封内.
4. 共28人赠款。五十元以上者计有5人，分别为简又文，大洋100元。章民彝，大洋200元。沈嗣庄，大洋90元。王治心，大洋80元。张仕章，大洋50元。由此，也可以看出《野声》捐款的来源渠道非常有限，其经济压力巨大。
5. 野声月刊决算表［J］.野声，1929（9-10）：95.

者的报费来办事，当然是很觉窘迫的。”“我们真像刮骨割肉一般去向同志们募款，其数目也是寥寥无几。我们已尽力推销月刊，但报费仅实在收到四百余元（虽然订阅者却有六百多份）。我们的经济既这样缺乏，所以只好处处节省，事事简陋。我们在两年中只用去了九百六十六元，已经要负债了！”[1]

除了经济上的困难之外，《野声》也存在“同志涣散”与“事工停顿”的问题，在最初创办《野声》时，基本的同志有14位，但数月之后，创办者为生计逼迫，不得不各自分路。最为核心的沈、王、张三人也出现分歧，王治心赴福州执教，而沈嗣庄则于乡间归隐，对《野声》抱消极态度，只除下张仕章独力支撑。因人员的涣散、经济的窘迫，势必导致事工的停滞不前，最后《野声》被迫宣告失败。[2]

《野声》在继《文社月刊》之后的创办，既是其时中国基督教会神学思想和政治观念的一种要求与反映，也是中国基督教会中较激进的教会人士试图自主性地开创一条“彻底本色”与“彻底自由”的中国神学道路的尝试与努力。但是《野声》在草草创办十期之后便宣告停刊，这一寄托着“乌托邦”理想的失败似乎比《文社月刊》的停刊更显得意味深长。

三、中国基督教本色化的困境

20世纪20年代的中国基督教，在外面临着非基督教运动的斥责与中国革命的挑战，在内则肩负着探索本色神学的重任。尽管本色化的努力有其内在的理路，且在此之前就已萌芽，但不容置疑的是，20世纪20年代特定的时代背景确实促进了中国基督教本色神学的建设，而且集中检验了中国基督教会本色化的结果与成色。就《文社月刊》与《野声》而言，前者系应本色化的呼声而起，且以鼓吹本色化为职志，后者则是继承前者之主义的“彻底本色”与“彻底自由”的刊物。两份刊物在20世纪20年代的停刊深刻地反映了当时中国基督教会“文化进境的遭残与困难”[3]，折射出20世纪20年代中国基督教会在教会自养、中国教会神学路径的选择以及外国差会（Mission）、教会关系等方面所面对的重大问题。

就教会自养而言，20世纪20年代所谓的“本色教会”运动，就是要建立一

1. 张仕章．新文社的过去与将来［J］．野声，1929（9-10）：88-89.
2. 张仕章．新文社的过去与将来［J］．野声，1929（9-10）：87-93.
3. 张铭神．孽镜台前逆耳言［J］．野声，1929（4-5）：123.

个自理自养自传的中国化教会，诚静怡说："当今举国皆闻之本色教会四字，也是协进会所提倡，一方面求使中国信徒担负责任，一方面发扬东方固有文明，使基督教消除洋教的丑号。"[1]可见，其时本色化运动的重要任务即在教会中国化的同时建设中国本色神学。王治心说中国信徒的责任"就是自理自养自传，在经济上，行政上，工作上，都是以中国信徒为主体，西国教士可以退处于辅佐地位"[2]。

虽然中国教会意识到在本色化运动中中国信徒应在经济、行政、工作上负担责任，但"中国教徒"的贫弱与经济的困难是20世纪20年代整个中国基督教会所面临的重要问题。就当时中国教会的情况来看，绝大多数的教会都依靠于外国差会的经济资助。"这种经济的资助表面上看去是完全没有条件的，而其实上，终不能免去那在事实上和精神上所受的必然的拘束。"[3]就《文社月刊》的情形来看，它最终因经济资助的断绝而被迫停刊。《文社月刊》的遭遇，使一般基督徒明了"凡事赖他人供给者，到底是靠不住的"[4]。进而若中国教会不得真正的经济独立，则中国神学的建立无异于沙上筑城，亦无独立之可能。

然而，一个纯粹本色、纯粹自立的《野声》又是靠得住的吗？《野声》在苦苦支撑十期后也被迫停刊，这一失败恰恰说明了若无足够强大的自养，"革命教会"的理想、纯粹的中国神学的建立也只能是无米之炊、无水之源。而《野声》之所以在经济上陷于困顿，虽很大程度归咎于刊物的销行，而刊物销行的不广或许又指向了信徒对《野声》的"激烈"内容的不认同，由此可见，中国基督教在本色化的道路上任重而道远。《文社月刊》与《野声》的停刊不仅表明依靠外国的经济资助来发展中国本色教会的道路只能导致中国本色神学主体性的缺失，同时也说明20世纪20年代中国基督教会尚不具备独立自主开辟中国本色神学道路的时代可能。

中国教会神学路径的选择问题亦深深困扰着教会人士。20世纪20年代，受非基督教运动的刺激与革命热潮的影响，中国基督教会开始在"基督徒"与"中国人"之间徘徊，一些教会人士提出"发扬中国固有的文明，消除洋教的丑号"，

1，2. 王治心 . 中国基督教史纲［M］. 上海：上海古籍出版社，2004：236.

3. 沈嗣庄 . 我服务文社的最后总报告［J］. 文社月刊（上海 1927），1928（3）：1-15.

4. 张铭绅 . 孽镜台前逆耳谈［J］. 野声，1929（4-5）：123.

反思性地推进中国本色教会运动。但在这场本色教会运动中，中国基督教会的呼声并不一致。不少教会人士主张以革命手段来解放中国之基督徒，使之脱离神话的迷惑与外人经济之压迫。[1] 以《文社月刊》与《野声》为代表的激进派革命分子即主张赤裸裸的耶稣主义，建设出一种新宗教。具体而言，所谓“赤裸裸的耶稣主义”即以耶稣言行为立场主义，于社会方面表现为进化主义、革命主义、社会主义；于政治方面为反武力主义、反资本主义、反帝国主义；在宗教方面则为救人主义、救国主义与救世主义。[2] 这一主张虽然反映了部分基督教徒要求对中国基督教会进行改革的呼声，[3] 但是中国教会发育的时代性决定了如此激进的教会革命思想不仅不能为保守派甚至稳健派所接受，甚而也很难得到众多底层普通教友的认同。故而，神学路径的分歧最终导致思想的冲突与事工的不合作。就《文社月刊》来看，它的失败是中国教会神学路径分歧的必然结果，是由中国教会革命派与守旧派思想在教会中的力量决定的。黎离尘在给沈、王、张的信中即透露文社的停刊是“教阀”有意为之，他说：

在三月间，我已听得“教阀”“教会巨头”在那里叽叽咕咕的议论了，说什么文社近来工作，完全是违反了本意；并且有许多“荒谬绝伦”的论文，确属有害人心，我在那时，我已觉得他们的本意了！[4]

进而，黎氏一针见血地指出这种冲突其根本在于神学立场的分歧。他说：“三先生呵！复活，童贞女，这是他们唯一的信条，也是他们头可断，身可杀，而此信条不可不唯一的旨趣。”[5]

因为这种神学立场上的冲突，《文社月刊》遭到了来自中国基督教会内部各方面的压力与反对。显然，20 世纪 20 年代的中国基督教会尚不能以更为长远的眼光和更为广阔的胸怀来缓和中国基督教内部的神学冲突，故而这样的“内部矛盾”最后只能转化为“敌对”，以一方的彻底失败终结。张铭神认为，《文社月刊》的停刊乃是因为受到教会内“小人”背后的中伤与离间。他说：

1. 秉衡，谢恩禄，李国材 . 同志的策励（一）［J］. 野声（新文社月刊），1928（创刊号）：78-83.

2. 张仕章 . 赤裸裸的“耶稣主义”［J］. 野声（新文社月刊），1928（创刊号）：3-8.

3. 甚而有基督徒认为其时“中国的基督教已成了麻木症的状态”，“凡有血气的基督徒都当富有革命的思想，来创造一条新生命的路”，并希望沈、王、张是东方之马丁 · 路德，“醒信徒之大梦，撞自由之晨钟。”参见回音三则［J］. 野声，1928（4-5）：112.

4，5. 同志的策励（四）［J］. 野声（创刊号），1928（1）：82.

他们自从办理文社以来，因为新潮流和新文化上的趋势，言论上也许有不免过于爽快一点和真挚一点，不大注意于顾忌和含蓄，这也是指导和发扬基督教化的人，应尽的自觉觉他的天职：不料因此便惹着那一方面的人忌嫉，他们用了拔树根的计划，接二连三的写信去控告那握着旧文社经济权的后台老板，叫他断绝他们的供给。[1]

虽然张铭神并未指出这方面的人是否就是黎离尘所提及的“教阀”，但显然《文社月刊》的存在已然被视为一种威胁，在它的背后埋藏着某些人的敌意。难怪在《文社月刊》停刊之后，有人欢跃地说，沈王张等已被打倒了！[2]张铭神进而为美国宗教文化团辩护说，经费的断绝并不是他们的错误，问题的根本还在中国教会自己：

我们不能怪他这次骤然断绝旧文社的饮料....何况他们远隔重洋，莫明真相，怎当的忌者不时雪片纷飞的控告攻击，那能无动于衷？所以旧文社的坍台，归根究底，还是中国的人“自己食了砒霜，思赖人谋害”和“棺材里打算盘”，死算计的一样自害自！[3]

此外，因为神学立场的根本分歧，文社的革命与激进思想也未能得到执委员会的认同，进而在编辑过程中不能获得足够的支持，出现所谓“内部的不合作。”在美国的经济资助断绝之后，文社干事部也会想过许多办法筹措经费以期维持，然而结果“不但不能得执委员之同情，且嗤为无意识之举动”。[4]时人直言文社干事部总辞职的原因，并不在经济，恰在这“内部的不合作”。[5]

总而言之，20世纪20年代中国基督教会在中国本色教会建设的道路上遭遇着种种的困难，《文社月刊》的停刊不仅彰显出其时教会神学立场的分歧，更反映出其时中国基督教会内部已经出现明显的派系分野。

从差、教会关系的角度看，20世纪20年代的非基督教运动，使基督教会察觉要消除外界的误会，使基督教从不平等条约的关系中解放出来，唯有使中国教

1，3. 张铭绅 . 孽镜台前逆耳谈［J］. 野声，1929（4-5）：120.

2. 汕头吴刚峰先生书［J］. 野声，1928（2）：65-66.

4. 经农，沈嗣庄，王治心 . 旧文社执委会的一封信：九人中五人具名［J］. 野声（新文社月刊），1928（创刊号）：83-85.

5. 天良 . 说几句良心话［J］. 野声：新文社月刊，1928，1（2）：62-63.

会脱离西洋化而中国化。但是由于历史的原因，西差会与中国教会的关系颇为密切，且中国教会长期处于西差会的支配与掌控之下。[1]时人便已注意到西差会与华教会的关系堪忧。"妥协合作是欺人自欺的下策，今日中国教会犯了这个毛病，我深觉得帝国主义者和其走狗辈之狠毒，而华领袖也是仰其鼻息，供其驱使。"[2]更有基督徒对此种状况深感痛心，"我们中国教会之所谓领袖人物——教阀——一味依赖帝国主义为靠山，原受支配于其铁蹄之下，我人不禁为中国教会前途放声一哭。"[3]在这种差、教关系之下，中国教会的本色化显得尤为困难。"许多人谈到中国基督徒自立教会，总是说如何困难，人材经济如何缺乏；无论是普通教友或是领袖，几乎异口同音的说在这个时代不靠着差会是没有办法的。"[4]"甚至有些教会的牧师偶然听见教友们讲论如何脱离差会，自立教会，立即指斥说是这位教友遇了魔试，要扣留他的圣餐，要把他赶出教会。"[5]

由于多数人存在这种依赖心理，当《文社月刊》宣扬纯粹的本色，彻底地抛弃西方，并将耶稣"从帝国主义"支配下导引出来以建立新的宗教时，自然就会受到既有差教关系的制约。其时部分基督徒就已认识到，沈、王、张三人在旧文社问题上的失败，表明"倚靠帝国主义的供给和帮忙，以期打倒帝国主义，这是何等滑稽何等矛盾的事"！[6]一位基督徒在谈起西方给文社的资助时说：

> 三位先生呀，他们拿着可宝贵的金钱，来布施一般"穷鬼"，自然是希望受者，多唱几声"功德无量"和多念几句"我佛慈悲"，原来是要借着这布施的美名，来造成迷信的舆论呀！那里有什么诚意呢？[7]

《文社月刊》"言辞激烈"地反帝反资，势必触动差会背后西方财团的神经，这显然已经偏离了他们资助的本意。而当《文社月刊》的神学立场与中国基督教会内部某些人士的立场发生冲突时，其"得罪了一班洋大人和其豢养的走狗，也

1. Jonathan Tien Chao. The Indigenization of Protestant Christianity in Modern China：As See Through the Life and Work of Cheng Ching Yi（1881-1939）［M］.（Partial Draft）.

2，3. 汕头吴刚峰先生书［J］. 野声，1928（2）：65-66.

4，5. 中华基督教会自立非常容易［J］. 野声，1928（3）：78.

6. 同志的策励（二）［J］. 野声（创刊号），1928（1）：80.

7. 同志的策励（四）［J］. 野声（创刊号），1928（1）：82.

是势所难免”[1]，“那班所谓大人先生辈，借着帝国主义者的淫威，用经济的压迫手段，政客的诡诈政策，想夺你们的粮，使你不能不自；否则只好坐饿待毙。”[2]

《野声》的命运也大抵类似，它以彻底自由、彻底独立为标榜，企图获得中国基督徒的认可与同情，但最后也放弃了抵抗。《野声》主要编辑张仕章到最后亦颇感心灰意冷，他在1929年7月宣布脱离沪北浸会堂时绝望地说：“我觉得中国的教会已经和西方的遗传制度与东方的宗法社会完全混合，不能分开；所以现存的社会制度若不到崩溃的地步，那么守旧的会总不能觉悟的；宗教的革命思想还没有宣传到成熟的时期，那么亲近的教徒也不会起来革命的。”[3]王治心在《野声》停刊时则直言，编辑十期《野声》让他们“焦头烂额，不堪设想”，甚而自嘲地说“在这种洋教会的势力之下”本可以“乐得浑浑噩噩，人云亦云的混口饭吃”，结果“自寻苦恼，说什么教会要革命，真是愚不可及”[4]。确实，以《野声》一己之力去挑战整个差、教关系及中国教会制度，其失败的命运应当是注定了的。

尽管在20世纪20年代，中国教会本色化取得了长足进步，西差会也逐渐调整和改善了与华教会的关系，并努力促成中国教会真正自立。然而，从《文社月刊》与《野声》的结局来看，既有差、教关系对中国基督教会的影响之深，显然是不能低估的。《文社月刊》及《野声》的停办为我们观察20世纪20年代中国基督教会与西差会的关系提供了一扇历史的窗户，它展现了在民族主义话语下，中国基督徒在建设中国教会神学的努力与选择上与西方主流神学的冲突。这不仅是个人信仰的冲突，事实上更反映了20世纪20年代国际势力对中国政局的态度及其影响。

（原刊于《中国史研究》［韩］，2008年10月。）

1. 汕头吴刚峰先生书［J］. 野声，1928（2）：65-66.
2. 俞德焕，张九美，刘道鲲 . 回音三则［J］. 野声：新文社月刊，1920，1（4-5）：111-114.
3. 张仕章 . 脱离沪北浸会堂宣言［J］. 野声：新文社月刊，1929，1（6-8）：168-171.
4. 王治心 . 治心随感录［J］. 野声，1929（9-10）：72-77.

第二篇　旧时光影

民国的媒介、思想与社会图景

民国医学精英“再造病人”的思想脉络与医疗实践

自“再造病人”的概念被提出以来，史学界已逐步开始探讨医疗社会史的诸多问题。[1]不过，与《再造“病人”》一书“综合考察现代帝国的‘殖民品格’‘地方性’的确认和重构以及‘现代传统’的实践作用之间的复杂互动关系”[2]的宏大叙事有别，民国医界也确实存在着医学精英“再造”病人的举动。[3]民国医学精英试图通过对传统病人医疗习惯与医学观念的改造，最终塑造出“现代病人”以及与权责对等的医患关系。厘清民国“再造病人”的思想脉络及其在医学领域的实践，不难洞察今日医患关系与医疗模式形成的历史原因与背景。

一、缘何再造：当近代医疗遇上传统病人

医学史的研究已经注意到中国近代医学史在很大程度上是西医与中医相遇、对话与冲突的历史。近年来，中西医之争的研究引人入胜，但这些研究的起点都建立在一个基本的史实基础之上，即西医伴随西方资本主义全球扩张输入中国后与传统的旧有医学之间存在内在的冲突与紧张，因而近代医学史方可从这两种不同的医疗模式的竞争与对抗中被给予新的文化阐释。显然，西医的输入不可能仅仅是传统医学史叙述中的“技术”历程，它同样也包含着医学观念和医学文化的更替与变迁。在这个意义上，医学史就不再属于传统的科学技术史范畴，它也成为文化史、政治史新的研究领域。[4]

回顾历史，早期西医的输入确实一直包含着怀疑、对抗和冲突，清季频发的

1. “再造病人”一语的流行，当始于杨念群在2006出版的同名著作。参见杨念群．再造“病人”——中西医冲突下的空间政治（1832—1985）［M］．北京：中国人民大学出版社，2006.

2. 杨念群．再造“病人”——中西医冲突下的空间政治（1832—1985）［M］．北京：中国人民大学出版社，2006：410.

3. 雷祥麟在《负责任的医生与有信仰的病人》中曾对民国精英“再造病人”的努力有过片段性的描述，但该文的重心在医患关系的论述上，对民国“再造病人”论述甚简约，也未对其后医疗实践的走向做出分析。参见雷祥麟．负责任的医生与有信仰的病人：中西医论争与医病关系在民国时期的转变［M］// 李建民．生命与医疗．北京：中国大百科全书出版社，2005：490.

4. 早在1936年西格里斯（Henry S. Sigerist）即出版了《人与医学》一书，将医学放在社会的背景中加以重新认识与理解。西格里斯．人与医学［M］．顾谦吉，译．上海：商务印书馆，1936.

教案中即有不少系由“采生折割”引发，[1]而“采生折割”的话语制作多少则与恐惧心理下民众对西医的“误读”有关。即便在南京国民政府时期，西医虽在“政治”上获得空前成功，但中医与普通民众对西医的文化焦虑感并未消失。1930年代中期的一篇文章就曾描述其时西医的“困惑”与“冤屈”，相当清楚地展示了民国病人对西医的认知与态度：

除非到病入膏肓，旧医束手无策的时节，这才手忙脚乱地把新医请来，请了他来，还是不信任，只叫他“试试看”，医生所说的，他还是置若罔闻，医生所给的药，却又丢在一边。直到病人变了相，两道眼直射着，一口气急喘着，他们才说了一句“死马当活马医”，送进医院里去罢，这样的病人送进医院来，医院怎能不失败？幸而病有转机，他说“命不该死”。不幸而死去，则不归咎于从来医疗之错误，及医疗机会之坐失，而反而说“医院也是如此”，甚至还要归罪于新医之卤莽。于是街头巷尾，纷纷哗传“某人死于某医之手，某人死在医院里边……”新医冤屈不冤屈？[2]

不可否认，西医在20世纪30年代已成为“现代”与“进步”的标志，并成为国家近代转型过程中重要的依赖性资源。但同时也应该注意到，西医上述的“苦闷”与“委屈”并非个例，病家对西医的“怀疑”与“不信仰”仍是普遍存在的现象，这反映出该时期西方医学体系与传统医疗环境可能存在着某种排斥。南京国民政府虽然以西医为核心建立起所谓的近代卫生行政体系，但西医于全国范围内医疗实践中显然不可避免地遭遇到了病人无意识的文化抵抗。这种抵抗并非病人对西医的有意刁难，而是传统中医治疗模式的积习使然。尽管新的医治模式已经建立，然而由于传统病家的疾病观和治疗观仍沿袭旧有，这无疑导致医患矛盾加剧。

20世纪30年代的医界，医事纠纷及医疗诉讼极为多发。以1934年为例，时人江晦鸣就评论说：“民国二十三年，可谓医事纠纷年，在此一年中，医事纠纷之多，实出吾人意料。其荦大者：如俞松筠，裘伯壎，沈克非，张湘汶，葛成

1. 据研究，344个近代教案样本中，由谣言引发的教案有202起，这202起教案中，因怀疑教堂迷拐幼孩是用来挖眼剖心做药引而引起的教案占到48起，将近全部教案的四分之一。参见苏萍．谣言与近代教案［M］．上海：上海远东出版社，2001：217.

2. 蠢人．一个乡村医师的自述［J］．医药评论，1935，7（2）：14.

慧，林惠贞，李元善，顾宗文等之被控案，可谓轰动全国。”[1]医疗诉讼的频发也促使医界反思。其时相当普遍的看法是大多数医事纠纷并非医家的业务过失，而是病家的无理上诉。《申报》的一篇文章评论说：“近年来医病纠纷，耳闻目睹，不知凡几。而大半是不合逻辑的，特权欺人者有之，无理取闹者有之，借端敲诈者亦有之。”[2]现代派西医余云岫也批评说：“诸君请起来看看！医事纠纷的事情，月必数起，有的是病家和医家作对，有的是流氓和医家作对，有的是官吏和医家作对，有的竟是医家和医家作对，在暗中挑拨主持。统计起来，起码有一半以上是无理取闹的。”[3]医学精英的看法无疑充满了“医学中心主义”的偏见，一味将病家视为“无理取闹”不仅贬损病家的理性，显然也非一个令人信服的解释。尽管这种持论有失偏颇，却反映了其时西医精英对传统病家的基本认识，并成为随后改造中国病人的思想基础。

因技术失误而招致诉讼的比例甚低，反映出医疗活动中医患关系的重要性。民国医师事实上已经明确意识到，病家在正常和谐的医患关系中居于非常核心的位置。宋国宾即注意到，“病人者医师之对象，疾病之治愈，医师与病人，各有其应负之责任。有良好之医师，而无良好之病人，亦犹有有为之政府而无可教之民众也。其不能收相须以成之功，而致两败俱伤之地，可断言矣”[4]。反思民国的中国病人，西医精英自然觉得他们不甚“良好”，甚而是“老土”。在西医眼中，病人行为“荒诞不经”处甚多。例如传统的病家时常抱有一种“是病皆有药，无鬼不死人”[5]的信仰，认为天下“必定有长生不老的方药，而天下没有不治的症候，也不应有偶然的厄运”[6]。一般的民众“一旦害病，延医诊治，便多认为医生负有‘愈病’的责任，甚至以为负有‘有病必愈’的责任”[7]。

再者，由于普通病家缺乏医学常识，以致时常对病患处置不当。“譬如有一病家，当病初起时，不知道请教正式的医生，却去求神拜佛，请仙方，求符咒，

1. 江晦鸣 . 一年来之中国医药卫生［J］. 医药评论，1935，7（2）：41.
2. 中国医学进步的一大障碍［N］. 申报，1935-05-16.
3. 余云岫 . 大家团结起来［J］. 医讯，1947，9（3）：1.
4. 恪三 . 良好之病人［J］. 医药评论，1936，8（2）：6-7.
5. 谢筠寿 . 医师的能力和满意的医术［J］. 医药评论，1934，6（2）：5.
6. 谤医记［N］. 申报，1934-01-01.
7. 范守渊 . 这也算一场医讼［J］. 医事汇刊，1937，9（1）：31.

闹得病势一天比一天沉重，才去就医，但是病人膏肓，药石自然无灵，那时病家不怪自己耽误病机，倒怪医生之无用。”[1]又如某人生了一个疖疮，不以为意，便随意找了一个走方郎中开了一刀。因为根本不懂得任何的消毒，因而感染细菌。至病状险恶，再去正式医生那里求诊，因为已经毒入血液，以致无法挽救。结果病家反认为是医生处置不当、疏忽致死。[2]计济霖颇为无奈地写道：“迩来医者与病家往往因不可挽救之病，发生纠纷，以至涉讼法庭，历久不决者，比比皆然，即人民无医学知识之表现也。夫如肺痨之末期，癌肿已呈恶液质时，方始乞治于医，迨药石无灵，回生乏术，不自咎乞治之晚，反咎医之陨越，医者无辜，而蒙不白之冤，不平孰甚？”[3]

面对民国病家的诸种习惯，许多现代派西医都发出了“中国病人不够资格”的感叹。西医范守渊感叹道：“中国病人之多，称雄世界，到处都是病夫；但，真正够得上资格做病人的，却又实在太少了。”[4]胡适也说过类似的话，胡适在1935年为《人与医学》一书作序时强调：

尤其是我们中国人更应该读这样的一部书。为什么呢？因为我们实在太缺乏新医学的常识了。我们至今还保留着的许多传统的信仰和习惯，平时往往使我们不爱护身体，不讲求卫生，有病时往往使我们胡乱投医吃药，甚至于使我们信任那些不曾脱离巫术的方法，甚至于使我们反对科学的医学。到了危急的时候，我们也许勉强去进一个新式医院；然而我们的愚昧往往使我们不了解医生，不了解看护，不了解医院的规矩。老实说，多数的中国人至今还不配做病人！不配生病的人，一旦有了病，可就危险了！[5]

胡适所言“不配做病人”，主要是指普通的中国人因受传统和习惯的影响致使缺乏正确的医疗观念。这种所谓“正确”的医疗观念显然应与现代医疗体系相对应，乃是基于“现代派”立场的观察所得。这种观察无疑也激发了民国医家对“中国病人”加以改造的雄心。

1. 邵象伊．我也来谈对于病家控告医师的感想［J］．医事公论，1934，1（13）：7.
2. 邵象伊．我也来谈对于病家控告医师的感想［J］．医事公论，1934，1（13）：8.
3. 计济霖．谈医［N］．申报，1934-07-23.
4. 雷祥麟．负责任的医生与有信仰的病人：中西医论争与医病关系在民国时期的转变［M］// 李建民．生命与医疗，北京：中国大百科全书出版社，2005：490.
5. 胡适．《人与医学》的中译本序［M］// 西格里斯．人与医学，顾谦吉，译．上海：商务印书馆，1947：6.

二、现代派医家“再造病人”的努力

在现代派西医看来，要建立现代医学，也意味着要对病人及其传统的医疗观念加以改造，塑造出“合格”的“现代病人”。

纵观西医在华的发展历程，早期西医面对传统医药环境的强势话语，更多地表现出妥协与忍让。胡美（Edward. H. Hume，1876—1957）在长沙初设雅礼时，他遇到的第一位住院病人即面临病危，这时医院华籍司务周师傅跪下请求他将病人送回家。胡美对此感到不可思议。作为一位在约翰霍普金斯大学医学院接受近代医学教育的毕业生，胡美的观念完全基于医生“救死扶伤”的天职，他说：“是的，他病得很重。但正是如此，我们才要想办法救他呀！”但周师傅的回答最终让他无奈。周师傅说：“嗯，是的，先生，你是对的。但是我知道街上的人怎么说我们。我知道他们的想法。你不明白的，先生。如果他死在我们医院的话，那么你过去几周所做的所有工作和努力都白做了。”[1]胡美最后只能屈服，劝走病人。此后的两年里，胡美都只敢做一些“医治缺唇、白内障和脓疮，做一些简单的接补残损的外科手术，但是没尝试过较大的开刀”[2]。同样的事情也发生在其他地方。19世纪来华的传教士都相互告诫要“小心捡选求诊的病人，尽全力避免一切有失败危险的案例”[3]。加拿大医生启尔德在成都开展医学事业时，最初的很多年都要极力避免“死症”。启尔德非常清楚，特别对传教士医生来说，医死一位病人可能就会引发一场排外的灾难。[4]对西医来说，置病者于不顾的做法显然与近代医家的责任意识相冲突，但胡美与启尔德最终在中国人这种传统的医患关系中作出了让步。

南京国民政府建立之后，建立以西医为主体的近代医药卫生体系成为近代民族国家的内在要求。在西医逐步确立起“科学”权威性并获取主导权之后，“再造病人”即成为公开的多渠道的医学实践。

---

1. *Doctors East,* Doctors West：An American Physician's Life in China［M］.New York：W. W. Norton & Company.Inc，1946：60-61.
2. *Doctors East,* Doctors West：An American Physician's Life in China［M］.New York：W. W. Norton & Company.Inc，1946：44.
3. Harold Balme. China and Modern Medicine：A Study in Medical Missionary Development［M］.London：United Council for Missionary Education，1921：64.
4. Kilborn. Our West China Mission，Being an Extensive Summary of the Work during the First Twenty-Five Years of the Canadian Methodist Mission in the Province Of Szechwan，*Western China*［M］.Toronto：Kessinger Publishing，1920.

对于现代医家来说，“合格”的病人，首先是对“病”要抱有正确的观念。民国医家批评病人的一大原因，即在于病人对治愈抱有过高的期望。要知道，病不是一概都治得好，病者也应当知道医师不是万能的，并不是什么医师都能治一切病。[1]1930 年代的医家经常抱怨那些江湖郎中对病人动辄包医包治，以致病家不自觉地形成了“天下没有不能治的病”的错误观念，对治愈抱有过高的期望。谢筠寿就注意到病家的观念中有一种“是病皆有药”的信仰，因此他对医家的医术能否令病人满意深表怀疑。谢氏转而告诫病人说，世上难有真正满意的医术，而且医师能力所及的地方也往往因人事万变、环境不一等因素存在变化。[2]谢氏所言无疑是要病家降低期待，对医病关系有较正确的理解。当然，有些医家也注意到，医家与病家对治愈同样怀抱期望，两者事实上并不矛盾。署名“不平”的文章就说：“病人找医师看病，唯一的目的是要病好。其实做医师的也希望人的病被治好。终究他们二方面的目的则一样，然而他们的心理不能就是一样的。在病人他是不明白病的情形，并且多是主观的人，企望心很重的。”[3]正因为病家有这样“重”的企望，往往给医家开展常规治疗造成很大的压力。因此，民国医学界反复强调医家事实上只是对正确合理的治疗手段负责，并不对治疗的结果负责。汪企张就极力重建起医患之间的合理疆界，他说：“病之就医，其目的固在求病之愈，而不知医之义务，不在病之愈不愈，而在履行技术之当不当。”因此，“设以病不愈即为医未能履行义务，而申异议”，则显然是病患对双方“契约的误解”。[4]汪氏明确提出所谓的“契约”，也揭橥出民国医界精英急欲建立起权责明确的新型医患关系的企图。

其次，病人在治疗过程中，要绝对地信仰、服从医生的权威，并严格遵守医院的各项制度。在传统“择医而治”的治疗过程中，病人在治疗的过程中居于绝对的主导，他们以挑剔的眼光注视着医家的一举一动。于是，在治疗过程中产生了诸如“试诊”“换医”“会诊”等各种现象。而这些举动恰恰是为近代西医难以接受、猛烈批评的地方。宋国宾便说：

1，3. 不平 . 忠告病者［J］. 医学周刊集，1931（4）：227.

2. 谢筠寿 . 医师的能力与满意的医术［J］. 医药评论，1934，6（2）：5-7.

4. 汪企张 . 医家病家涉讼原因之研究［J］. 医事汇刊，1934（20）：307-309.

病人无医药常识，其所恃为南针者，惟有医师，医师诊病之际，必告病人以所应遵守及禁忌之点，病人苟绝对服从医师之言语，则不患病之不愈。不然，则师心自用，枝节横生，岂非病人所负服从之责任，大于医师治疗之责任乎？余每见一般不守规则之病人，往往一知半解，自命知医，受诊之际，则妄与医辩，既诊之后，又故违医言，卒致病生变化，甚且有不起之危险。此不能服从之过也。[1]

孟宪荩则从另一方面阐述了病人应该信仰和服从医生，他说：

病人对于某医生如果不信任，最好是不请他治疗。既然信任他，请他医治，就要听医生的关于治疗上的命令。如此医生方能充分发挥其治疗技术，方能满足达到其治疗之目的。[2]

很显然，西医试图摆脱传统医界所形成的既定治疗模式，重新确立起西医的“权威性”。在这种新的治疗模式中，医生要成为绝对权威的家长，病人是需要看顾的孩子，病人必须服从医生的权威。与之相关联，病人在新的医疗空间——医院中，还应该完全遵守医院的规章制度，“住院的病人更须对医院的规则绝对遵守，因为医院的规则就好像国家的法律，一个人不守规则，不但于他个人有害，同时还可影响他人”[3]。作为公共的医疗空间，为保障医疗的秩序与权威性，“入院须知”亦渐成为病人入院治疗的基本规章。《医学周刊集》第一期即载有《病人住院须知》一文，文章之写作即鉴于“病者因缺乏医学常识与医院发生误会之处甚多”，“欲根本免除此种误会，舍推广教育普及医学常识外，其道末由”，“兹特将医院诊断及治疗之手续，略述于左，俾众周知，以冀免除误会”。全文意义之核心即是要规劝中国病人了解医院之流程，遵守医院规章。[4]当然，西医通过制度化的举措对“病人”进行的塑造也并非完全出于西医的一厢情愿。例如针对彼时医患纠纷愈演愈烈，西医也自我提醒在治疗过程中需要完善必备之手续，以免遭诉讼。一位医家就提醒说，不论遇有任何手术都要病者或直系亲属填写志愿书。[5]由是，西医“制度化”也受到既存医患关系的制约，只不过当填写志愿

1. 恪三 . 良好之病人［J］. 医药评论，1936，8（2）：6-7.
2. 孟宪荩 . 医生对于病者之希望［J］. 大众医刊，1934（27）：4.
3. 常珞铭 . 怎样做病人［J］. 医学月刊，1936，2（9）：45-46.
4. 李振翩 . 病人住院须知［J］. 医学周刊集，1928，1（1）：35-37.
5. 苍龙 . 关于医病纠纷方面之法律常识［J］. 医事通讯，1947，1（1）：1.

书这一方式制度化后，它自然又反过来对“病家”形成新的约束与规范。

现代派医家通过不断批评旧有的医疗积习，提倡符合资格的“现代病人”，建立起新的文化权威。他们对病人的理想化再造包罗甚广，他们训导说要成为真正符合资格的病人还需要具备其他各项素养，例如医家告诫病人应该有足够的耐心，要接受医院作为医疗的主要场地，不应在治疗中途随意换医，还要有宽大的胸怀，等等。杨济时建言，病者应该对于病的概念和态度有正确的认识，不宜急躁，要理解检查的重要，尊重医士的忠告，且不可对医治失望轻听人言以致乱投药石。[1]类似的告诫乃至于要求，从民国时期各类期刊的“医学常识”栏目到各家医院张贴栏中的“病人须知”都可以读到，内容包罗万象，既包括在医院所进行的治疗行为，也包括日常的诸多生活习惯。一言以蔽之，从病人生病之始，西医就力图进行全程的干预，在病患各个不同的阶段，西医都试图建立起与传统医疗方式不同的模式，进而构筑起全新的医患关系。所有这些对病人的干预与训导都建立在一个共同的认知基础之上，即西方的生物医学是科学与现代的，它代表了民国医疗卫生事业发展的方向。[2]

三、艰难的历程：“再造病人”的医疗实践

从本质上讲，医家、病家与文化境遇的互动是引发医患关系发生变化的根本因素。西医对“现代病人”的塑造是在西方医学模式主导下医家对治疗对象的内在要求。不过，对“现代病人”的塑造乃是一种理想的境界，它反映了新的医学模式中医家对理想化医患关系的冀望。不管民国的病人是否达到医家的“理想”，民国的医疗活动仍在继续。事实上，在实际的医患关系演进中，西医模式主导性的确立已经在无形中影响和塑造了新的医病关系。西方医学体系所持有的目标、价值观、知识和技术在认识论上都与传统医学截然不同，这自然也决定了两套医学体系在实践领域走上不同的道路。无论是在知识与实践领域，还是在实践的具体“场域”之中，西方医学与传统医学的不同特征都决定了不同医学文化体系下

1. 杨济时．病人和治病者［J］．医学周刊集，1928（1）：16.

2. 在民国中、西医话语竞争的语境下，西医欲图建立起来的这种“医患关系”显然是极力与传统划清界限、树立现代医学专业权威的自我凸现。特别是在“科学”理性的标榜下，西医极力摆脱与极力塑造的模式似乎都定义清楚、界限明确。但如果稍微与其时主流的观点保持一定距离，那么西方医学及其所塑造的模式是否真的“天经地义”、绝对恰当呢？民国时期的医界对此并未有较清楚的认识。只是当西方医学发展到今日如人无人之境的地步，我们反思西医及其相关的医疗行为、医疗制度及其塑造的医患关系时，才陡然发现，这套制度与操作模式也并不尽然完美。

的医患关系特点迥异。[1]一个简单的区别即在于，传统医学“望闻问切”的过程，显然不能仅仅理解为一个诊断的过程，它更是一个与病患理解与沟通、倾听与抚慰的过程。但在认为疾病是由官能和生理状况不正常造成和界定的医学模式下，其诊断和治疗都倚赖于个体物理特征的精确观察，而且因为患病者无法自己评估自己的官能和生理状况，这一医学体系也大多不会倾听患者的抱怨和陈述。[2]故而在民国医生呼吁“现代病人”的同时，作为一种新的医疗模式，西医事实上已经不自觉地部分改变了传统的医患关系，只是这种改变在民国时期不宜高估。

虽然现代派医家通过各种手段和途径试图对病人加以改造，但此种改造却也并非单方面，效果也与其预期不尽一致。西医试图通过文化权威的建立营造一种全新的医患关系，甚至在1929年发起“废除中医”运动，试图通过“政治”力量来解决问题。但即使在南京国民政府确立起以西医为主导的医疗卫生体系后，西医的数量仍是少数，而且分布极不均衡。此外，普通民众对西医的信仰也存在一个漫长的接受过程，因此，到底有多少民众真正信仰西医实在是一个很大的疑问。西医们注意到民众思想的陈旧以及旧医的反对构成了科学新医发展的阻碍，故而在南京国民政府时期持续有“医学革命”的呼声。范守渊即在一篇文章中说道：

科学新医之应时代环境的要求输入到我国，已有长久年月。然究何故至今新医的发展，仍然异常迟滞，新医的建树，仍然十分的幼稚呢？这一方面由于我们贵大国民的智识幼稚，既无是非的识别能力，又乏进取的科学精神。直至今，对于这医学的观念，还留连于过去伪玄医学的桥头。对于科学新医的见地还抱着不接不离的模棱态度。一方面又加上反动旧医早看透了这种情势，就利用这守旧成性的群众心里，麻木不仁的民众意识，来努力造谣，来拼命宣传，以阻碍一般无

1. 一般认为，医学体系中往往包含了三个基本方面：独特的知识与实践领域，一种社会化的方式——将这个领域的知识传授给专业人士和其他人，这个领域的活动得以展开的一个场域。参见罗伯特·汉．疾病与治疗：人类学怎么看［M］．禾木，译，上海：东方出版中心，2010：5.

2. 任何的病患在传统的社会文化中，因人们对疾病的文化理解导致任何疾病都有一个隐藏其后的“故事”，这个“故事”企望以日常生活史的叙述方式对“病症”作出病者自我的文化阐释。因此，“倾听”并通过“倾听”进入并了解病人的文化心理，应是病患沟通最重要的手段之一。不过这种“倾听”多在注重人与自然、社会关系的传统医学中见到，在技术决定论至上的西方医学中，“倾听”则多在技术主义与效率至上的原则下被忽略。参见罗伯特·汉．疾病与治疗：人类学怎么看［M］．禾木，译．上海：东方出版中心，2010：11. 当然，今日对西方医学的反思已经促使西方医学人类学注意到“病人”主体性的重要，德尔班科（Delbanco）就强调要“通过引入病人的观点来丰富医患关系”，在医学治疗进程中更多地融入人文关怀。参见 Delbanco T. L. *Enriching the Doctor-patient Relationship by Inviting the Patient's Perspective*［J］.Annals of Internal Medicine1992，116（5）：414-418.

知民众的接受新医。因此，科学新医的发展，就受了个大障碍了。[1]

范氏所称旧医对科学新医的发展造成了阻碍，反映出其时的医界存在两套医学资源或医疗模式的相互竞争。尽管西医标榜“科学”，但民众尚无法迅速从传统的医疗模式转变适应新的医学形式，因此社会实际之状况往往与西医的急迫期望距离甚远。

在新、旧医学的竞争之中，“病人”无疑成为最重要的资源，而病人如何选择医家则成为新、旧医争夺的关键。西医通过“政治力量”试图迅速确立起以西医为主导的近代医疗体系，通过国家政治的安排进而垄断病家资源，但中医师及支持中医的人却不断强调病人不当被剥夺选择医生的权利。[2]于是我们看到，传统医界饱受西医批评的“择医”现象在民国的医疗实践中还是经常出现。例如，西医出身的孙中山，在住院期间就曾要求转由中医陆仲安诊治。许多病人“一医不治，遂转求他医”的现象并没有在西医的反复批评声中绝迹。更有甚者，一些病家还采取“执用两中”的态度游走于中、西医之间。陈果夫就说：“中医西医，各执成见，唯惟我病人，优劣可判。”[3]陈果夫的态度显现出病家成为评介医家的标准，“身体”成为病家最有发言的根据与武器。于是出现一个奇怪的现象，部分民众对西医怀有坚定的信仰，相信其“速效”的神话，但亦有相当大部分人群对中医情有独钟，认为中医才能标本兼治。甚至也不乏实用主义的做法，将身体当作试验田，“中”“西”都拿来试试。这种实用主义的“选择”似乎与传统社会病家的做派并无区别，病家在医患关系中仍占据了绝对的主导。选择权的争斗表面上看虽是自由择医的问题，但实际上反映出西医所欲建立的以医生为主导的医疗模式并不顺利，传统的就医观念与医疗模式对医患关系的走向有着深刻的影响。

除了病家面对中医与西医信仰与选择上的两难外，民国的病人也不自觉地将传统的医疗习惯带入新的医疗模式中。例如，传统中医的术语与概念会经过病者不自觉地影响到西医的诊断。如何在中医术语与西式术语间无间沟通、确定所谓

1. 范守渊．医学革命的必然性［J］．新医药，1934，2（10）：892.
2. 雷祥麟．负责任的医生与有信仰的病人：中西医论争与医病关系在民国时期的转变［M］// 李建民．生命与医疗．北京：中国大百科全书出版社，2005：493.
3. 陈果夫．医政漫谈续编［M］．台北：正中书局，1949：14.

的“科学名词”也成为民国医界的一大任务。民国一位西医记载他的遭遇说：

对于来就医的病人，照例我是要先问他：某先生，您是怎么呢？或是说：您是怎么不舒服呢？我总不问：您得的什么病？但是许多的病人却回答说：大夫，我有胃病。或说：我有肺病。有的说：我受了湿气。有的说：我上焦有火。有的说：我这病是由气上得的，我这人肝火太旺。[1]

病人观念中的湿气、上焦有火、肝火太旺显然都是纯粹的中医观念，却被引入了西医的治疗过程。类似的情况在民国医界中极为普遍，并且对西医的诊治产生了深刻的影响。余云岫就说：

余悬壶沪上，十年于兹矣。遇有善怒多倦不眠虚怯之病人，彼必先自述曰：我肝火也。若为之匡其谬误曰：肝无火也，真肝之病，不如是也，此乃精神衰弱也，则漠然不应。虽为之详细解说，以至舌敝唇焦，犹是疑信参半。若直应之曰：唯唯，此诚肝火也，则如土委地，欢喜欣受而去者，比比然也。如之，何医者不乐行此耶！是以今世新医，亦有只按脉处方者矣，以为对付不彻底之社会，如是而已足也。此虽玩世不恭，亦社会有以迫之使然，愤激而出此也。[2]

或许恰是病人无法割裂的医疗习惯，才使现代派西医对传统病人的种种“恶习”深感愤激，从而萌生改造病人的愿望。但从余氏的论述也不难看到，病家的积习事实上对医家也造成了很大反作用。在“改造”中国病人的同时，西医也不自觉地为中国病人所“改造”。为赢得病家信任，一些西医被迫按病人的意志来执行业务。以“会诊”为例，民国西医批评传统医界的一大问题即诸医会诊、毫无定见，但在医疗实践中，西医往往屈服于病家的意志。陈果夫回忆他医治肺病的经历说：

有一次我在西医诊病的时候，想到了中国医学的好处，并且同时要请中医试行诊治，这位西医也不反对，因为他的心理希望我好全和我自己一样的急迫。我服了中医的药，同时仍旧服西医的药，自以为双管齐下可以速愈，那里晓得不到十天的功夫，咳嗽反而加剧。[3]

---

1. 猷先 . 国人医学观念之分析［J］. 医学周刊集，1931（4）：231.
2. 余云岫 . 六气论［M］// 祖述宪编注 . 余云岫中医研究与批判 . 合肥：安徽大学出版社，2006：76.
3. 陈果夫 . 你的病好了吗？［J］. 政治评论，1932（3）：30.

陈果夫随后意识到“我们相信一个医生，只要认他的治法对的，应该相信到底”。不过，陈氏抱定的信仰，却并不管这位医生是中医，还是西医。另外，他的坚定信仰也是有前提的，那便是病家要先认定“他的治法是对的”。且不论何种“治法是对的”对病家来说是极困难的判断，陈果夫所谓坚定的信仰无疑还是由病家主导的。在病家尚具有很大影响力的情况之下，医家的治疗方法与手段会被迫作出调整。陈果夫同时也谈到病人对医家用药的影响。陈氏说：

我这一次生病，家里的人都晓得我自己有点主意，所以尽管商量，但是最后决定，还是要我自己。最初请什么医生，由我自己决定。后来到了上海和医生交情日深，天天谈话，渐渐地应该用什么药，医生反要听我的选择了，天下哪有这个道理，但是竟有这种事实。[1]

显然，陈果夫是一位“久病成良医”的病人。面对这样的病人，医家的权威不可避免地受到挑战。医家的用药与治疗可能都受到“病人”苛刻的审视，从而出现“屈从”的现象。西医的“屈从”并非只是在陈果夫这位“老病人”身上出现。庞京周就注意到其时医界出现了“新医的旧医化”的普遍现象，（西医）只用一个听筒，一支体温表，三个指头来诊病，只用几种丸剂和注射药来治病。究其原因，“不外乎新医保持自身的业务发展，去迁就了社会上的心理”“病家不赞成开刀的，新医也说开刀太猛烈了。病家问脉上有没有风寒食积，新医也胡乱说上几句似是而非的脉理”。[2]

四、结论

民国医学精英“再造病人”的举动无疑是国家近代化在医学领域的努力之一途，西医试图通过对传统病家的改造最终完成医患关系和医疗模式彻底的近代转型。然而，民国医病关系的调整乃是医、病甚至包括国家与社会几方面相互作用、共同调整的结果。近代医家在改变病人择医观念与就医习惯的同时，病家对双方关系的调整也起到较重要的作用，医家在“改造”病人的同时，也为病人所“改造”。病家有对医家进行改造之可能，乃是基于病家尚握有足够的话语权。在中、西医竞争的民国时期，病家既是中、西医争夺的对象，自然也是有权力选择的“消费者”。

1. 陈果夫 . 你的病好了吗？［J］. 政治评论，1932（3）：30.
2. 庞京周 . 论新医不应为环境逼迫而旧医化［J］. 医药评论，1929（13）：5.

然而当病家丧失这种选择权时，自然再难成为医病关系中的主导者。反观中国医疗环境的发展历程，尽管中医群体在20世纪40年代初于法理上取得了与西医一样的“平等”地位（特别以1943年的医师法为代表），但随着整个西式医疗体系的确立与深入，在“科学”话语的渗透之下，西医无论在政治上还是医疗实践中渐趋主动确是不争的事实。中医虽未被击倒，却被迫以“科学化”的姿态出现，并且学习西医的组织化与制度模式。与之同时，随着近代实验医学的迅猛发展，疾病的定义也从依靠传统医界的“望闻问切”转变到西医的仪器检测，病人的自感症状不再成为确诊的重要依据，而医师日益专门化的术语更完全摆脱了病人的日常生活。重心渐失的医界无疑导致病家在强大的现代医学体制下被现代医学知识日益边缘，他们只能处于无序、边缘、弱势的地位，再也无法在治疗过程中发表意见。更为关键的是，现代医学分科之细、研究之深以致在医学研究者的显微镜中全是细菌，却难以看到完整的“人”的存在。雷祥麟即洞见性地指出：这些结构性的因素，使得现代医院中虽然病人摩肩接踵，但自主的、完整的人却消失于医学宇宙之中。伴随传统“病人”角色的消失，一个全新的、被动的、现代的“病患”诞生了。他/她对自己的病情完全无能为力，唯一能做的是等待与忍耐。[1]

（原刊于《社会科学战线》，2013年6月。）

1. 雷祥麟.负责任的医生与有信仰的病人：中西医论争与医病关系在民国时期的转变［M］// 李建民.生命与医疗.北京：中国大百科全书出版社，2005：487.

“堕胎非法”：民国“堕胎罪”的观念、制度及其实践

俗语常用“生、老、病、死”来指称整个生命的历程。在这一历程中，“生”不仅意味着生命的诞生，还代表着人类种族的繁衍。自人类产生之始，繁衍就成为人类历史上最重要的命题并贯穿人类发展始终。在生育控制水平相对低下的前现代社会，堕胎是社会生活中经常采用的节育手段。作为生育文化的重要组成部分，堕胎自然也是近代社会中值得深究的问题之一。不过就当下的研究状况而言，学界的注意力多集中于近世节育观念以及人口史的讨论，对民国时期的堕胎现象以及国家与社会围绕堕胎的互动研究得还不充分。[1]

前人的研究表明，堕胎是传统社会控制生育率的有效手段，是社会生活中广泛存在的现象。[2]费孝通早年在对江村的调查中就发现，一个不知道堕胎方法的女人被称为“笨老婆”。费氏称：“要等小孩子生了出来才想办法解决，自然是自讨麻烦了。归有光母亲所吃的螺蛳，江村妇女所吃的鱼鸟蛋一类的东西，我相信是极普通的。”[3]不过，这种传统社会“习以为常”的行为在近代却遭到来自国家层面的限制。1907 年，清政府仿效日本刑法，首次在刑律中引入“堕胎罪”。其后，北洋政府及南京国民政府亦在刑律中明确“堕胎罪”，视堕胎为非法，并力图予以清剿。接下来的问题是，当这一法律真正在基层社会推行时会遇到怎样

1. 关于生育观念的早期研究，可参见费孝通《乡土中国 - 生育制度》一书。费氏从社会学的角度系统地考察了传统中国社会生育制度的功能及运作情况。近几年的研究，则多偏重于从思想史和人口史的角度讨论民国时期生育节制思潮和实践的演变。较重要的研究文章有：俞莲实 . 民国时期生育节制团体的设立和避孕的医疗化［J］. 中国近现代史研究（韩国），2009（41）；俞莲实 . 民国时期城市生育节制运动的研究：以北京、上海、南京为重点［D］. 上海：复旦大学，2008; 陈文联 . 近代中国“生育节制”思潮的历史考察［J］. 中南大学学报（社会科学版），2007，13（2）：172-180；梁景和 . 五四时期“生育节制”思潮述略［J］. 史学月刊，1996（3）. 不过，上述文章多把堕胎作为节育的一种方式来认识，并没有注意到在新的社会条件下，国家制度与堕胎行为之间存在着深刻而复杂的互动。另外，日本学者小浜正子近年来对“计划生育”有较深入的探讨，代表性的论文如小浜正子 . 从“非法堕胎”到“计划生育”——建国前后性与生殖之言论空间的变迁［C］// 姜进，李德英 . 近代中国城市与大众文化，新星出版社，2008；小浜正子 . 中华人民共和国初期上海的人口政策与生殖控制［C］// 富田武，李静和 . 家族的演变和社会性别 . 日本评论社，2006；小浜正子 . 计划生育的开端——1950—1960 年代的上海［J］. 近代史研究所集刊，2010（68）：97-142. 氏著虽已注意到生育与政治的紧密关联，唯其研究重心偏向于建国后的人口控制问题，甚少涉及民国堕胎罪的司法实践，并未从法律社会史的角度对民国的堕胎问题进行剖析，而这恰是本文的着力之处。
2. 李伯重 . 堕胎、避孕与绝育：宋元明清时期江浙地区的节育方法及其运用与传播［J］中国学术，2000（1）71-99.
3. 费孝通 . 乡土中国 生育制度［M］. 北京：北京大学出版社，1998：108.

的问题？那些传统的堕胎行为是否遭到禁绝？有着强烈堕胎要求的产妇面对国家法律的明文禁止有怎样的回应？结局如何？本文不揣浅陋，试图对上述问题略作回答。刍荛之言，恳望得到专家学者的指正。

一、堕胎非法：法律与文化共塑的罪罚观念

堕胎是传统社会生活中控制人口增长、节制生育的有效手段。明清之际有不少的医学典籍都对堕胎方法有系统的介绍与研究，这充分反映堕胎在明清时期已是较为普遍的现象。已有研究指出，明清时期人们已使用多种方法堕胎，堕胎技术已达较高水平。至于是否需要堕胎，则完全由孕妇及其家庭视具体处境而定，纯粹属于私人领域的问题。在国家层面，明清时期政府对民间的堕胎行为基本上放任不管，堕胎并不构成犯罪。[1]这种公私分野的景象，显然是传统社会的重要特征之一。然而近代以降，原本作为节制生育手段之一的堕胎却受到国家法律的限制。在国家意志的强制之下，堕胎被迫退出私人领域，民国社会在民国法律与近代文化的共同作用下，强化了堕胎为社会陋习的价值观念。

受西方法律影响，清政府于新政期间开始修律。1907 年，沈家本上奏的大清刑律草案首次对堕胎行为进行了法律约束。据此草案，堕胎罪的订立是基于“堕胎之行为戾人道、害秩序、损公益”的考虑，故而“仿欧美日本各国通例，拟以适当之罚则”。[2]草案经过修订后，清政府于 1911 年公布《大清新刑律》。[3]不过，清王朝旋即覆灭，《大清新刑律》根本未及实施。

民国的法律制度中，有关堕胎的制度约束主要集中在刑法和一些部门性的规章制度中。就刑法而言，整个民国时期曾经先后实行三部刑法。这三部刑法都将堕胎视为非法，辟有“堕胎罪”一章，并规定了惩罚性的条款。

1. 关于明清之际生育的等级制度及堕胎的相关研究，可参见李伯重《堕胎、避孕与绝育——宋元明清时期江浙地区的节育方法及其运用与传播》（《中国学术》，第 71-99 页）以及〔美〕白馥兰著《技术与性别：晚期帝制中国的权力经纬》（江湄，邓京力，译，江苏人民出版社，2006 年版）一书的第三部分“母亲身份的意义：生育科技及其功能”。

2. 修订法律大臣沈家本等奏进呈刑律分则草案折并清单[G]// 宪政编查馆辑录 . 大清法规大全，台北：考正出版社，1962：2065.《大清刑律草案》中的“堕胎罪”明显参照了 1907 年日本刑法典的相应条款。

3. 1907 年沈家本上奏刑法草案后，中央各部院、地方各督抚对草案的反馈意见纷至沓来，并导致“礼教派”与“法理派”围绕修律的“礼法之争”。针对草案第 27 章“堕胎罪”，山西巡抚宝棻提出异议称：“本章规定原为保全人道起见，但中俗妇女最重名节，因奸有孕、畏人知觉私自堕胎或处于不得已之行为，事属秘密，检查不易；况今年生计艰难，各省溺婴之风未熄，其戾人道伤天彝较堕胎尤为过之。草案竟未议及，似觉疏漏。”参见高汉成 . 签注视野下的大清刑律草案研究［D］. 北京：中国政法大学，2005：85. 不过较之草案中其他条款，“堕胎罪”引发的争议其实并不算大。查 1910 年颁布的《钦定大清刑律》，对“堕胎罪”的规定与草案在立法精神、判罚原则、约束对象上都基本一致，只是表述方式和量刑标准略有调整。

民国肇建，匆促之下难以订立系统的法律，故大多对清末法律略作修改后继续援用。[1]北洋政府司法部在《大清新刑律》的基础上对"封建皇权"性质的词汇、条款略加删改后，拟订了《中华民国暂行新刑律》。它与《大清新刑律》高度一致，具有典型的过渡性质。在这部法律中，有关堕胎罪的条款集中在第332条至338条。[2]就这些条款来看，堕胎罪的犯罪主体不仅包括医师、药剂师、药材商等，亦包括怀胎之妇女。此外，其他违背孕妇意愿以强暴胁迫或以诈术使孕妇堕胎的人也在处罚范围之内。

《中华民国暂行新刑律》从1912年开始施行，直至1928年废除。1928年3月，南京国民政府以《暂行新刑律》及《第二次刑法修正案》为蓝本，在吸收日、德等国刑法原则的基础上，制定并公布《中华民国刑法》。该法第23章对堕胎罪作出规定。[3]不过，因1928年刑法"成立仓猝，条文繁复"，施行以来，"各地法院函请司法当局或最高法院解释者，纷至沓来，而短期自由刑易科罚金之制，亦未采用，致各监狱有轻犯人满之患"。[4]职是之故，国民政府于1931年底开始对其进行修订，并于1935年颁布新的《中华民国刑法》。新刑法对堕胎罪也作了相应修正，主要体现在两个方面：

其一，新刑法首次将堕胎行为在法律上进行了区分，明确规定"因疾病或其他防止生命上危险之必要而采用服药或以他法堕胎者"不算违法。明清之际，当继续妊娠明显危及孕妇健康时，流产往往是两害相权取其轻的做法。[5]然而民国以降，这种行为非但未能得到法律的保障，反而被视为非法。蒋文芳就此评论说："在医事法规较备之各国，病妇怀胎，非堕胎无从治疗者，经相当之证明，得堕胎儿，以保母体，在中国尚无此种法规之设立。"[6]这种不合理的规定自然备受

1. 1912年3月10日，民国政府公布《临时大总统令（关于暂行援用从前施行之法律及新刑律之规定）》，令称："现在民国法律未经议定颁布，所有从前施行之法律及《新刑律》除与民国国体抵触各条，应失效力外，余均暂行援用，以资遵守。"中国人民大学法律系法制史教研室．中国近代法制史资料选编：第2分册［G］.1980：54.

2. 中华民国暂行新刑律［G］// 司法行政部刑事司．各国刑法汇编：上册．台北：司法通讯社，1980：131-132.

3. 王宠惠．中华民国刑法［M］．文明书局，1928：74-75.

4. 转引自郭成伟．中国法制史［M］．北京：中国法制出版社，2007：350.

5. 白馥兰．技术与性别：晚期帝制中国的权力经纬［M］．江湄，邓京力，译．南京：江苏人民出版社，2006：251-252.

6. 蒋文芳．医生使孕妇堕胎在法律上之刑罪［J］．光华医药杂志，1933，1（1）：43.

诟病。[1] 直到1935年，新刑法方才明确规定，“因疾病或其他防止生命上危险之必要而采用服药或以他法堕胎者，免除其刑”。这一修正对尊重妇女权益而言无疑具有积极意义。

其二，新刑法对部分刑罚条款做了调整。两部刑法有关“堕胎罪”的条款都只有5条，不同之处共有3处：（1）旧刑法规定：“怀胎妇女，服药或以他法堕胎者，处一年以下有期徒刑、拘役，或三百元以下罚金。怀胎妇女，听从他人堕胎者，亦同。”新刑法则规定：“怀胎妇女服药或以他法堕胎者，处六个月以下有期徒刑、拘役，或一百元以下罚金。怀胎妇女，听从他人堕胎者，亦同。”另外，新刑法更明确地规定“因疾病或其他防止生命上危险之必要而犯前项之罪者，免除其刑”，显然对这类犯罪的处刑有所减免。（2）旧刑法第305条规定：“受怀胎妇女之嘱托，或得其承诺，而使之堕胎者，处二年以下有期徒刑。因而致妇女于死者，处五年以下有期徒刑；因而致重伤者，处三年以下有期徒刑。”新刑法针对此款，规定对受怀胎妇女之嘱托或得其承诺而使之堕胎却致妇女于死者，得处以六月以上五年以下有期徒刑。（3）旧刑法第307条规定：“未受怀胎妇女之嘱托，或未得其承诺，而使之堕胎者，处六月以上五年以下有期徒刑。因而致妇女于死或重伤者，比较故意伤害罪，从重处断。第一项之未遂罪，罚之。”新刑法对此犯罪的处刑则大为加重，第291条规定：“未受怀胎妇女之嘱托，或未得其承诺，而使之堕胎者，处一年以上七年以下有期徒刑。因而致妇女于死者，处无期徒刑或七年以上有期徒刑，致重伤者处三年以上十年以下有期徒刑。第一项之未遂犯罚之。”[2] 显然，1935年新刑法关于堕胎罪的规定更符合社会实际，内容也更为完备。它体现南京国民政府对堕胎的新态度，即一方面放松了对产妇私下堕胎的处罚，另一方面又加重了对协助产妇堕胎者的惩罚力度。

除刑法对堕胎罪有明确规定外，有关卫生行政法规也作了相应规定，明确禁止医师为人堕胎。如1922年3月北洋内务部公布的《管理医师暂行规则》第19条规定：医师不得因请托、贿赂伪造证书，或用药物及其他方法堕胎。违者，照

1.《申报》载文批评说：“就这条法律看来（指1928年刑法第304条——引者），怀胎妇女纵有如何重大的理由，都不准有堕胎的行为，即使妇女因生育而有性命之虞也不得堕胎。这简直把妇女当作一种‘会生孩子的机器’，丝毫不曾认定妇女的人的权利。”参见刑法上的堕胎问题［N］. 申报，1934-11-04（19）.

2. 立法院通过之中华民国刑法修正案要旨［N］. 申报，1934-11-03（17）.

现行刑律治罪。[1] 同年公布的《管理医士暂行规则》第 18 条也对中医作出规定：医士不得因请托、贿赂，伪造证书，或用药物及其他方法堕胎。违者，照现行刑律治罪。[2] 之后颁行的各类卫生法规也大多如此，严禁医药卫生人员为产妇堕胎。按照这些法规，若医师擅自为产妇堕胎，不仅会被医师公会除名，还要吊销医师执照，同时受刑法的制裁。

与此同时，民国社会也逐渐确立以堕胎为陋习的主流观念。已有学者注意到，明清后期对杀生的痛恨与认为中断生命自然过程有害的观念相结合，使很多医师在有一线生机挽救母子的情形下，都不愿意终止妊娠。[3] 民国以后，知识分子认识到婴孩亦有生命和人权，不可随意堕胎。宋国宾在《医业伦理学》中就指出："胎儿自结胎以后，即有其生命与人权，且有其保障生命之权利。"[4] 婴孩既有生命与人权，故而任何流产或堕胎的行为都属侵害婴孩生命，系杀人之举动。基于此种认识，宋氏认为："民众不得借口于保存较重大利益而牺牲无辜之生命；不得借口于牺牲一无辜之生命为保全一人之生命的唯一方法；也不得以当事人自己承认而牺牲其无辜之生命，即使胎儿承认牺牲一己以救其母而医者亦不得盲目从之。盖无论何人，皆无自由处置生命之权也。杀胎儿之举动，为直接杀人之举动。"[5] 因此，堕胎行为往往被认为是杀人害命的罪举，"在良心上似可予以'罪恶'的名称"。[6]

与西医所持西方人权论的观念来源不同，也有不少士人基于传统的道德观念，认识到如果对堕胎不加限制，极可能会引起仿效，反过来造成社会风气败坏、道德沦丧。例如陈仰韩就认为，"堕胎之行为不仅违背人道，抑且大害风化"。[7] 中央国医馆馆长焦易堂也持类似的看法，认为"堕胎有乖风俗，为维持公益，应严格限制"。[8] 这种观念有着广泛的社会基础。进入近代社会以来，随着社会

1. 陈明光 . 中国卫生法规史料选编（1912—1949.9）［M］. 上海：上海医科大学出版社，1996：621.
2. 陈明光 . 中国卫生法规史料选编（1912—1949.9）［M］. 上海：上海医科大学出版社，1996：624.
3. 白馥兰 . 技术与性别：晚期帝制中国的权力经纬［M］. 江湄，邓京力，译 . 南京：江苏人民出版社，2006：252.
4. 宋国宾 . 医业伦理学［M］. 上海：国光印书局，1933：75.
5. 宋国宾 . 医业伦理学［M］. 上海：国光印书局，1933：76.
6. 胡定安 . 堕胎的罪恶［J］. 时兆月报，1945，4（9）：2.
7. 陈仰韩 . 医师应有之法律常识［J］. 医药评论，1935，7（1）：20.
8. 刑法上的堕胎问题［N］. 申报，1934-11-04（19）.

流动性的加强，“男女大防”的观念正逐步瓦解。但在较传统的士人眼中，男女之间的亲密接触很容易被视为“有伤风俗”。在他们看来，有着堕胎需求的妇女多是那些超越正常关系的珠胎暗结者，打击堕胎自然意味着维护传统的伦理道德秩序。

此外，因近代中国政局动荡，且常受到战争、灾害等影响，也有人基于“民族强盛”与“种族繁衍”的立场，认为堕胎盛行将导致整个社会人口的负增长，危及民族前途。李紫衡就担心，“近世人事繁复，堕胎之风益炽，更有无耻之徒，既不明医理，复助长罪恶藉投机以营生，颇不乏人。每年枉死于若辈之手者，真不知凡几！设不严令禁止，亦为民族前途之深忧也。”[1] 1930年，《首都市政公报》所载《禁止溺女打胎》一文更是反映出地方政府“培植民族繁衍以御列强人口压迫”的逻辑，文章称：“我国之人口，自前清乾隆以来，已由四万万而减少至三万五千万。揆以民族同化数多者胜之理，吾人已处于劣败地位，所以总理演讲民族主义，不惮多方引证反复阐明，以期中华民族之复兴是不特有赖于民族之质的改进，尤厚望于数的加增也。然而瞻顾四方，吾人之处境究属如何？既遭帝国主义者之摧残，复受国内军阀之蹂躏，直接间接不知其牺牲究有若干，彼不识不知之同胞，何肆其残忍之手段努力于打胎溺女之恶习，以减少其人口之增加。”[2]

这种认识在中国共产党领导的区域内也同样存在。1942年，晋察冀边区颁行的一道命令称：“堕胎溺婴，不仅有违人道，且为危害民族后代的罪行……在此长期抗战过程中，对民族后代的保育，不惟有关抗战，且对于建国伟业关系更大……但是根据地各地的报告，自从去秋反扫荡以后，各地妇女鉴于携带婴儿打游击的困难，因而堕胎溺婴的事情反比以前多了起来，而各地区公所与县政府，对于这种事情，有的轻描淡写略加批评批评；有的教育几天，就算完事。这样轻纵，不啻助长了这种恶风，且将遗害于民族甚大，亟应严格加以纠正。”[3] 可见，堕胎这种在前现代社会纯属个人的隐私问题在特定的背景下已被改写塑造成为“民族”和“国家”话语的重要组成部分。

1. 李紫衡 . 励行严禁堕胎之必要［J］. 医事公论，1936，3（17）：5.
2. 禁止溺女打胎［J］. 首都市政公报，1930（57）：“言论”3-4.
3. 晋察冀边区行政委员会关于堕胎溺婴案件均须依法科刑的命令（1942年3月13日）［G］// 韩延龙、常兆儒编 . 中国新民主主义革命时期根据地法制文献选编：第3卷，北京：中国社会科学出版社，1981：83.

在民国时期不同政权所定法律与社会观念的共同编织下，堕胎成为“不道德”的社会陋习之一，不仅受到社会舆论的谴责，而且成为法律打击的对象。通过法律的强制规定，不仅产妇本人，而且参与堕胎的介绍人、三姑六婆、医师、产婆等人也被纳入了打击与惩罚的范围。当然，也有部分人士对国家的这种强制行为提出异议。例如王昆仑就认为，堕胎行为的背后还有复杂的社会原因，选择堕胎乃是产妇被迫之举，故而怀胎妇女因病应准堕胎，因经济困难亦可堕胎。[1] 民国兴起的优生学也并不全然反对堕胎，邵象伊就基于“种族的保存与改善”提出“对于身心低落的人，依法律施行人工流产或早产”。[2] 不过，这仅仅是对民国时期已确立的“堕胎非法”观念提出商榷而已，在知识界及法律界并不居主流地位。

纵观民国各种法律制度，民国立法虽偶有对堕胎罪的具体条款的修正，但打击堕胎的立法理念未有丝毫动摇。在正规医师的医疗实践中，“不事堕胎”也成为基本的职业操守。民国时期各医事团体纷纷将“不事堕胎”写入医师信条。震旦大学医学院毕业宣誓中，即有“新马尔萨斯节育谬说，余必尽力辟之”的誓词。[3] 中华西医公会和上海市医师公会医师信条中均明确规定，凡其会员“不事堕胎”。[4] 1934 年 3 月 15 日，全国医师联合会致函各地医师公会，要求严厉取缔打胎，称“医师得随时检举同业中或其他人物之非法打胎行为，获有证据可提刑诉于法院，医师如行施合法打胎手术断先得另一医师之同意及证明打胎之理由方得施行”。[5] 惮于“堕胎罪”的严厉打击，也出于医学和伦理的考虑，民国正式医家对于产妇的堕胎请求，一般都会予以拒绝。上海中医陈存仁遇到一位老妇带一位 16 岁的少女来诊病，自称是其女，要求陈存仁用药通经，结果被诊出有孕。陈严词拒绝：“你的女儿已有孕了，我对有孕的女病人，只开安胎方，别的方子我是不会开的。”在陈氏看来，不事堕胎乃是其“医务生涯的洁身之道，也是遵守医德的必要条件”。[6] 在 1935 年新刑法颁行之前，蒋文芳也反复强调：“医生

1. 刑法上的堕胎问题［N］. 申报，1934-11-04（19）.
2. 邵象伊 . 我之节制生育观［J］. 医事公论，1936，3（22）：1-7.
3. 震旦大学医学院毕业宣誓［M］// 宋国宾 . 医业伦理学 . 上海：国光印书局，1933：“附录”3.
4. 中华西医公会第二次全国代表大会特刊［A］. 上海市档案馆藏，Y4-1-0000632：38.《上海市医师公会会员录》（附会章），1936 年 11 月编订，参见“上海市医师公会为呈请备案向社会局报送的申请书”［A］. 上海市档案馆藏，Q6-18-298-1.
5. 致各地医师公会请严厉取缔打胎函［J］. 医事汇刊，1934（19）：204.
6. 陈存仁 . 我的医务生涯［M］. 桂林：广西师范大学出版社，2007：68.

如遇怀胎妇女请求堕胎者，无论何种原因，均须严厉拒绝，免蹈法网。”[1]

1935年刑法虽然对“得堕胎儿，以保母体”的行为免予科刑，但因医学实践中对“因疾病或其他防止生命上危险之必要”往往存在认识上的模糊，故医师对这类堕胎仍多顾忌。医师普遍认为，“产妇非达到生存上之极端必要时——例如高度之恶阻，后屈子宫嵌顿，高度肾脏炎，恶性贫血，骨盆狭窄等症如俟正常分娩，将危及产妇之生命，故不得不为权宜之处置。否则虽经产妇之请求，亦不得为堕胎之行为。”[2]有的医师甚至主张，处置这类情况还需“经多数医生会诊的结果，意见一致”，方可施行。[3]

“堕胎非法”的观念与制度既得确立，接下来的问题是，当国家法律与社会生活发生实际接触，国家试图通过法律对传统观念中纯粹的私人行为进行干预时，会导致怎样的状况呢？

二、堕胎的需求：民国堕胎的禁而不止

虽然政府禁止堕胎，并严禁医师对产妇施行堕胎，但禁令并未从根源上断绝堕胎的社会需求。堕胎行为在民国社会仍然盛行，其时的社会环境使得产妇有强烈的堕胎意愿。形成这种需求的原因不一而足，归纳起来约有以下数端：

第一，子女过多，无力抚育。南京国民政府时期，虽有短暂的“黄金十年”致力于经济建设，但农村经济并不发达，且多呈现凋敝之象。在此处境下，农村生育子女过多，抚育便成一大难题。[4]生产数胎之后不愿再有生育，妊娠后选择堕胎便成为无奈之举。1939年，在上海工部局卫生处服务的刘庆祥即遭遇这样的困扰。其妻刘许氏此前已生儿女5个，刘每月工资不敷家用，殊觉烦恼，不料其妻再度怀孕，迫于无奈，只有选择堕胎一途。[5]刘氏在上海工部局任职，其家庭抚育子女尚且捉襟见肘，其他人家的境况可想而知。蒋文芳评论道：“在经济枯竭及旧礼教束缚之下之中国妇女，因每以无力生产，及无名义生产而有堕胎之

1. 蒋文芳．医生使孕妇堕胎在法律上之刑罪［J］．光华医药杂志，1933，1（1）：43.
2. 陈仰韩．医师应有之法律常识［J］．医药评论，1935，7（1）：20.
3. 宋国宾．医师信条十讲［J］．医药评论，1937，9（7）：28.
4. 沈骥英在针对北平节育诊所852例案的研究中调查所得，其中有385例因“经济困难”需要避孕，197例因“儿女过多”需要避孕，这两项因素占需要避孕总案例的68%。若避孕失败，上述原因自然也成为“堕胎”的主要因素。沈骥英．北平节育诊所八百五十二例案之研究［J］．中华医学杂志，1936，22（5）：362.
5. 为人堕胎致死庸医判罪［N］．申报，1939-03-23（11）.

行为。即物质文明极端发明，生活优裕之外国大都会间之妇女，亦每以缺乏责任心，堕胎之举，时常发现。”[1]

第二，男女苟合以致珠胎暗结。由此而迫于堕胎者，又主要有两种情况：（1）未嫁女子怀孕。例如1937年颇为轰动的诸心媛堕胎案即属此情。诸心媛，芳龄廿二，尚未字人，与其母居上海山海关路。诸“情窦已开，不惯深居闺中，故私与某甲相好，辄藉端外出，辟室幽叙，陈仓暗渡，不觉珠胎凝结”。怀孕之后，诸“深恐腹部膨胀，为其母所悉，以颜面攸关，乃与其小姊妹谭彩弟商议堕胎”，并由谭氏介绍到昌平路妇人杨钟氏处施术堕胎。[2]（2）已婚女子与他人通奸以致怀孕。例如镇江妇人沈徐氏与项士俊发生奸情，以致“珠胎暗结，腹部隆起，遂与项商量，将腹中一块肉除去”。[3]扬州妇人汪氏，年36岁，本为从原籍来沪帮佣，期间与同乡苏宏开姘识怀孕，腹部逐渐隆起。汪氏乡间有一子年已长成配媳，须回乡里作婆婆，是以情急，乃寻堕胎老妇，以行堕胎。[4]上述两种情形，均属私通行为，颇受社会舆论非议，若致怀孕，大多只有堕胎以了事端。

第三，怀孕有碍工作，无法从业，故而堕胎。此类堕胎孕妇以操持淫业者居多。民国城市中娼妓业颇为兴盛，其间难免有避孕失败而致怀孕者，为避免影响职业而寻求堕胎。陈存仁就观察道：“有一小部分黑帮人物，‘滚’到了女性充当社女，夜夜接客，一旦有孕，便须寻医。”[5]除城市娼妓外，因经济之压力被迫操持淫业的乡间暗娼也比比皆是。乡间娼妓避孕措施更为不力，不幸怀孕之后迫于经济压力，则更需堕胎。除从事皮肉生意，孕后担心影响职业者外，从事其他工作的孕妇也会遭遇同样的难题。上海东京路义顺里有一常熟妇人王范氏，在日商内外棉第九纱厂做工，其夫王春山拖面包车为业，生有子女各一。夫妇劳工所得，生活尚堪温饱。1937年初王范氏再度怀孕，念及生产时有碍工作，收入将骤然减少，遂请周氏妇人与之堕胎。[6]

第四，部分城市妇女以享乐为目的，害怕生育影响体态及所追求的生活。“比

1. 蒋文芳．医生使孕妇堕胎在法律上之刑罪［J］．光华医药杂志，1933，1（1）：43.
2. 女子堕胎，捕房起诉［N］．申报，1937-01-05（17）.
3. 妇人偷汉怀孕堕胎患病［N］．申报，1941-05-05（8）.
4. 一件堕胎命案［N］．申报，1936-05-03（17）.
5. 陈存仁．我的医务生涯［M］．桂林：广西师范大学出版社，2007：68.
6. 惧生产有碍工作，女工堕胎殒命［N］．申报，1937-05-28（12）.

如有些摩登女郎，伊们认为生产小孩是一件痛苦麻烦的事情，所以宁肯事先用手术打落。还有，是因为伊们要想永久保持伊们的青春，深怕生产了几次小孩，会损毁伊们少女般的姿容，臃肿伊们苗条的腰肢，所以设法堕胎。还有的就是为了要在社交场中活动，不恃于容貌体态，怕其有失彬雅，而且做事应酬，也恐诸多不便，故而堕胎。"[1]

第五，因身体孱弱或疾病问题，不得大产，需施早产或堕胎术。但因此而堕胎的产妇人数较少。堕胎虽然在表面上只是终止妊娠的行为，但同时亦反映出较复杂的社会问题，折射出"人情"与"法律"的冲突。一篇署名"慧中"的文章评论道："一部分妇女是要出卖劳力维持生活而堕胎，一部分是为恐养不活小孩而堕胎。照人情来说，应加以原谅，然而法律的明文又规定着，决不会因你的生活压迫而免刑的。这样说来，顾了人情，就顾不了法律，顾了法律，就顾不了人情。"[2]

如果说产妇在孕后鉴于自身处境而选择堕胎是主观方面的原因，那么民众生育控制能力低下则是堕胎盛行的一个重要的客观原因。避免堕胎，较合理的办法自然是采用节育措施以避孕。《申报》的一则评论说："最好于未成胎以前，用种种合理的节育方法，那是正本清源一个办法。"[3]避孕和堕胎，"一是事前预防，一是事后救济"，显然"避孕的重要性质超于堕胎"，"避孕在事实上是比堕胎更合理，更需要，更应切实推行"。[4]但囿于避孕手段、知识的匮乏等多方面的原因，避孕的效果却不尽如人意。

民国时期，避孕的方法主要有以下几种：一是使用鸡纳弹剂、橡皮套、子宫托等避孕用具；二是依靠妇女安全期；三是体外排精。虽然避孕工具和方式看上去颇多，然而各种工具、方式的缺点亦十分明显。就方式论，安全期的避孕方式并不能有效防止妊娠，极易引起避孕失败；体外排精的方式男性多不愿意接受，

1. 谭吉华．堕胎问题之研究［J］．妇女共鸣，1936，5（9）：25.
2. 慧中．堕胎—犯罪？［J］．妇女共鸣，1936，5（1）：35.
3. 涉子．救济"堕胎"的检讨［N］．申报，1934-09-30（19）.
4. 堕胎与避孕［N］．申报，1934-10-14（19）．在民国时期，节育的观念虽有一定的发展，在三四十年代知识界甚至掀起过人口节育主义的风潮。中国社会的节育呼声始自1922年美国节育先驱玛格丽特·桑格夫人（Margaret Sanger，1883—1966）访华并发表一系列的节育演说。在1930年代，针对中国日益凸显的人口问题，以吴景超、李景汉、马寅初为代表的"社会学派"主张节制人口，进行生育革命，兴起人口节制主义。

不易推行。[1]若采用避孕工具，又会涉及经济承受能力的问题。以下是1930年代北平节育诊所调查的避孕物费用表。

避孕物费用表

避孕物之种类	每剂价值	有效期	每次用费				
			1	2	3	4	5
鸡纳弹剂	1角	只能用一次	1角	1角	1角	1角	1角
乳酸溶液	3角	能用六次	5分	5分	5分	1角	3角
子宫托及胶冻	2元3角	能用一年半	1分	1分	4分	8分	1角6分
橡皮套及胶冻	6角	能用六个月	?	?	2分	4分	1角

说明：每次用费项下之数字，1指每日性交一次者；2指每星期性交二三次者；3指每星期一次者；4指每两星期一次者；5指每月一次或一次以下者。

资料来源：沈骥英《北平节育诊所八百五十二例案之研究》，《中华医学杂志》第22卷第5期，1936年5月，第363页。

避孕物最贵者为鸡纳弹剂，最廉者为男子所用橡皮套，前者每剂须费一角，后者只二分五厘而已。若仅从经济方面考虑，最节省的避孕支出当首选男用橡皮套。但是，这种方式较为影响男女交合的情绪和快感，故而民国时期男性对橡皮套有相当的抵制情绪。女用避孕物方面，子宫帽以橡胶制成，带有1%的乳酸胶冻，阴道塞用醋酸或乳酸浸泡，子宫帽的价格较贵，且容易损坏，但阴道塞的效果则不甚可靠。[2]

就避孕的推行来说，采行避孕措施的多是城市有产阶级，农村普通百姓则因观念、知识、经济等方面的局限而少有采用。邵象伊曾批评当时大行其道的"新马尔萨斯"节育论，称其提倡的避孕方法"本身也是贵族式的，决非贫困的人们所能采用，所以他们虽企图将此等方式普及到大多数的贫苦阶级，事实上是极难办到的。结果，下层社会的生殖率，他们如何宣传，仍旧日益增高"。[3]

总的来说，民国时期"尚无完善之节育方法，施行一次，即能使妇女在一定之时期内不受孕。是以凡现时所用之节育方法，非在中国家庭生活状况之下不适

1. 男性之所以不愿采用体外排精，既与民国时期男女地位的差异有关，也与其时某些中医房中术观念和理论有关。
2. 张大庆．中国近代疾病社会史：1912—1937［M］．济南：山东教育出版社，2006：172.
3. 邵象伊．我之节制生育观［J］．医事公论，1936，3（22）：2.

用，即代价太大，或二者兼之”。[1] 1947年，四川北碚一位公务员曾写信给某杂志的编辑说因负担沉重而选择节育，但是“方法用尽，始终不能避免”。他能采取的办法唯有“每每妻子的月经停了，就吃药打掉”。他最后无奈地说道：“这是多么残酷的手段呀，但是生在这中国人打中国人与物价狂涨的时代，又有什么办法呢？”[2] 节育技术的缺陷使得妇女一旦避孕失败，堕胎的可能性就大大提高。更有甚者，部分人虽有避孕意识，但觉得避孕物使用麻烦，反倒不若堕胎来得方便。沈骥英观察道：“在北平，违法的堕胎极易施行，亦为节育诊所难于应付之一问题。违法堕胎只需向业此道者购买药品若干，即足了事。因此，诊所之就诊者中，许多人深觉怀孕后堕胎，较之常用避孕物简单而少麻烦。堕胎后，至少有六个月不受孕，而用避孕物则须常常施用。”[3] 近代公共卫生专家兰安生（J.B.Grant）也注意到，北平堕胎数目之增加，可以表示许多妇女宁冒外科手术之危险，不愿受平时节育之烦难。[4]

囿于避孕手段的缺陷、民众接受程度不高及医学知识匮乏等因素，民国时期避孕失败率甚高，造成避孕目的与结果两相背离的现象。避孕之目的无非是阻止妊娠，而避孕失败则不得不面临“堕”与“留”的选择。夫妇因此陷入两难境地：妊娠后自然生殖会违背避孕的目的，若选择堕胎又不得不面对法律的惩罚。堕胎本可能为避孕失败提供收拾残局的后门，然而堕胎罪的设定无疑将这道后门完全封闭。法律与社会的冲突，致使民国时期秘密堕胎盛行，甚至有因堕胎导致死亡的可能。

三、地下堕胎：孤注一掷的秘密冒险

民国刑法对堕胎罪处罚甚为严厉，医生对产妇之堕胎请求也多予以严词拒绝。法律的规定本意旨在保障妇婴权利，避免（至少是减少）堕胎行为的发生。然而事与愿违，在严厉的法律制裁和认为堕胎不道德的舆论压力下，堕胎行为大多转入地下，成为产妇孤注一掷的秘密冒险。

就堕胎是否有产婆等他者参与而言，堕胎大致可以分为私自堕胎和有指导的

1，4. 兰安生．节制生育与中国［J］．中华医学杂志，1936，22（5）：355.

2. 吃药打胎［J］．家，1947（20）：331.

3. 沈骥英．北平节育诊所八百五十二例案之研究［J］．中华医学杂志，1936，22（5）：365-366.

堕胎两类。私自堕胎指产妇为秘密起见自行堕胎。民国医家秦伯未曾提到，其同学徐君夫人因多育子女恐身体不支，担负乏力，受孕三月，私服堕方，一剂而腹动，再剂而胎下。[1] 与徐君夫人相比，其他产妇可能就不那么幸运。《申报》曾记述安徽王刘氏堕胎一案。王刘氏在沪帮佣，“怀胎已有三月，因日间工作操劳，致碍及胎儿，但未落下，致身体疲乏无力，遂请人开打胎药方，服后病势变重、神志昏迷，由其雇主报告捕房，捕房把她送到广慈医院，医生将腹中的死胎儿起出，王刘氏始得脱险转危为安，之后捕房把她解送法院，依刑法 288 条堕胎罪起诉”。[2] 王刘氏私自堕胎，能脱险为安已为不幸中之大幸，还有一些产妇则因堕胎不慎而致使两命俱殒。1937 年，一俄籍女子与姘夫亚历山大山肯同居，“该女因厌恶所怀之孕，潜自购得足以使其胎堕下药物自行吞服，结果胎虽堕下，而人亦殒命”。[3] 王刘氏与俄籍女子都是在江湖郎中手上购买堕胎药，这表明只要产妇有堕胎的要求，基本都可以自行购得药物以行堕胎，堕胎药的销售在当时应是极普遍的现象。[4]

然而，私自堕胎毕竟具有很大的危险性，产妇若缺乏足够的生产知识，很难依靠一己之力堕下胎儿，故往往需求助于专业人员。因堕胎与接生颇有相通之处，故产妇若欲行堕胎，多求助于专事生产的人员。在传统社会，生产主要由旧式产婆操办。产婆又称“老娘”或“姥姥”，古已有之。产婆门前一般悬有小牌上书“吉祥收洗”或“快马轻车”字样，请其收生者，通例在产前三四个星期约定，称为“认门儿”。[5] 民国元年以后，职业的助产事业才逐渐引起注意。民国四年，国立医学专门学校内首办“产婆养成所”。教育部与卫生署更于民国十八年开办“第一助产学校”，助产事业由此逐渐发达。[6] 除专职的产婆和助产士，许多医家亦具备接生的能力。民国时，产妇往往认为只要是医家，均有相当能力助产。

1. 秦伯未 . 医学上之堕胎问题［J］. 家庭医学杂志，1930，1（1）：17.

2. 妇人堕胎被控［N］. 申报，1935-07-26（11）.

3. 俄籍舞女堕胎惨死［N］. 申报，1937-05-05（15）.

4. 商业广告的兴起即是此类药物销售的重要途径之一，因此在“堕胎罪”中明确规定“以文字、图画或他法，公然介绍堕胎之方法或物品，或公开介绍自己或他人为堕胎之行为者，处一年以下有期徒刑、拘役，得并科或易科一千元以下罚金”。尽管刑法对这种广告行为进行约束，但因民国堕胎市场甚为活跃，仍有不良医生倚靠报刊广告以吸引产妇堕胎。如，1941 年成都黄如玉、梁凤林医生所打广告，内中即有“善化怪胎包毙”及“巧下坏胎”字样。时人据此状告黄、梁公然介绍堕胎。后经黄、梁上诉，四川省高院虽以证据不足认定黄、梁无罪，但就黄、梁所书广告而论，其广告内容虽无明确“介绍堕胎”之说，但“善化怪胎包毙”及“巧下坏胎”却足以让人想到堕胎。参见“成都黄如玉堕胎案”［A］. 四川省档案馆藏，167-11542。

5. 李涛 . 北平医药风俗今昔谈［J］. 中华医学杂志，1941，27（12）：781.

6. 李涛 . 北平医药风俗今昔谈［J］. 中华医学杂志，1941，27（12）：782.

在此认知之下，可以说所有的医药人员都是产妇潜在的求助对象。

就民国堕胎的实情观之，农村产妇求助的对象往往是产婆和有收生或堕胎经验的老妇或江湖医生。城市中的产妇境遇稍好，还可以选择助产士或医生进行堕胎。[1]费孝通指出："在把堕胎看作不道德的地方，当医生的得起誓不做这种生意。可是这种誓约并没有比其他誓约更有效力。不但城市里，连乡下，时常可以找到把这事作专业的人。"但是除去誓约的效力（换言之是近代医师职业道德的规范），医家还要顾忌刑法的打击和自身的清誉。因此，虽不排除有医家参与堕胎，但显然正规的医生并不敢轻易犯险。而正因为正规医生不愿参与，反致使堕胎"落入江湖术士手里，造下人间的罪恶"。[2]

另外，医师要价的高昂也使得一般产妇望而生畏。有的产妇本是迫于经济压力而选择堕胎，这些产妇往往不会去找医师堕胎。时人观察道："堕胎一事，原是很危险的。若请教于医师处，则尚少危险，但既因经济状况窘迫而实行坠胎，又何能请得起医师？"无奈之下，"三姑六婆之流，乘机而起，拿了猛性的打药来骗人的钱"。[3]于是造成"愿操此堕胎生涯者，旧式稳婆，常敢冒险行之，江湖术士，亦敢尝试，而就于正式医师请求者，反为不多"[4]的现象。

由于助人堕胎为犯罪，正式医生不愿接受，故而"营此业者，只好神神秘秘，而要堕胎的，更得偷偷摸摸"。江湖术士或民间稳婆医药观念淡薄，堕胎器械也难以消毒彻底，加之又是"秘密暗行"，也就造成"百病丛生"的局面。[5]稍有卫生常识的医师对此甚感不安。胡定安说道："社会上不乏求法于旧式稳婆或江湖术士，而秘密隐讳自行其土法，在此无所谓消毒，滥用损胎方法，虽痛苦备受不辞，危险万分。及至出现重笃病象，或经脓毒而高热濒危，颇有其例。或害及

1. 据白馥兰的研究，明清之际的许多医案记载了医师在妊娠危及孕妇生命时所开的流产药方，但更多的医案记载的是江湖庸医和二流大夫，或者怀孕妇女自己试图实施流产失败以后，正规医师通过高超的诊断和用药保住母子两人的性命。由白馥兰的研究可以判断，明清之际施行堕胎的大多也是江湖庸医和二流大夫。直到实施流产失败之后，才会寻求正规医家的帮助。尽管民国已有西医的普及和助产士的推行，但主要由江湖医生和二流大夫施行堕胎的传统似乎一直被保留了下来。（白馥兰：《技术与性别：晚期帝制中国的权力经纬》，第252页）但正式医生亦不乏有行堕胎者，如《申报》所载正经医院王医生为俞杨氏堕胎案即属此例。参见正经医院为俞杨氏堕胎案［N］. 申报，1934-09-12（13）.

2. 费孝通 . 乡土中国 生育制度［M］. 北京：北京大学出版社，1998：108.

3. 求孕与避孕问题［J］. 绸缪月刊，1935，1（7）：7.

4. 李紫衡 . 励行严禁堕胎之必要［J］. 医事公论，1936，3（17）：5-6.

5. 兹九 . 堕胎［N］. 申报，1934-09-16（17）.

子宫而贻后患，亦数见不鲜。”[1]

除施行堕胎术者水平低下外，堕胎手段不甚安全是加剧堕胎风险的另一原因。民国通常的堕胎方法“多猛烈危险”，并不能真正确保孕妇的安全。有些施术者虽言包医无误，实际往往造成产妇人财两空。民国著名中医秦伯未曾撰《医学上之堕胎问题》一文，以医学立场研究堕胎。“考书籍所载，及耳闻目睹之堕胎法”不外药物堕胎、针灸堕胎、搢塞堕胎三法。所谓药物堕胎系指产妇通过服药而下胎，用药之主旨即在“破气夺血”，“气血枯竭，势必不能养胎”。然而气血为人身之要素，“何堪无端枯竭，因之发生危怠时有所见”。所谓针灸堕胎，针砭之处有三，即开元穴与左右少腹穴。“法于开元穴以针刺入腹内，先斜后直，俾达其目的而无伤其膀胱之虞，此法非针灸家不能为，而危险较服药为尤甚”。所谓搢塞堕胎，即以物搢入子宫颈，其一赖其扩张子宫颈，与以刺激力而堕胎。其二以伤及妊卵而堕胎。搢塞之法，“虽较针灸为稳妥，方药为和平，然其物多不洁净，堕胎后辄患脓血等症”。[2]除上述三法，还有“腹外猛力按摩”之法，旨在借外力“惊动胎气”以堕胎。此法在晚清行者最多，“惟实效殊少见，仅致下腹过敏少时耳”。[3]

由于施行堕胎者水平低下且堕胎技术存在很大局限，产妇的秘密堕胎无异于一场冒险，由此致产妇伤、残、死亡的现象在民国时层出不穷，以致报刊上常有“十堕九死”之说法。[4]在堕胎效果不佳的情况下，一旦遭遇意外，诉诸官府的堕胎案件就有可能发生。

四、诉诸官府：民国堕胎罪的司法实践

民国的堕胎之举大都极为隐秘，成功者可能皆大欢喜，就此秘而不宣。但亦有一些堕胎行为导致产妇重病甚而不幸身死。一旦发生这些情况，堕胎事件则容易升级成为堕胎案件。所谓堕胎案件，意味着堕胎行为已从民间走向官方，进入国家司法处理的环节，与国家法律发生正面冲突。

1. 胡定安．堕胎的罪恶［J］．时兆月报，1945，4（9）：3.
2. 秦伯未．医学上之堕胎问题［J］．家庭医学杂志，1930，1（1）：16-20.
3. 马士敦．中国之非法堕胎［J］．中华医学杂志，1929，15（1）：16.
4. 民国的秘密堕胎使得堕胎死亡率有所提高，但显然未达到“十堕九死”的比例。因堕胎系属违法，往往只有那些因堕胎而死的案例被获知，而成功堕胎者则根本无法统计。因此，“十堕九死”的说法通常只指那些被曝光的堕胎案件，而成功堕胎的数量事实上并不少。不过，因秘密行事，在卫生措施得不到保障等情况下，堕胎死亡率上升也是不争的事实。

从造成的过程上看，民国堕胎案件大致可以分为两类：一类是因秘密堕胎而致产妇性命危险，迫不得已转至医院或正规医生救治，医院或医生依法报告当地官厅，致成讼案。[1]如 1936 年 10 月，上海郑秀英与人发生暧昧以致怀孕，郑氏恐将来东窗事发无颜面对丈夫，便雇请王姓收生老妪下药打胎。下药后，郑氏因而患病且病势沉重，被迫送往广慈医院求治，“经医生诊断之后，照例报告法捕房”，捕房“派探前往，向氏查询”。郑秀英不日在广慈医院身死，乃“由院通知捕房，将尸车送同仁辅元分堂验尸所，报请特二法院，王任检察官偕法医书记官等莅所，验明郑氏委系因堕胎后患病身死，尸身由其胞弟领验”。[2]在这类案件中，医务人员依法检举报告是司法机关获知进而追究堕胎犯罪的关键。

另一类则是因孕妇在堕胎之前不曾认识到问题的严重性，或怀有侥幸心理，江湖医生为争揽生意而行之以包打胎，结果导致伤害或死亡，造成官司。如 1939 年 3 月，刘庆祥之妻刘许氏因已生有男女小孩五人，虑及其夫工资入不敷出，是以潜往朱文芳开设之产科医院中堕胎，结果不幸造成重伤，一命呜呼。捕房律师以堕胎罪将朱文芳起诉，而刘庆祥亦请律师提起附带民诉，要求赔偿丧葬及抚养其男女等费共 3552.08 元。[3]这类案件大多是因产妇重伤或致死，被迫由秘密转向公开，由被害人亲属或法定代理人提请自诉或转由地方法院检察官提起公诉。

从某种意义上讲，堕胎行为的“公开化”是转化成堕胎案件的关键，堕胎行为是否“公开化”也直接决定了堕胎案件数量的多寡。虽然堕胎行为在民国社会极为普遍，以致有人惊呼堕胎事件“层出不穷，报章刊载，几无虚日”[4]，但是真正成讼的却相对较少。据司法部《刑事统计年报》，民国三年至民国十二年各年犯堕胎罪的人数仅分别为 5、8、16、8、5、4、7、8、5、7 人。[5]整个四川省 1948 年 1 月共终结案件 4450 起，堕胎案仅 1 起。[6]1943 年至 1947 年，福建全省

1. 早在 1922 年 3 月北洋内务部公布的《管理医师暂行规则》第 17 条即规定：医师当检查死体或妊娠四个月以上之死产儿，如认为有犯罪之嫌疑时，应于 24 小时内，向该管官厅报告。参见陈明光．中国卫生法规史料选编（1912—1949.9）［G］．上海：上海医科大学出版社，1996：621.

2. 俄人家阿妈堕胎惨死［N］．申报，1936-10-28（14）.

3. 为人堕胎致死，庸医判罪［N］．申报，1939-03-23（11）.

4. 农村破产声中来沪堕胎日众［N］．申报，1936-09-25（12）.

5. 张镜予．北京司法部犯罪统计的分析［G］// 李文海主编．民国时期社会调查丛编：底边社会卷：上，福州：福建教育出版社，2005：246.

6. 四川省各司法机关三七年一月份民刑事案件总表及犯罪人数总统计表［A］．四川省档案馆藏，167-2808。

法院系统审结的一审刑事案件中，堕胎案只有26件。[1]尽管这类统计未必准确详尽，但可以肯定司法机关真正处理的堕胎案件数量甚少。一方面堕胎行为层出不穷，另一方面司法机关办理的堕胎案件又甚少，这表明司法机关对堕胎行为采取消极态度，并未严格稽查。既成的“堕胎案”多由医师检举或他人告诉，司法机关方才受理。

当然，堕胎案数量少的现象也与堕胎罪的犯罪主体、起诉特点有关系。从犯罪主体来看，堕胎罪的主体比普通医疗犯罪更为广泛。普通医疗犯罪的主体多是业务过失或玩忽职守的医家，而堕胎罪的主体则不仅包括实施堕胎的医家，还包括有堕胎意图的怀孕妇女及代为介绍堕胎的介绍人，几乎凡是参与堕胎的相关人员都要受到法律的处罚。就孕妇来说，除不慎流产外，无论采用何种方式堕胎均要受到法律制裁。医家无论以何种理由为孕妇实施堕胎，都为医业团体、医家道德、医事法规所不允许，也为刑法所严厉禁止（直到1935年新刑法颁布后，才允许医家在孕妇病危非得以堕胎以救其命的危难关头施行堕胎）。同时，那些游走在怀孕者与非法从事堕胎者之间的介绍人，也是民国法律明确打击的对象。[2]

堕胎罪惩处对象的广泛化使得所有与堕胎行为相关的当事人都可能涉嫌犯罪，一旦事情败露会一并遭受处罚，这反而迫使所有人员都极力守秘。这一特点也导致堕胎案在起诉形式上与普通案件有所差异。普通案件多由被害人自诉，一般是由受害者或其代理人对被告提起诉讼。堕胎案则不同，因其犯罪主体更为广泛，不仅医家是被告，孕妇也往往是被告之一。这类案件大多由地方法院检察机关介入，属公诉性质，较强地体现国家对堕胎行为的干预。换言之，国家并不认为堕胎仅仅是侵犯被害人的利益，而将它视为对统治秩序的直接挑战。在民国堕胎案件中，仅有极少数涉及民事赔偿的诉讼才由被害人亲属提起诉讼，绝大多数案件都由被害人亲属或代理人将案情报告地方警厅，再经地方法院检察官对警察机关侦查终结或自行侦查终结的案件提请法院审判。这就意味着，如果没有当事人的检举与报告，司法机关又采取消极的态度，对堕胎行为视而不见的话，那么

1. 福建省地方志编纂委员会．福建省志·审判志［M］．北京：中国社会科学出版社，1999.

2. 例如1937年，大新游乐场女招待董桂珍与人姘识同居致孕，委李俞氏介绍收生婆王张氏代为堕胎，结果堕胎不慎，董桂珍不幸身死。事发后，收生婆王张氏逃逸，不知所终，法院以“帮助堕胎妇女以他法堕胎”为由，处李俞氏徒刑4个月。大新女招待堕胎身死案介绍人处徒刑四月［N］．申报，1937-06-30（15）.

刑法中的堕胎罪条款就形同虚设了。这自然也是民国时期堕胎行为甚多而堕胎案件甚少的原因之一。

另外，民国堕胎案的判罚大多存在明显的“就轻”倾向。按刑法规定，产妇堕胎一经发现，即便产妇因堕胎身受重伤，也要受到惩处（若孕妇因堕胎死亡则不在其列）。但堕胎产妇往往身体虚弱，不宜立即劳作服役，故在实际的司法审理中对此多有所考虑，往往减轻对堕胎妇女的惩罚。民国二十九年，四川简阳毛周氏因夫出未归，与毛雨膏通奸怀孕，即将分娩，为免丑事外露，遂与毛雨膏相商用药堕胎。因毛周氏服药后周身疼痛，不得已赴县城向简阳法院检察官状诉，请求验明身体、予以治疗，并拘传毛雨膏讯究。该案经简阳地方法院审理，判处毛雨膏有期徒刑 3 个月，因执行困难，以 3 元折算 1 日易科罚金。毛周氏服药堕胎事实甚明，又自认不讳，处以罚金 30 元，如易服劳，以 1 元折算 1 日。被告不服原判，上诉四川省高等法院，二审维持一审对毛雨膏的判决，而对毛周氏，则认为“惟该氏系乡愚妇，家又贫困，因堕胎使精神身体备受痛苦，倘再执行罚金劳力实有不逮，应念其初次犯罪，以暂不执行为适，宜应予宣告缓刑以促自新”，故判决毛周氏缓刑 2 年。[1]

还有几起案件也可较清晰地看到民国地方司法在堕胎案件中存在“就轻”倾向。民国二十三年，宁波妇人张陈氏因行为失检，腹中怀孕，由其母陈苗氏偕同前往老妇汤沈氏处打胎，不幸身死。汤沈氏有营利的意图，并致人于死，按刑应处 3 年以上 10 年以下有期徒刑，还可并科 500 元以下罚金。但法院虑及汤沈氏系孕妇嘱托打胎，最后仅处有期徒刑 1 年 6 个月。[2] 民国三十年广汉余陈氏一案也较为典型。曾李氏因子女较多，颇感生育为苦，嘱托余陈氏为之堕胎，余陈氏遂购堕胎药品前往其家实施手术，以药插入胎妇阴户内，曾李氏中毒身死。曾乐琴以其妻遭此惨故，心极痛恨，遂将余陈氏告发，并经检察官侦查起诉。余陈氏供认不讳，承认系受曾李氏嘱托而行堕胎。广汉县司法处认为被告实犯刑法

1. 简阳县雨膏等上诉堕胎案［Z］. 四川省档案馆藏，167-10646。

2. 妇人堕胎惨死案，施术老妇判刑［N］. 申报，1934-07-11（13）；打胎危险妇人生命危殆［N］. 申报，1934-06-23（14）；打胎妇人毙命［N］. 申报，1934-07-06（13）.

第 289 条第 2 项之罪，“已属极端明了”“惟查该被告仍系知识薄弱之妇女，其犯罪又系嘱托所致，情节尚属可原谅”，处余陈氏有期徒刑 6 个月。[1] 查刑法 289 条第 2 项，广汉县司法处仅以最低标准为余陈氏量刑。一审之后，曾乐琴极为不满，认为对余陈氏量刑过轻，随即上诉到四川省高院。然而经高院审理，仍维持余陈氏有期徒刑 6 个月的判决。[2]

在笔者查阅的几十起堕胎案件档案中，判刑较重的当属 1942 年成都张高氏一案。此案中，成都地方法院认定“张高氏连续为人堕胎”，判处有期徒刑 5 年。后经张高氏上诉，四川省高院认为张高氏“连续为人堕胎”并无证据，以“张高氏意图营利，受怀胎妇女之嘱托而使之堕胎因而致妇女于死，处张高氏有期徒刑 3 年”。[3] 按刑法第 290 条第 2 项的规定（意图营利而致人于死者，应处 3 年以上 10 年以下有期徒刑，得并科 500 元以下罚金），司法机关对张高氏的处罚是最轻的。这种轻判一方面透露出民国地方司法对社会上相沿成俗的堕胎行为的放任与淡然，另一方面则折射出民国法律中堕胎罪的规定与社会现实存在很大的背离。因一般民众对堕胎并不真正反对，于是地方司法机关采取就轻罚处的策略来达成平衡。民国法律引鉴西法，在制度上对堕胎罪做了严厉惩处的规定，体现出立法注重人权（胎儿亦人）的特点。但由于侦缉困难、司法人员不足等客观原因以及囿于传统认知与习惯等主观原因，刑法关于堕胎罪的规定显然执行不力。司法机构对普遍存在的堕胎行为渐趋默认，在堕胎案件审理中对案犯往往从轻发落，反过来又给社会造成一种“放纵”的印象，使得秘密堕胎更为泛滥。

民国刑法中堕胎罪的规定反映近代国家保障妇婴人权，消除堕胎“陋习”的“宏大抱负”，无疑具有进步意义。但民国时期堕胎行为发生频仍，许多孕妇并不愿接受国家法律善意的“保护”，反倒因担心法律的打击，铤而走险秘密堕胎，造成妇婴生命的危险，这显然令立法者始料不及。

民国法律对堕胎罪的认定和处罚，是国家在特定的历史与社会语境中所持有

1. 广汉余陈氏帮助堕胎致人死案［A］. 四川省档案馆藏，147-13853。
2. 广汉县呈送覆判余陈氏堕胎一案［A］. 四川省档案馆藏，167-13260。
3. 成都张高氏堕胎案［A］. 四川省档案馆藏，147-14042。

的观念的一种反映，也是精英话语和国家意志的体现。当堕胎被视为非法，民间社会的堕胎被迫转入地下，以秘密的方式对国家制度进行沉默抗争。那些公开化的堕胎案件则表明，民国法律虽不承认堕胎的合法性，但司法机关对禁绝堕胎的国家诉求态度消极，在案件审理中表现出轻判的倾向。这也折射出民国堕胎罪的法理目标、制度实践与社会实情不甚合拍。

总的来说，在卫生、医疗行政等事业未上台阶，民众生育观念有待革新的处境之下，法律制度虽反映出现代性的诉求，却难免脱离运作其上的社会实践。国家与社会围绕堕胎的互动反映了国家的现代性对社会生活的型塑过程，同时也说明了近代中国社会的复杂面相。

（原刊于《近代史研究》，2012 年第 1 期。）

民国广告的自律与他律：以医药广告为中心的观察（1927—1949）

随着近代大众传播的兴起与商业的日益发达，商业广告的重要性日益凸现。无论广告主通过哪种广告形式意欲表达何种现实性的关怀，所有的商业性广告几乎都有共同的利益驱动——激发受众的消费欲望从而获得更大的商业利润。打广告无疑为商品“货通天下” 提供了可能。但纯粹追求商业利润的“广告”行为也往往导致广告言过其实，虚伪夸张。民国医药广告便大量存在虚伪夸张的情况，虚假医药广告的泛滥，对社会秩序与民众健康带来了危害。如何对医药广告进行有效管理，杜绝虚伪广告，亦成为困惑民国广告业的重要问题。近年来，学界对近代广告的研究日益升温，其中也产生了不少较有影响的成果，不过这些研究多指向广告诉求背后的消费文化及其标识的文化象征，却忽略了社会各界对虚伪广告力图规范的努力。[1]本文不揣浅陋，试图对民国时期卫生行政的广告监管及大众传媒的行业自律略作探讨，希望能抛砖引玉，得到学界同仁的批评与重视。

一、民国医药广告的泛滥

随着近代商业的迅速发展和大众传媒的日益发达，广告在商业活动中发挥着越来越大的宣传和刺激效用。广告的宣传作用日益显现，要求刊登广告的人群也越来越多，各报纸杂志登载广告的版面自然亦相应增多。据戈公振统计，1925年的《申报》全张面积为5850英方寸，广告的版面即占2498英方寸，新闻的版面仅为1825英方寸。同时期北京的《晨报》全张面积为2880英方寸，广告版面多至1258英方寸，新闻只占949英方寸。天津《益世报》全张面积为4864英方

1. 关于民国广告的研究较具代表性的成果有黄克武．从申报医药广告看民初上海的医疗文化与社会生活（1912—1926）［J］．中央研究院近代史研究所集刊，1988（17）．朱英．近代中国广告的产生发展及其影响［J］．近代史研究，2000（4）．杨祥银．近代上海医疗卫生史的另类考察——以医疗卫生广告为中心的分析（1927—1937）［C］// 余新忠．清以来的疾病、医疗和卫生——以社会文化史为视角的探索，北京：生活·读书·新知三联书店，2009. 上述的研究多是以“广告”为视角来观察民国时期独特的医疗文化，这些研究无疑为医学社会史的研究提供了新的思考方式。不过值得注意的是，作为一种商业行为，“广告”大行其道的同时也对“广告管理”提出了新的要求。然而，就目前的研究现状来看，有关民国时期广告管理的研究显然非常缺乏。

寸，广告版面占3016英方寸，新闻仅占955英方寸。[1]就戈氏的统计观之，20世纪20年代的主流刊物中，广告的面积已超过新闻报道的面积，商业化的程度及消费主义的盛行可见一斑。

颇有趣味的是，在所有的广告中，医药广告的比例最高。早在同治年间（1862—1875），《申报》上就已经到处是药品、药方的广告了。[2]1925年，《申报》所登广告中，医药类广告共69次，占面积758英方寸。北京《晨报》登载医药广告32次，面积共327英方寸。天津《益世报》登载医药广告48次，面积共1426英寸。[3]对比当时三家报纸的广告版面，医药类广告所占面积分别占各报广告面积的30%、26%、47%，其量之众，其势之盛，蔚为壮观。胡安邦观察说，上海《新闻报》《申报》上“关于医业之广告，每占巨大之地位”。[4]与之同时，各类刊物中所附带之医药类副刊也多如牛毛。据西医汪企张的统计，1935年上海各类日报中医药副刊竟达18种之多。[5]以致医家汤蠡舟惊呼：“医药广告之多，为各种广告之冠，医学附刊之多，亦为各种附刊之首。甚至在一种报纸之上，竟有医药附刊八九种之多，实开世界之新记录也。”[6]

毫无疑问，医药广告的登载有利于病家及时了解医药信息，为病家解除病痛提供了便利。但因政府缺乏对医药广告进行有序的管理，故而也导致大量登载的医药广告存在相当严重的虚伪夸大、坑蒙拐骗现象。汤蠡舟在讽刺中国的医药广告创下世界纪录的同时，也一针见血地指出这些打广告的医家“大多利用广告为骗人之工具，利用附刊为诱人之利器。所谓某某专门等于一无所长，经验丰富就是初出茅庐。药效之能越毒越震者，实滑天下之大稽。功效之能得于意想之外者，无异暗示其药用之不可靠。若某病之须服某药，须请某医治疗等，尤为露骨之尤者也。”[7]药品方面，许多药店往往低价购入药材原料，略为加工，即假广告之威力，虚张声势，以渔其利。讽刺小说《医界镜》中，胡镜荪利用小鱼研成粉末加糖制

1. 戈公振 . 中国报学史［M］. 上海：商务印书馆，1927：225-226.

2. 史景迁 . 中国纵横：一个汉学家的学术探索之旅［M］. 上海：上海远东出版社，2005：255. 关于民国《申报》医疗广告的具体内容及诉求方式，可参见台湾学者黄克武的研究，此处不再赘言。黄克武 . 从申报医药广告看民初上海的医疗文化与社会生活（1912—1926）［J］. 中央研究院近代史研究所集刊，1988（17）.

3. 戈公振 . 中国报学史［M］. 上海：商务印书馆，1927：226-227.

4. 胡安邦 . 国医开业术［M］. 上海：上海国医研究学社，1933：32.

5. 佚名 . 最近本埠日报中医药副刊统计的观察［J］. 医药评论，1935，7（6）：5.

6，7. 汤蠡舟 . 医药与报纸［J］. 医药评论，1935，8（1）：3.

成“燕窝糖精”后，便暗地请了许多人，日逐做糖精的赞词，登在报上，或托名哪一省有病的人吃了糖精，宿病皆除，或说某某虚弱的人，吃了糖精，精神强健的话。如此招摇撞骗，结果使得“燕窝糖精”之名几遍数省。[1]虽然小说并非现实，却也深刻反映出其时药品广告存在的问题。真实的情况又如何呢？时人观察到，《申报》上的广告“有许多招徕顾客，往往言过其实。特别是药品的广告，说得天花乱坠，而其效果却实在有限”。[2]针对许多药店利用广告以谋其利的现象，吴霁棠不无痛恨地写道：卖药者还有一种更巧妙的方法，便是捏造虚伪的鸣谢书或证明书，来做宣传的材料，狡猾欺诈的手段，真是卑鄙已极！有时花费许多金钱，来搜罗证明书，这种一本万利的勾当，宣传费却占了很重要的位置，当“百龄机”一出世的时候，在上海一埠的宣传费就是十万元，这是何等惊人的数目呢？[3]

除了虚伪夸张之外，许多医药广告也存在内容混乱、趣味低下的问题。民国时期与“性”事相涉的医药广告便大量充斥版面，以致有评论写道：中国报纸的广告，就是中国社会恶浊颓靡的广告。随便拾一张报来看看，上边的广告，除了纸烟、颜料，就是药品。药品之中，最占多数的，不是治花柳病的，就是治虚弱劳伤的。[4]而治疗之广告，则多欺世盗名，假借名义，自我吹嘘。吴霁棠感慨道：“我们试展开中国的报纸看看，医药广告几乎占了大部分的篇幅，上面的宣传，真是说得天花乱坠，不是说：‘祖传秘方立愈……’便是说‘经某某博士监制，专治……几服包好’”。[5]另一位医家范守渊亦有同感，“翻开报纸的医药广告来一看，就可以见到几乎无处不是夸大鼓惑的欺骗广告：不是三天包愈的白浊丸，就是五日断根的梅毒针。什么‘包愈包医’‘限日除根’，什么‘出立保单’‘永保不发’。五花八门，希希奇奇，无一不是离开科学的欺骗，违反事实的夸大”。[6]

医药广告的泛滥无疑是其时社会的一大问题，上海市卫生局意识到，“查本市各报，滥登虚伪医药夸张广告，并有假宣传医药卫生常识之名义，特辟副刊，登载种种变相医药广告性质之文字，乖离事实，贻误病家，莫此为甚”。[7]医药

1. 儒林医隐．医界镜［M］．呼和浩特：内蒙古人民出版社，1998：102-106.
2. 徐载平，徐瑞芳．清末四十年申报史料［M］．北京：新华出版社，1988：79.
3，5. 吴霁棠．报纸上的医药广告［J］．壬申医学，1932，1（2）：9.
4. 王晴霓．中国报纸的广告［J］．曙光，1919，1（2）：60.
6. 范守渊．新闻界应有的觉醒［J］．医药评论，1933，5（1）：5.
7. 佚名．上海市社会、公安、卫生局通告［J］．社会医药报，1936，4（4）：600.

广告与民众健康密切相关，医药广告的泛滥势必会对社会造成巨大危害。本为造福于命的医药事业，渐有转变成为谋财害命的工具之可能，这也引起了社会的紧张与忧虑。《申报》的一篇文章称，“上海地方，五洋杂处，良莠不齐，作奸犯科，巧于趋避，尤其是医药事业，原为造福人群之工具。然而，有为欺世骗财之徒，假借名义，虚构宣传，人民损失金钱之事尚小，摧残民族繁衍之害实大，社会清议，同深隐忧。”[1]既然虚伪广告对社会危害甚大，那么对医药广告进行监督管理便成为民国卫生行政理所当然的一项责任。

二、他律：卫生行政对医药广告的监管

南京国民政府成立之初，部分地区即有对广告业进行规范的举措。例如1928年上海特别市政府即出台了广告业的管理办法，只不过当时的努力主要着眼于征收广告税。[2]至于专门针对医药广告颁行的行政法规出现时间则略晚。1929年4月，上海市政府颁行了《上海市取缔淫猥药物宣传品暂行规则》，对淫猥药物宣传品明令取缔。[3]另外，北平市政府也于1930年8月12日府令核准了卫生局管理中西药商广告暂行章程，并于1933年11月18日对该章程进行了修正。该章程规定药品广告不论张贴、散布、建设、悬挂、游行、映演或招布均应先将文字图画呈市卫生局批准后，再呈工务局纳捐。凡措词夸大、伤害风化、名实不符者，一律吊销执照。[4]1932年底，广东省政府据东莞县民张景初请禁革有碍风化医事广告之议，饬令广州市卫生厅会同广东民政厅拟订有取缔医药广告规则。[5]可以肯定，在20世纪20年代末，地方政府已注意到医药广告登载泛滥的问题，并对之有所因应。不过，上述这些规则要么是着眼于药商广告，要么是着眼于医事广告，对“医药广告”的认识程度还相对有限，其规范范围也并不全面。

到20世纪30年代中期，各地政府进一步意识到对医药广告进行监管的必要

1. 佚名 . 审查医药广告［N］. 申报，1928-11-22.

2. 1927年12月，上海特别市公用局第874号文即就所拟“广告通则、广告场规则、特许广告场规则、游行广告规则、临时广告场规则、非广告取缔规则等草案六种”令南市承办广告税局陈隽，北市承办广告税局王光慈开陈意见，以供采择。在听取各方意见后，1928年4月11日颁行了《上海特别市广告规则》。该规则计有总则、公共广告场、特许广告场、临时广告场、游行广告、其他广告、非广告7章及附则，共69条，详细规定了“广告”的定义，对广告按其所在场所进行分类，并规定了各类广告的税收征收标准。上海市公用局订定广告规则案［A］. 上海档案馆藏，Q5-3-689.

3. 伪市府整顿伪医药品违章广告宣传办法［A］. 上海档案馆藏，Q235-1-91.

4. 北平市政府卫生局管理中西药商广告暂行章程［G］// 王康久 . 远古 -1948：北京卫生大事记（第1卷），北京：北京科学技术出版社，1994：698-699.

5. 颁行取缔医药广告规则［Z］// 刘纪文 . 广州市三年来施政报告书：第七卫生事项，1935：444.

性，同时对医药广告的内容、管理的范围等问题的认识也更为深刻，全国较多省份开始厘定医药广告管理章程，力图对医药广告活动有效规范。1935年8月，北平市政府颁布《北平市管理中西医药新闻广告规则》九条，规定凡该市中西医药广告登载新闻纸须依此管理。[1] 1935年8月，卫生署徇上海医药公会之请，通令各地严格取缔虚伪夸大之医药广告，遵照《北平市管理中西医药新闻广告规则》参酌从严办理。[2] 据此，各地政府纷纷以北平市管理规则为参考开始对医药广告的登载进行行政约束。[3] 如福建省在1935年9月颁行了《福建省管理中西医药新闻广告规则》。[4] 同年9月20日，南京市出台了《管理中西医药新闻广告传单规则》。[5] 内陆之广西，也于1936年初出台了《管理医药广告规则》，规定凡属医药广告应由当地县政府或公安局审查给发验许证，否则不许登载。[6] 总的看来，到20世纪30年代中期，各地政府已基本形成较清晰的广告管理法规，力图将医药广告纳入行政监管的轨道。

就各地出台的管理广告规则来看，各地规则大多是参考《北平市管理中西医药新闻广告规则》制定，其要义也与北平市所颁规则基本一致。该项规则共九条，要义集中在第2至7条，主要思想有三：其一，确立了广告刊载前的检验制度，明确"凡关于医务、药品之文字图画登载新闻纸以广招徕者，应先由本人呈报卫生局核准，发给验许证后，方准登载惟不得私改名称或变更文议"。其二，对虚伪夸大的医药广告的禁止与打击，若有与实际情况不符者，"得令各该医药执业人自行登报更正或撤销之"。其三，处罚原则，"凡医药广告虚伪夸大者，除按照各该医药规则办理外"，还量情给予一定罚金的惩处。[7] 北平市所制定的这一管理规则无疑尚有许多不足，譬如并没有明确"虚伪夸大广告"的判断标准，也

1. 卫生局关于制订北平市管理中西医药新闻广告规则的公布令及市立医院为竭力挽救危急患者的呈文和各处请求诊治患者、免费住院医治的函［A］. 北京市档案馆藏，J005-001-00054. 亦可见北平市市政公报，1935（313）.
2. 卫生署请取缔医师广告订定法规的咨文及市政府的指令［A］. 北京市档案馆藏，J001-003-00079. 亦可见呈卫生署为报章夸大宣传医药文字日益恶劣恳请转呈行政院严厉禁绝由［J］. 医事汇刊，1936（27）：会务191-192.
3. 准咨取缔医药业之夸大宣传并抄送北平市管理中西医药新闻广告规则等由转令遵照［J］. 四川省政府公报，（21）：命令15.
4. 查近来各处新闻纸类时有登载违反禁条及有伤风化之医药广告仰饬属遵照前颁管理中西医药新闻广告规则认真取缔并具报查核［J］. 福建省政府公报，1935（707）：公牍14.
5. 佚名. 管理中西医药新闻广告传单规则［J］. 南京市政府公报，1935（157）.
6. 电饬各区监督县府等从严取缔医药广告［J］. 广西省政府公报，1936（118）：政治25.
7. 卫生局关于制订北平市管理中西医药新闻广告规则的公布令及市立医院为竭力挽救危急患者的呈文和各处请求诊治患者、免费住院医治的函［A］. 北京市档案馆藏，J005-001-00054.

没有对广告内容做更为具体的规定。不过，值得肯定的是这一规则基本确立了民国时期各地政府对医药广告行政规范的主要思路和基本原则，比如规定所有的医药广告皆要经卫生局甄别审核，并颁发“验许证”。[1]这一“把关人”的设定，成为贯穿民国及后来医药广告管理的基本理念。

因时局变化，消费观念、广告形式、管理主体等均可能发生变化，各地针对医药广告的行政规范也因地制宜地做出过调整和修正，以期能符合实情。以上海为例，上海地方当局就多次就医药广告规范做出修订。1929 年 4 月 23 日，上海市颁行了《上海市取缔淫猥药物宣传品暂行规则》，明确规定凡宣传药物有避孕打胎壮阳等之效验者，宣传医治生殖器病之功能者以及其他医药器物之经卫生局指明禁止者均在取缔之列。对于刊载此类广告的报纸， 由公安、卫生二局酌量情节告诫停止刊登或扣留刊物并处以二十元以下之罚锾。对于违反规则规定的个人店铺或医院一则告诫停止刊登或散布，二则处以十元以上二十元以下之罚锾并将宣传品及宣传药物没收销毁。遇有情节重大者移送法院惩治。[2] 1930 年 6 月 11 日，上海特别市卫生局颁布《取缔报纸违禁广告规则》，规定宣传诲淫书画有伤风化、宣传药物言过其实迹近欺骗者、刊登猥亵图画刺激青年视觉者、诱惑欺骗希图诈取财物者、激烈危险有妨秩序安宁者、其他经主管官署通知禁登者不得在报馆刊载，报馆对于有嫌疑的广告应令送登广告人先送经社会局核准后方得登载，同时还规定了报纸刊载宣传淫猥药物广告者依照《上海市取缔淫猥药物宣传品暂行规则》办理。对于违反规定者，即行勒令停登，如仍违令登载，则按照《违警罚法》第 33 条处 15 元以下罚金，或 15 日以下之拘留，如屡犯不悛，则依照《违警罚法》第 18 条勒令歇业。[3]

上海卫生局这一举措颇有成效，各医药店铺及医院在刊载广告时渐为收敛。然而好景不长，上海市医师公会很快发现当租界外无法行医时，游医们便纷纷涌向租界，故技重施。医师公会遂函呈上海市卫生局请予取缔，但是租界之卫生状况并不受上海卫生局管辖，上海卫生局只得恳求上海市政府函请租界方面及特区

1. 电饬各区监督县府等从严取缔医药广告［J］. 广西省政府公报，1936（118）：政治 25.
2. 伪市府整顿伪医药品违章广告宣传办法［A］. 上海档案馆藏，Q235-1-91.
3. 广告：杂医乱药［A］. 上海档案馆藏，U1-4-0000819.

地方法院从严管理。1933 年 4 月，卫生局致函上海市政府称“该杂医等经本局迭次查禁后已在本市区内无可施其伎俩，遂麇集于租界区域，恃租界为护符，又复大登肆意鼓吹。甚至考试不合格之医生，试验不准售之药品亦复妄自夸炫，尽量宣传。实于市民生命异常危险”[1]。上海市政府以“各种广告内容措辞核与本市取缔报纸违禁广告规则多有未合”由，函请公共租界工部局及法租界公董局切实取缔。[2] 1934 年 7 月，上海第一特区（即公共租界）工部局为限制界内医师做宣传广告起见，刊布上海医务委员会所定医师广告章程。该章程要所有广告刊登前须交医务委员会认可，且医务委员会准许之广告时期为两星期，超期应再度申报。此外，针对医师在刊载广告时经常自夸精通数科，并提及毕业之大学以招徕病家的行为做了规定。该章程明文规定“普通执业医师仅准表示精研一科”，“专家医师不准广告二种以上之专科”。[3]工部局医务委员会所定此章程专门就“医师”的广告行为进行了约束，但只涉及其时甚为泛滥的医药广告中“医”的一面，而对“药”的广告并无涉及。

除无照游医遁入租界恃租界为护符肆意乱登广告外，原有管理规则还存在过于简单，漏洞颇多且不易操作的问题。鉴于此，1935 年 6 月，在上海市卫生局局长李廷安的推动下，上海市卫生局函请市公安局、社会局、教育局等部门及上海各报馆会商报纸刊登医药广告办法。7 月 22 日下午，会议在上海市卫生局会议室召开，出席者除公安、社会、教育、卫生等局所派代表外，还有上海日报公会及申报馆、新闻报馆、时报馆等十余家报馆代表。最后形成决议三条，“嗣后关于医药广告或文字由各报馆先行自动详加审查；如遇稍有疑义者可先送卫生局审查后再行决定应否接受刊登；卫生局查见应行取缔之广告即通知各报一律停登”。[4]

1936 年 10 月，上海市核准公布《管理中西医药新闻广告暂行规则》，并将《上海市取缔淫猥药物宣传品暂行规则》明令废止。新的规则除继续规定不得有涉及猥亵或壮阳种子的文字图画、暗示避孕或堕胎的语句、虚伪夸张及其他经卫生局指明禁止的医药物外，亦对登载广告的对象、广告的具体内容做了更为明确

1，2. 广告：杂医乱药［A］. 上海档案馆藏，U1-4-0000819.

3. 上海第一特区工部局刊布医师广告章程［J］. 中华医学杂志，1934，20（8）：1103.

4. 伪市府整顿伪医药品违章广告宣传办法［A］. 上海档案馆藏，Q235-1-91.

的规范。该规则规定未经市卫生局核准注册的医师、药商等一概不得登载医药广告或类似医药广告的文字图画；业经核准注册之医师牙医师等刊登广告内容只能限于姓名、学位、科目、住址、电话和时间；业经核准注册之医院刊登广告不得以其疗法经验及设备价目等为虚伪夸张之宣传，其从事治疗之医师除学位、名称、专门科名外亦不得有其他之广告；医药副刊以浅显文字宣传卫生常识或医药管理学理为限，不得假托病家口吻，故意揄扬医师技术及药品功能以及含有其他广告性质之语句。[1] 翌年1月，上海市卫生局公布《修正管理成药规则》，规定成药的广告不得涉有上述内容；9月，再次重申取缔非法广告，维护社会健康。但这些举措旋因接踵而至的战争影响并未得以贯彻执行。

1941年3月，伪市政府成立伪上海特别市卫生局负责上海卫生行政。1945年9月12日，国民政府委派俞松筠接收伪市卫生局。是年12月31日，上海市卫生局呈函市政府，请予将《医药广告取缔规则》备案，经上海市政府第二十五次市政会议议决将该项规则中“广告”两字易为“宣传品”三字，余照原文通过。1946年4月，上海市政府公布《上海市卫生局医药宣传品取缔规则（修正本）》，规定自4月15日起，凡有医药从业人员欲在报纸刊登医药广告者，应备底稿一式两份呈由卫生局审查，合于规定后即予盖戳。医药宣传品及仿单不得有虚伪夸张、猥亵或违背善良风俗之词句。医药宣传品及仿单不得凭藉署证照或卫生试验所试验成绩单为其治效之保证。对于违反规则规定者，由卫生局依法科以罚锾或予以停业处分或撤销其执照，必要时并请警察局协助执行之。[2] 1947年6月，因考虑到取缔规则已有修改之必要，经上海八十六次市政会议决议，上海市卫生局修订颁行了《上海市卫生局医药宣传品管理规则》。新的管理规则除沿袭原有取缔规则对报警刊物等普通宣传品的规定外，还对电影灯片及广播有关药品宣传底稿进行了规定，要求其应事先送检以防夸大虚伪，影响人民健康。同时，新规则还要求所有宣传品送核时，需要附缴样品及处方，在经卫生局审核后其文字内容不得擅自增加及更改，且在刊载或广播时要求应将卫生局核准字号与该项宣传品同时登载或报告以备查考。[3]

1. 上海市管理中西医药新闻广告暂行规则［J］. 社会医药报，1936，4（4）：600；医政［J］. 医药评论，1937，9（5）：33.

2，3. 上海市卫生局关于取缔违章医药广告［A］. 上海档案馆藏，Q400-1-2859.

三、民国医药广告的行业自律

广告管理包括广告行政与法制管理、广告行业自律、广告经营者经营管理与社会监督等方面，行政及法制管理仅仅是广告管理的一个层面。除行政及立法部门力求对医药广告进行规范外，民国医药团体、报界也试图通过行业自律的方式来抵制虚伪医药广告，这可以看作广告主及媒体对广告刊布的自律行为。

医药团体对医药广告的监管主要体现在舆论呼吁、行业自律方面的努力。医药界较早就注意到虚伪夸大广告对社会的不良影响，针对虚伪医药广告的泛滥，医药团体一直呼吁政府制定广告专条整顿医药广告。1933 年，署名为“憨公”的一位医家即撰文批评那些“商业化的医药广告”，认为医界“对于这样的败群之马，不能再不加以一种警告与制裁了”。[1] 1935 年，上海市医师公会则呈文卫生署称：

> 医药与民众健康关系至巨，故医药之发展，不宜听其藉报章杂志之广告，与医药刊物之文字，滥行宣传广布。查欧西各国对于是项医药文字，均订有一定规则，亦恐为不正当之徒所假借而贻害社会也。我国科学落伍，对于此等广告，于理更应从严制裁，以杜流弊。乃年来报章杂志所刊医药广告，大半系利用机会，夸大宣传，欺蒙诱惑，无所不用其极。近更变本加厉，争相收买报章重要篇幅，假宣传医药常识之美名，作吸引诱惑病家之工具，不独贻讥中外，抑且为国家之隐忧。若将医师暂行条例第十八条引而伸之，专订取缔医师广告条例，饬令地方官厅切实办理，实为万幸。[2]

次年，全国医师联合会亦向卫生署呈文称“报章夸大宣传医药文字日益恶劣”，恳请卫生署转呈行政院严厉禁绝。[3] 从其后南京国民政府对医药广告的监管举措来看，20 世纪 30 年代中期各地卫生行政之所以将医药广告纳入行政管理体系，很大程度上要归功于各医药团体的持续呼吁。

医药团体既然已注意到医药广告存在的种种问题，因此在一些职业性的公约中也明文规定其会员不得乱登广告。中华西医公会医师信条即称“江湖手段

1. 憨公 . 商业化的广告［J］. 广济医刊，1933，10（9）：1-2.
2. 准咨取缔医药业之夸大宣传并抄送北平市管理中西医药新闻广告规则等由转令遵照［J］. 四川省政府公报（21）：命令 15.
3. 呈卫生署为报章夸大宣传医药文字日益恶劣恳请转呈行政院严厉禁绝由［J］. 医事汇刊，1936（27）：会务 191.

广告宣传虽可邀誉于一时，若用劣药廉价假施送名义实低降自身之人格”。[1]全国医师联合会及上海医师公会信条中也规定医师“不为夸大广告，不营非议不财”。[2]1939年，药界拟订的《药业信条》中也明确提出“不为夸大广告”。[3]上海医师公会还出台了一系列行业自律性的规定，明确凡会员刊载广告，首先要经医师公会审查。同时，医师公会还致函各会员主编的医刊，劝其慎重发表广告。对已载刊的广告，公会则推选吴忆初负责审查广告夸大字句，对涉嫌违规的会员进行劝诫。[4]此外，部分医师团体还试图与卫生行政当局及各报馆合作，通过多种形式遏制虚伪广告。例如1936年3月，考虑到仅依靠卫生行政力量难以遏制虚伪广告的泛滥，非有地方公团协助行政机关切实取缔难以收效，全国医师代表大会决议吁请政府责成各地医师公会对虚伪夸大广告审查检举。[5]中华医学会业务保障委员会鉴于“普通报纸登载江湖医药广告迷惑社会观听”，一方面“定期召集新闻界负责人员先以口头劝告”，一方面对登载夸大广告案的某某医院进行劝告。[6]上述的种种举措可以看作医药团体从广告主自律的角度尝试规范医药广告的努力。

报界对广告的自律则体现在提倡广告道德、规范广告登载方面。民国时期的部分报人也意识到“广告道德”的重要性。戈公振就观察说20世纪20年代的广告中多有不道德、不忠实之处，这些广告“不但为我国实业界之大忧，亦广告界之大耻也”。[7]另一位民国报人陆梅僧则大力提倡“广告道德”，陆氏明确意识到所有的广告为使商品畅销，在广告的文字图画方面都尽量使用夸张的文字，这虽然有利登载者利益，但也须顾及商业道德，决不可以虚伪的事实为号召，使人购买商品以后，方始知道商品的本质，并不如广告中所宣传者为佳，流弊所及，不但影响厂商本身，而且对于整个广告的前途，甚至于整个的商业前途及社会风

1. 中华西医公会第二次全国代表大会特刊［A］. 上海档案馆藏，Y4-1-0000632.

2.《全国医师信条》凡十条，由张森玉、吴纪舜、姜振勋、朱恒璧、宋国宾拟订。参见宋国宾. 医师信条［N］. 申报，1936-05-26; 上海市医师公会信条［A］//. 上海市医师公会为呈请备案向社会局报送的申请书［Z］. 上海档案馆藏，Q6-18-298-1.

3. 药业信条［N］. 申报，1939-04-04.

4. 市医师公会执委会记［N］. 申报，1935-04-17.

5. 全国医师联合会第四次代表大会议决案一览表［J］. 医事汇刊，1936（27）：特载146.

6. 中华医学会业务保障委员会开会记事［J］. 医药评论，1935，7（3）：41.

7. 戈公振. 中国报学史［M］. 上海：商务印书馆，1927：230.

俗，都有很恶劣的影响。[1]

不良广告对社会影响恶劣，因此报界对广告的登载亦提出了一些自律性的要求。1920 年 5 月，全国报界联合会在广州召开的第二次常会就通过了《劝勿登载有恶影响社会之广告案》，呼吁各报馆禁止登载各类不良广告。案称：

广告固为报社营业收入之一种，然报纸之天职在改良社会，如广告有恶影响社会者，则与创办报社之本旨已背道而驰。如奖券为变相之彩票，究其弊，可以凋敝民生而促其生计，且引起社会投机之危险思想。又如春药及诲淫之书，皆足以伤风败俗，惑乱青年。此种广告，皆与社会发生极大之恶影响，而报纸登载，恬不为怪，虽曰营业，无乃玷污主持舆论之价值乎？且贪有限之广告，而这种社会无量之毒，抑亦可以休矣。报界联合会为全国报界之中枢，有纠正改良之责，宜令在会各报一律禁载上述之广告。其类此者，亦宜付诸公决，禁止登载。牺牲广告费之事小，而影响于社会大也。[2]

这一议案虽非专门针对医药广告，不过显然医药广告在其自律的范围之列。除报界联合会外，当时部分报馆也制定了广告章程，对所载广告内容进行了约束。例如，上海的《新闻报》在其广告简章第一条即规定“有关风化及损害他人名誉，或迹近欺骗者，一概不登”。[3] 到 20 世纪 30 年代，医药广告泛滥的问题日益引起社会关注。针对其时各报屡屡登载淫猥药物广告，上海日报公会于 1930 年 9 月公决逐步拒绝登淫猥药物广告，其具体办理步骤如下：

关于医药广告事，兹经敝会各会员报馆开会决定逐步办理，目前先分两类：

第一类即行拒绝刊登者：一、壮阳种子药品；一、通经停孕药品；一、避孕药品器物；一、返老还童药品；一、预防花柳药品器物；一、直接间接宣传教授关于生殖器病之智识者。

第二类即行修改其广告之文字者：一、白浊药；一、梅毒药；一、白带药；一、遗精药；一、戒烟药；一、花柳及戒烟医生；一、其他花柳药品……[4]

报界对医药广告的行业自律意味着在广告登载之初设置了基本的门槛，这对

1. 陆梅僧 . 广告［M］. 上海：商务印书馆，1947：193.
2. 戈公振 . 中国报学史［M］. 上海：商务印书馆，1927：221.
3. 戈公振 . 中国报学史［M］. 上海：商务印书馆，1927：231.
4. 章原 . 医事广告［M］. 上海：上海科学技术出版社，2019：176.

确保广告的真实性，杜绝刊载虚伪夸大、淫秽猥亵的医药广告起到了一定的作用。

四、“禁而不止”的医药广告

民国时期卫生行政、医药团体及报纸杂志对规范医药广告的努力在一定程度上规范了医药广告的发布。譬如，上海市医师公会在1932年底就通过了取缔会员夸大广告案，决议对该会会员顾宗文、沈奎伯、朱霍良、唐斐礼、黄益寿（登夸大广告）、蒋绍宋（橱窗广告）、沈孟养（墙壁广告）、王完白（无线电夸张播音）先行去函劝告订正，不听则再去函警告照章处置。[1] 卫生行政方面，上海市卫生局自1947年3月至1948年12月底的一年多内共审查核准宣传稿1252件，取缔者420件。[2] 不过应该注意的是，虽然在这些举措实施之初，医药广告的登载情况偶有好转，然而从医药广告刊载的实际情形来看，夸大其词、违反规则的医药广告仍大量存在，并没有从根本上得以杜绝。

广告背后的利益驱动极为强烈，而且广告的登载牵涉众多方面，因此医药广告屡禁不止的原因非常复杂。就民国时期广告的自律与他律而言，无论哪方面的举措都可以找到诸多不足。医药界方面，各医师团体虽有对医师的公约信条，但这类公约信条仅仅是对会员医师道德上的规范。会员违反信条，情节严重者也仅是于会中除名。至于那些并无入会资格的江湖游医，医师团体的信条根本无从约束。从其时沪上医界来看，医技欠精的江湖游医藉广告巧为宣传，骗取钱财，恰是伪医假药广告禁而不止的原因之一。民国时期，政府医药行政虽致力于整顿医界，但江湖游医仍禁而不绝。庞京周描述说：20世纪30年代上海的医疗界依旧是鱼龙混杂，许多庸医和江湖骗子活跃在这个城市，从轻信上当的病人那里赚钱。因为这些“江湖郎中”在全市包括租界的几千个患者家里私下行医，要彻底禁止他们实际上是不可能的。[3] 在这种情况下，医药法令及医师团体信条虽对执业医师的广告宣传有所规范，但对其他江湖游医就甚为无力了。上海《取缔淫猥药物宣传品暂行规则》出台之后，在医界与报界的共同努力下，华界的医药广告一度得到规范。但是游医迅速转移到租界，复登广告肆意鼓吹。对于那些以广告招徕

1. 上海市医师公会执委会会记［J］. 医药评论，1933，5（1）：61.
2. 上海市卫生局 . 上海市卫生局三年来工作概况［M］. 上海：上海市卫生局，1949：25-26.
3. 庞京周 . 上海市近十年来医药鸟瞰［M］. 上海：中国科学公司，1933：10-14.

营生的游医，卫生局除了事后对所刊广告审查取缔外，并没有太好的办法。

报业方面，报业自律规定也存在诸多执行上的问题。其一，广告与报馆的利润直接关联，故而报馆对广告登载门槛大多设置较低，且是一种道德层面的自我要求。其二，报馆的简章只能对报馆的登与不登做出约束，却不可能对广告发布者实行有效监管，很难从根本上遏制虚伪广告的出现。其三，何为虚伪夸张广告，其标准也难以在实践中准确界定。例如针对“广告检验”，报馆方面，因为各报并“不知某一医生或医院或药品是否已经核准注册”，故而难以区分，而若“于检查后方准刊登”，则因“手续及时间方面均有困难之处”。[1]时人也注意到仅仅依靠报馆行业的自律也并不现实。《医事公论》即载文称：“现代学术的分科，是一天地细一天，研究的问题，是一天地多一天，贤明的新闻家，并非个个都是万能博士，一般人民所不能判断的医药能力，新闻家都能判断吗？即使判断确实，不予登载，就能绝其宣传之路吗？江湖的医药者，会不会另用其他宣传方法呢？恐怕都尚待检讨吧。”[2]

民国医药卫生行政的制度缺失也为报馆的胡登乱载提供了机会。各地卫生行政机构所颁规则对医药广告的规范虽然意义重大，不过就规则本身来说，似并不足以应对医药广告的复杂多变，也无法从根本上禁止这类虚伪广告。首先，规则大多明确规定“凡呈送本局审核之医药宣传品以送审者曾领有本局开业执照者为限”，即意味着这些规则是专门针对当地执业医师的，而那些未领执照的游医，则完全处于治外。其次，广告审查数量巨大，卫生局根本不可能对所有广告行详细审查之权。再者，审查之规程如何订立，“虚伪”之标准并无详细说明，若无专业的医学背景知识，显然也无法行审查之权。最后，各地卫生行政多是各行其是，卫生行政、医药团体、报界虽偶有合作，但三者几属完全不同之系统，势难以系统规划，相互配合。例如在对违规广告的处罚上，每每医药广告出现违规，各地卫生局只能对权属范围之内的医师或药商进行处罚，法不出治域。若要对报馆进行干涉，则只能依靠其他各部门的协同。即便其他部门对报馆进行处理，报馆所受处罚也相对轻微，有时其罚锾尚低于报馆广告费用之收入，这就致使一些

1. 伪市府整顿伪医药品违章广告宣传办法［A］. 上海档案馆藏，Q235-1-91.
2. 南 . 读报纸之医药广告书后［J］. 医事公论，1934，1（19）：20-21.

报馆铤而走险，不顾道德约束，乱登医药广告。[1]王仲文就观察道：“报馆书局老板，见有利可图，乃不问其内容之如何，商人之道德，反而益精其印刷，美其装潢，只求可以增加收入，愿给以种种行销上之便利，于是此类变相医药广告，愈得为所欲为，印行无碍，然彼辈之狡计得售，而贻害于人群者，乃无穷矣。”[2]医药类杂志也存在同样的问题，各类医刊“每因收入关系，竟向药商劝募，无论广告真伪，皆在欢迎之列。甚至撰文代为介绍，不知此种行为，实极可鄙，且干医家道德”[3]。如此情况，虚假医药广告屡禁不止也就并不奇怪了。

虚假广告的产生有着复杂的社会根源，它既是不法医家药商藉以牟利的工具，又与刊载广告的报业环境休戚相关，牵涉面甚广，仅靠卫生局、报界或医药团体，任何单方面的努力都不可能从根本上杜绝虚假广告的泛滥。鉴于此，陆梅僧建言称若欲提高广告道德，须卫生行政部门、广告代理商及报张刊物共同合作，积极配合。[4]汤蠡舟也意识到问题的解决亟需医师团体与报界团体的共同努力，汤氏说："际此政治不上轨道，一般医药知识缺乏之时，惟有医药者自动销其欺人之广告，或由公会联合会员或学会等限制其广告。在报馆方面则自动审查广告之内容，而定取舍，或由当局另订管理方法而处置之。庶使报纸之面目一新，而纯正之医药方有抬头之一天，愿医药界与新闻界共起而图之”。[5]事实上，民国的卫生行政、新闻界及医药界也有过共同努力，只是其在相关规定的制定和执行上都存有一定的漏洞，以致其效果相当有限。

近代医药广告的产生和繁荣自然有值得肯定的地方，但同时近代医药广告也存在较为严重的虚假欺骗现象，反映了民国时期较为复杂的社会问题。各地卫生行政对医药广告的监督管理显示出政府当局对虚假医药广告的危害性已有较为清醒的认识，试图将医药广告纳入其行政管理体系，并使之规范化。报界及医药团体对医药广告的行业自律，也反映了社会团体在近代社会中试图承担起自己的社会责任。但医药广告的泛滥原因众多，对医药广告的管理不仅涉及对医药人员、

1. 时人曾忠告滥登广告的报刊，“对过去之行为，加以澈底之改革，坚持不徇情面不爱金钱主张”。恪三．忠告某报关于医药之登载［J］．医药评论，1935，7（1）：10.
2. 王仲文．变相医药广告亟应取缔［J］．医事公论，1935，2（24）：24.
3. 李涛．医学杂志之合理化［J］．中华医学杂志，1933，19（5）：745.
4. 陆梅僧．广告［M］．上海：商务印书馆，1947：206.
5. 汤蠡舟．医药与报纸［J］．医药评论，1935，8（1）：3.

团体的有效管理，也牵涉报纸杂志等大众传媒的规范问题。虽然卫生当局、医业团体和报馆都做出过相应的努力，唯因其在制度的设计和实践上都存在颇多的漏洞，故而这些努力虽在一定程度上对民国医药广告有所规范，但终难从根本上杜绝虚假医药广告的存在。

（原刊于《新闻与传播研究》，2010年10月第5期。）

新的“明星”：民国广播播音员的职业生态与社会生活

广播是民国时期新兴的媒体形态。自1923年外商奥斯邦试办广播电台始，广播在近代中国迅速发展，日益成为民国社会生活中不可分割的重要媒介。与此同时，广播电台的播音员（时多称“报告员”）也逐渐发展成为新的职业群体。播音员系广播电台的灵魂所在，播音员群体的生活状况及职业生态直接反映民国无线电广播事业的发展处境。然而，由于该群体人员数量相对较少，且多不为时人所重视，有关播音员群体的资料散佚难得，以致学界对这一群体的认识极为有限。[1]民国播音员的招募选拔、收入待遇、社会地位、职业认同等诸多问题隐而不彰，这自然使得我们对民国的广播事业难有深入、细致的了解。本文不揣浅陋，试图对民国广播播音员的职业生态及播音员群体的社会生活略作探讨，希望能抛砖引玉，以引起学界同仁的批评与重视。

一、新的职业：播音员群体的构成与标准

广播播音是电台播音员、节目主持人、记者在各类节目中面向听众直接进行传播的有声语言活动，是广播传播活动重要的组成部分。民国时期，广播业无疑是新兴的行业之一，播音主持自然也成为新的职业之一。广播事业初创之时，并没有专业的播音训练学校培养播音员。因此，早期广播电台的播音员大多来自社会其他职业，有一部分属电台从社会招聘，还有一部分则是从其他的演艺行业转职而来。

从播音员所属的劳务关系来看，民国播音员至少可分为专职播音员与客串播音员两类，且这两类播音员长期并存。专职播音员由电台负责招聘，以电台播音为主要工作，有固定的工作时间和收入。客串播音员则多指那些并非以播音为主业，只是临时性地客串播音的人，比如传统游艺界的艺人，他们只是有人请做节目时才去播音。当然，随着广播业的日益发达，专职播音员与客串播音员间的界

1. 学界对“播音员”群体的研究不甚措意，笔者仅见到王文利撰有《民国时期广播播音员选拔标准浅析》（《现代传播》2012年第1期），探讨了不同类型电台对广播播音员的选拔问题，但该文只简约论及播音员选拔问题，对播音员群体的收入、待遇、地位、职业认同等问题却未有涉及，而后者恰是本文的致力之处。

限有时也变得较为模糊，不少艺人甚而专门开始从事播音演艺的事业，他们组织各种各样的职业播音团体，在各个电台上进行广播。但从劳资关系上看，这类职业播音团体虽是以“电台播音”为主业，却不属于任何一家电台，而是在多家电台巡回播音，播音者实际是与该播音团体构成劳雇关系。

电台的大多数节目多要专职的播音员来播送，好的专职播音员往往成为电台的台柱子。因各家电台成立的背景、目的、针对的受众各不相同，因此对播音员的要求也不尽一致。有些电台是纯粹的外语播音，这自然对播音员的外语水平有很高的要求，而有些电台则偏重地方性，因此在选拔播音员时自然会将地方方言的运用列为考察要点。有政治背景的电台，甚而还往往会考察播音员的出身背景，例如国民党中央广播事业管理处招考时要求报考者必须是“本党党员”，[1] 中共北平新华电台选拔播音员时则要求被选拔对象“有一定的政治水平”“历史清白政治可靠”。[2] 语言方面，国民党电台要求报考者必须“国语纯正”。中共电台则特别说明地方台可采用地方方言播音，不必都采用普通话。上海市公用局新声电台招聘的女报告员，则要求“有英文根基且熟悉西乐唱片”。[3] 各个电台的这些“讲究”自然都是由电台的性质、目的及播音针对的受众人群所决定。

尽管某些电台可能会有特殊的“要求”，不过对于播音员来说，语言和发音却是各家电台都看重的基本技能。国民党中央广播处要求报考者必须“口齿清朗，国语纯正，而报告时语气能抑扬疾徐适得其当”。[4] 中共电台在选拔培训对象时，也看重语言流利、“音色清晰”等素质。[5] 上海福音电台是20世纪30年代发射电力最强的民营电台，也是享有盛名的基督教广播电台。该台所招报告员要求“能说流利之国语、苏沪土白及普通英语而发音清朗者，年龄在二十至四十之间，不拘性别”，此外，每天要求从午后两点工作到晚间十点。[6] 可以看到，专职的播音员基本上都是驻台播音，有较固定的播音时段。对电台来说，播音员最重要的

1. 中央广播无线电台管理处招考报告员简则［J］. 广播周报，1935（17）：31.
2. 北平新华广播电台训练播音员的方法［G］// 解放区广播历史资料选编（1940—1949），北京：中国广播电视出版社，1985：188.
3. 聘女报告员［N］. 申报，1947-08-20（8）.
4. 中央广播无线电台管理处招考报告员简则［J］. 广播周报，1935（17）：31.
5. 陕北台播音组关于训练和培养播音员的意见［G］// 解放区广播历史资料选编（1940—1949），北京：中国广播电视出版社，1985：186-189.
6. 征求电台报告员［N］. 申报，1935-05-16（4）.

条件是语言。优秀的播音员不仅要能说流利国语，而且因电台时常有方言或外语播音，故而对方言和外语也有较高要求。当然，随着广播事业的发展，电台对播音员的要求也越来越高，不仅要求语言发音清楚流畅，而且也逐步强调播音员的语言播音艺术及综合素质。

党营电台强调政治宣传，广播内容主要是新闻、政策的宣讲与发布，因此播音工作多由专职播音员做权威播送。与此不同的是，民国各大城市还涌现出众多的民营商业电台，这些商业电台的节目多以市场为导向，要播送大量的娱乐与商业节目。然而，由于当时唱片等声音载体还不丰富，广播电台无法完全依靠唱片播放节目，故而每家电台除有一两位固定的播音员外，还必须依靠演艺人员到电台客串播音。这些电台为生存计，也往往将播音钟点卖给广告商，由广告主付费“买时间”承包节目。这类节目即是由各色艺人到电台来表演进行播音，虽然播音内容是流行的弹词、相声、苏滩、滑稽、歌曲等娱乐节目，但目的是为广告主做宣传。20世纪40年代，在天津说相声的侯宝林，他其中一段相声开场白这样说道：“学徒侯宝林，在下郭启儒上台鞠躬。我们应广告客户之特约，每天这个时间在这里伺候您一段对口相声……”[1]这段开场就清楚表明该节目的运作模式是由广告商承包，再聘请艺人播送。这种运作模式在民国广播电台中极为普遍。如汪裕泰茶号自1934年6月15日起，每晚八点半在东方电台播送观音戏——欢喜冤家。[2]华美烟公司则重金聘请弹词家李伯康，以拿手节目《奇冤录》（即《杨乃武》）加盟每晚八时至九时在利利电台的华美播音。[3]老九和绸缎局在东方电台独家播送朱耀祥、赵稼秋弹唱的啼笑因缘。[4]这些节目都是由广告客户邀请艺人到电台制作，这些客串播音的艺人自然也成为民国广播播音的重要力量之一。

因到电台播音有利可图，各类专跑播音的演艺团体随后也迅速崛起。1934年，有人大致判断说：（当时）上海一共有十三个话剧播音团体，和十三个歌唱播音团体，统计大约有二百多位职业艺人。[5]一位叫“佩昔”的作者分析说：

1. 由国庆．再见老广告［M］．天津：百花文艺出版社，2004：116-119.
2. 汪裕泰茶号广告［N］．申报，1934-06-16（12）．
3. 华美烟公司聘李伯康播送奇冤录［N］．申报，1934-06-16（12）．
4. 老九和绸缎局为独家播送朱耀祥、赵稼秋二君啼笑因缘启事［N］．申报，1933-02-21（4）．
5. 音坛花絮［J］．音苑，1934，1（1）：4-5.

既然播音成了一种职业，又是无日无夜的需要这方面的人才，则上海的游艺界、京剧界、话剧界、歌舞界、音乐界……是相当地有了出路了。也许他们有他们本来的职业，干播音的事不过是想多抓几个钱添补添补。不过实在有许多人，根本就是闲空着，或虽有一点“玩意”想兜揽出去，但苦于领教的人不多，活不了命，一参加到播音事业里，当作副业也好，正业也好，多少是可以抓点钱的。[1]

“佩昔”的观察敏锐地道出这类职业播音团体与专职播音员的区别，这些演艺人员原本“有他们本来的职业，干播音不过是想多抓几个钱添补添补”。他们的加入，绝大多数都是苦于生计，以“捞钱”为目的。这些播音人员来源不一，有些可能早已是名角大家，比如影星胡蝶就曾在华美等电台播音，周璇加入艺华公司后，因为公司平日工作清闲，也曾在电台担任播音。[2]而有些上节目的则是小角色，偶尔捞着上节目的机会，以期通过电台暴得大名。因广播播音的影响甚大，以致其时有人就总结说，要成为一位歌星，那么“不管收入的多寡”，“多在一两家电台兼职”就是必要条件之一。[3]

因为这些播音员来源不一，播音的效果与质量自然也参差不齐。特别一些小电台，为节省成本，四处拉节目上电台，有些播音演艺人员素养极低，播音效果令听众心生反感。一位叫柳絮的听众就在《申报》上撰文讽刺这些客串的播音员：

播音本来是新兴事业之一，但从欧美传到中国来之后，立刻便走了样，什么俚词小调都会毫无选择地随意播送出来。这些老气横秋的播音家，似乎多半是痰迷专家，终年患着伤风咳嗽，时常把咳声和吐痰声播送出来，让听惯咳嗽吐痰声的本国听众随时可以听见。幸而播音机绝不会播送微生虫和病菌到听众家里去，这是可以放心的。然而老牌播音家中似乎还有不少是黑籍同志，他们在饱餐福寿膏之后，走到播音机前，吐了几口痰之后，便张开尊口，从宽弛的喉咙里发生一种低调的龙钟之声，或是外加沙音，听众恭聆之下无需利用电视，便可以领会到又是一位瘾君子在提腔发话了，比较敏感的时代听众，至少会发生厌恶的感觉，

1. 佩昔．播音者［N］．申报，1934-05-13：本报本埠增刊．

2. 但此举随后引起艺华公司不满，因此要求她退出播音界。参见禁止周璇播音［J］．娱乐周报，1935，1（19）：463.

3. 做一位歌星的条件［J］．娱乐周报，1935，1（19）：463.

因为这种播出的声音是代表一种不健全的声音，病态的，不合卫生的。[1]

很明显，柳絮这段文字批评的对象并非电台的专职播音员，而是那些客串播音的演艺人员。他们因为并非专业的播音员，也未经任何的选拔和训练，平常沾染的恶习自然也就随着话筒广而播之了。

早期播音事业中，客串播音的报告员也不乏出类拔萃者，甚而也有不少人从客串逐步成长为专职的播音员。只是因为早期的电台节目尚欠完备，还谈不上对播音员进行有效的培养、管理，因而难免出现弊端。然而，随着广播电台的发展，电台对播音员的要求也越来越高，特别是对电台招募的主播，广播电台甚至提出较苛刻的行业要求，并逐步在电台的播音实践中发展出一整套基本规范。例如播音员朱华就强调播音员最低限度要做到“清晰、流利，不刻板”[2]，至于更上乘的报告员，不仅发音应该清楚流利，使听众容易了解；措词方面，也应灵活变通，“使其不成为刻板文章，说起来不会感觉生硬”。[3]民国播音专家陈沅则指出，一个理想的全才播音工作者应该具体有下列十项基本条件：（一）国语要纯正；（二）常识要丰富；（三）思想要正确；（四）行动要敏捷；（五）对于时事有认识；（六）要有随机应变智能；（七）编撰讲材要迅速；（八）对于音乐戏剧有修养；（九）有播音音盘的技巧；（十）要有刻苦耐劳的精神。[4]

二、新的明星：娱乐新闻的常客

广播播音员因直接面对广播，播音影响极广，因此亦成为民国时期的“公共人物”。不仅是广播的内容被传播和消费，播音员也成为民国时期被娱乐与消费的对象。在广播播音中，播音员扮演着极为特殊的角色。陈沅就指出：

播音人员，既然是电台的灵魂，而灵魂的运用，就在运用灵魂者的善于安排了。以前曾说过，播音人员，犹之乎人体的神经系，而神经系是代表电台的声誉的。因此，运用电台的初步工作，是先要有全才的播音人员。[5]

诚如陈氏所言，播音员成为电台的灵魂和神经系，播音员的好坏在一定程度

1. 柳絮．无线电听众的烦闷［N］．申报，1938-12-15，转引自上海市档案馆等编．旧中国的上海广播事业［C］．北京：档案出版社，中国广播电视出版社，1985：480.
2. 朱华．幼稚的见解和希望［J］．大声无线电半月刊，1947（1）：10.
3. 陆进云．怎样才算是一个标准的报告员［J］．大声无线电半月刊，1947（1）：11.
4. 陈沅．播音员应具备的基本条件［J］．影音月刊，1947，6（1-2）：17.
5. 陈沅．编排播音节目与节目之延请［J］．影音月刊，1947，6（3-4）：35.

上决定着电台的命运。好的播音员播音优美、婉转动人，吸引了大量听众，甚至于成为电台的“名片”。为推动电台业务，各电台也竭尽渲染烘托之能，努力配合媒体与舆论打造自己的播音员，这些因素使得电台播音员逐渐成为民国时期新的演艺“明星”。

民国时期，因广播电台的日益发达，大量的报刊开始关注这一新兴的事物，对电台的运作、构成、人员大肆报道。其时，电台播音员多以女性为主，播音员嗓音优美，不少人还形象靓丽，这自然成为媒体竞相追逐的对象。在大众传媒的聚光灯下，播音员逐渐成为民国时期新的明星。有人就观察说：

明星二字用处本来很大，电影明星，歌舞明星，交际明星，戏剧明星……在大都市内，日夜总是星光灿烂，照耀得如同白昼。可是意料不久的群星照耀中，多添出一颗亮晶晶的新发现的明星。读者们你道这是什么星？这就是未来的广播明星呀。[1]

民国时期专门报道播音圈的期刊甚多，一些刊物单独出版，一些则以各种影音周刊的形式附载出版。《电声》即观察说，随着“大小电台相继成立，无线电出版界也如雨后春笋，日增月盛的小的杂志报章不去说他，单论本埠几张大报互相你效我仿，竞争不亚于电影附刊”。[2] 这些刊物除少量涉及无线电知识外，大部分的内容都在介绍播音圈内的消息和娱乐新闻，以满足人们的饭余谈资。1934年出版的《音苑》，其内容就完全以播音圈为主，虽偶有一些播音经验的交流，但其重点却仍在休闲与娱乐，甚至连报道的口吻都充满着诙谐和调侃。另外，《娱乐周报》也专门出版有《播音周报》，用以刊载播音界的动态和娱乐新闻。《时事新报》则在 1932 年 7 月 10 日起刊行附刊《戏剧与电声》，介绍戏剧与播音界的消息。20 世纪 40 年代有名的无线电播音杂志《大声无线电半月刊》，其宗旨有二：一在对播音艺术的推进，二则在给播音艺员们一个相互的借镜。然观其内容，却明显是风月多于艺术。这些杂志不管出于何种目的，侧重点有何不同，都有一个共同之处，即大都围绕播音而展开，播音员的生活是其关注和报道的重点。

尽管民国广播电台众多，但播音圈子仍较为有限，各种媒体连篇累牍地报道，

1. 影 . 广播明星［J］. 电声周刊，1934，3（9）：8.
2. 无线电出版界难以中心［J］. 电声周刊，934，3（8）：158.

还要尽可能有所区别，这使得记者们很快便有江郎才尽的窘迫之感。媒体间的竞争自然引发了报道的深入与细化，其时各报章杂志对于“播音员”的报道，方式可谓“花样百出”，内容也是“别开生面”。当时不少的广播播音类杂志都曾积极对播音员进行专访，并为播音员开设专栏。女播音的“玉照”更是吸引读者的杀手锏，在报刊中时常刊载，一些杂志甚而还让女播音登上封面，成为象征时尚与摩登的“封面女郎”。

既是迫于媒体间激烈竞争的无奈，抑或是为迎合读者的阅读心态使然，民国不少的播音杂志都对播音员的私人生活充满兴趣。这些报刊不惜笔墨的渲染、鼓吹，将播音员从自我的职业生活中彻底地转变成为“公众人物”，暴露在大众的面前。一些报刊对与播音员相关的大小事件，事无巨细，概行刊载，其中不乏无聊之作。例如《音苑》就曾逐一对各电台的播音艺人有过文字素描，仅举几例：

王耐雪小姐：

从她壮健的身子，灵活的眸子，高高的个子打量去：密司王，事实是一位足具着异国情调的新女性。在播音时她轻巧地唱着歌，活泼地奏着钢琴，有时还欢欣地跟人家说笑。

薛陶先生：

密司脱薛是一位具有女性美的男士，纤细的个子，合着那瘦长的脸蛋儿，举动，常带着柔美的线条，唱歌，轻着跟女音似的。不知道哪位小姐的造化，能有机会获得这位温存体贴的好丈夫。

金枫小姐——大上海的敏珊小姐：

密司金是一位带有北国典型的南方小姐，说话唱歌，全都很认真，满充着娴静的音调，并且常细心地在读着歌谱。她的轮廓很有些跟仓隐秋相像，只是个子比较低些，脸孔比较饱满些。[1]

另一份刊物《大声无线电半月刊》，则辟有“小姐动态”“小姐列传”之类的专栏，专门报道各播音员的花边新闻。这些报道的趣味、取向从标题即不难看出端倪，例如第一期即有“张芝为爱牺牲”“邵滨孙重堕花间”“华伯明泪洒相

1. 李琛．播音艺术写真相［J］．音苑，1934，1（3）：6-7.

思地”“春染相思病”之类的文章。[1]1947年第七期，该刊甚而还出现了“情爱恋的专页”，所载内容包括“姚慕双白萍情奔？”“哈蓓蓓已经订婚？”“华伯明与丁同居？”“竺水招严俊结婚？”[2]至于其笔调，从这一则署名为“正义”的记者所写的“张芝为爱牺牲”的报道中不难看出端倪：

北国姑娘而含有南国风度的前金都电台X小姐张芝，一口流利而标准，清脆而明晰的国语，可说开了无线电，旋钾整个刻度盘，也找不出第二人。平日服务认真，办事谨慎。且与人寡言少笑，实为X小姐之前有好事者，将她的罗曼史，刊于小报上，画蛇添足，闹得满天星斗，与事实面目全非，极尽渲染之能事，张见报后，气得七窍生烟，连哭三日三夜，愤将职务辞退与麦克风永别，张芝为爱牺牲职业，精神伟大之至。然而这位小报记者，可说害人不浅也。[3]

类似的报道在民国的媒体上（特别是各类小报）并不鲜见，无一不是满足阅报者的无聊情绪。这些报道因笔调细腻，又有“隐私”可曝，自然营造出一个“鲜活”的形象，这或不失为扩大影响、塑造明星的一种手段。只是在媒体这般的“关照”之下，播音员在被塑造为新的明星的同时，也丧失了自我的私人“空间”，彻底沦为娱乐与消费的“公共”对象。

通过媒体的营造与鼓吹，民国不少播音员迅速蹿红，成为众所青睐的明星。播音员朱美玲就被誉为“报告皇后”，“口齿伶俐，娓娓动听”“红遍整个播音圈”“拥有大量听众”。[4]而在中央电台主持儿童节目的播音员刘俊英，因嗓音圆润甜美而深受听众欢迎，被称赞为“南京夜莺”。[5]一些稍有名声的播音员也开始跨出“播音界”，或玩起文墨在报刊上撰写专栏，或因播音走红而进入演艺界，成为电影明星或交际花。

播音员既然成为新的“明星”，这自然也引发了听众狂热的追星运动。不少的听众开始给播音员写信、打电话、点唱片，要求参观电台，邀请播音小姐看电影，或向播音小姐索取玉照……种种追星之举不胜枚举。拿索取照片来说，因听

1. 大声无线电半月刊，1947（1）：3-4.
2. 情爱恋的专页［J］. 大声无线电半月刊，1947（7）：14-15.
3. 正义 . 张芝为爱牺牲［J］. 大声无线电半月刊，1947（1）：3.
4. 汤笔花 . 广播杂谭［J］. 大声无线电半月刊，1947（1）：11.
5. 吉云 . 全日闻名的“南京之莺”［N］. 申报，1935-05-20（14）.

众对播音员的了解多是“以耳代目”，听众在收音机畔听“娇音婉转，每为神往”，便不自觉地会想象“伊们的风姿，一定楚楚动人”[1]，因此往往按捺不住想与之交往。于是写信告白，附带索要照片便成家常便饭。对这种特别的现象，时人已有观察：

只要你稍微关心一些播音园地消息的话，你就会知道要女播音从业员的照片的白热化！我并不含有微的轻侮，这是明镜一般的事实！[2]

写信给歌唱团的，多数是年青人，同时所说的无非是点某某女士唱什么，索取某某女士的玉照，还有想要做朋友。[3]

听众的抬爱，虽然有些给播音员造成不便，不过有人喜欢总说明节目是成功的，电台方面自然也希望听众能因为喜爱播音员而成为节目迷，从而能提高收听率。为方便与听众沟通，有些电台还让播音员专门在媒体上开设信箱，与读者交流。民声电台哈蓓蓓就曾在《大声无线电半月刊》主持“哈小姐信箱”。这些来信中，追星之人占了很高的比率，且看下面两则：

刘明问：1. 蓓蓓小姐今年几岁？ 2. 你可有对象？ 3. 我想请你看电影未知肯赏光否？

答：1. 因受“生活指数冻结”影响，今年和去年一样。2. 对象尚在物色中。3. 待有彩色图片问世当奉陪。

李子明问：1. 在播音圈中以蓓蓓为名者究有几人？ 2. 鄙人拟索小姐玉照一帧未知肯否赏赐？

答：1. 以蓓蓓为名者，仅此一家，并无分出，起首老店，辫子商标。2. 鄙人并无“玉”照，故无法奉赠。但订阅本刊半年者，当赠纸质照片一帧。[4]

写信的听众大都是哈小姐的广播迷，妙的是提问者大胆直接，而哈小姐的回答也是游刃有余，幽默得体，甚至还把送“玉照”当作了招徕生意的幌子，吊足了追捧听众的胃口。追星自然也是民国广播圈的一道风景线。

不仅播音员备受听众热捧，播音职业也成为许多年青人梦寐以求的理想职业

1. 范. 广播无线电中的歌女［N］. 申报，1935-06-27（16）.
2. 现阶段所需的播音［J］. 音苑，1934，1（1）：2.
3. 音苑，1934，1（1）：6.
4. 哈小姐信箱［J］. 大声无线电半月刊，1947（2）：5.

之一。特别是许多中学生，将播音想象成“甜蜜神秘”的事业，而立志要成为一名播音员。大同电台的邵玉华后来就回忆说：“当我在求学的时代，认为‘广播’这个名词，始终是一个谜幻。想得如何甜蜜神秘，更是日夜的盼望着能够上一次话筒，尝试这份有趣的工作，坦白的说句老实话，让我当一个广播员。”[1]可以想见，对于求学的青年，广播对他们来说充满了多大的魅力，以致“日夜的盼望着能够上一次话筒”。而这种梦寐以求、“甜蜜神秘”的“谜幻”恰恰是播音员婉转动听的声音所引发的甜蜜“想象”。不过，播音员的生活真如想象那般梦幻吗？

三、播音员的收入、地位与职业认同

通过广播，民国播音员的声音为各地听众所熟悉，这种“以耳代目”接受信息的方式自然让听众对“只闻其声，未谋其面”的播音员们充满了好奇和想象。播音员吐词清楚、婉转悦耳的声音往往令听众对她们的生活发生美妙的遐想，以为播音员们的生活舒适愉快，而这么动听的嗓音定然也有着“楚楚动人的风姿”。

不过，民国的播音员们显然不会轻易对上述看法表示认同。对大多数播音员来说，外界想象的播音生活与现实的播音生活有着巨大的落差。《申报》的一篇文章就观察到这种反差：“我们在收音机畔，听歌女们的娇音婉转，每为神往，以为歌女们的生活，一定优游舒适，伊们的风姿，一定楚楚动人，那知事实适得其反。”如何适得其反呢？是文引用一位熟识内幕情形者说，事实上普通播音员的收入也是较低的，工作也不轻松，“至于风姿，因无线电中只求歌喉动听，品貌在所不计，所以倒极其随便的”。[2]

揆诸实情，民国播音员的生活的确与听众想象的惬意状态存在着不小的差距。播音员的生活并不如理想中的轻松，虽然各播音员的工薪有高有低，但普通播音员的工资绝不算高，甚而也有些业余的播音员可能还会因生计而发愁。专职的播音员收入相对固定，每月由电台发给薪水。福音电台招聘的报告员，每天工作八小时，按规定是“月薪四十，食宿自理”。[3]一位叫“佩昔”的作者也谈到沪上另一家广播电台的招聘情况，上海这家广播电台，“以二十六元一月，每天工作

1. 邵玉华 . 报告员的生活［J］. 大声无线电半月刊，1947（3）：6.
2. 范 . 广播无线电中的歌女［N］. 申报，1935-06-27（16）.
3. 征求电台报告员［N］. 申报，1935-05-16（4）.

六小时的条件，欲雇用一位能说普通话及能说上海话的女士，结果有几位女士都想去，那自然是只有一位女士获得了这好机会”。[1]就平均每小时的工资来看，上述两家电台开出的工资差距并不大，但从“佩昔”的言论中却不难看到播音员一职的竞争很是激烈。20 世纪 30 年代的上海，每月二十六元至四十元左右的薪水标准，显然不能算是高收入。播音员邵玉华就曾经哭穷：“谈到我们的待遇，非常菲薄，一月的辛苦，所得到的代价只够做一件极普通的春季大衣。你以为可笑吗？”[2]这样的待遇，的确只能算是非常普通的标准，至少与人们对“明星”的期望收入不相匹配。

至于演艺圈业余参与播音的，薪金往往要视名声而定，如果是暴得大名的名角，收入自然较高。最有名的弹词家，每月可有 500 元收入，只要每天在下午五点三十分至十一点，有一档四十分钟的节目。[3]不过高收入者毕竟只是少数，大多数跑电台的演艺团体其实都比较辛苦，收入也并不算高。有好事者就曾经讨论过这班艺人的收入：

在上海职业的播音艺人代价最高的，大约要算是弹词家李伯康。据说：每日一点钟的酬报，每月五百元。同时有一个播音剧团只要四十元，就可以做每日一点钟的节目一个月——电费在内——并且也有六七位职业的播音艺人。[4]

这些跑电台的演艺团体收入差异巨大，每月从五百元到四十元不等。一般的情况大致在每月二百元左右，收入低的一个剧团只有四十元左右，而且一个团里包括了六七位职员，平均下来每位职员每月只有五六元钱。北京的情况也差不多。从 1926 年 1 月北平广播电台播音酬谢金账目的支出情况来看，电台该月支出较多的播音酬谢有徐兰沅的京剧讲座，月底给徐氏支出 200 元，国采唱片公司的轻音乐月底支出 130 元，23 日、24 日，新民会演出的京剧，北平电台每场各支出 128 元。[5]相较这些高收入的演艺团体，另外的一些节目就相形见绌了，比如德俊峰的莲花落、快书，金雨园的趣味讲座，傅严的修养讲座，这些节目每档只有 3 元。

1. 佩昔 . 播音者［N］. 申报，1934-05-13（本报本埠增刊）.
2. 邵玉华 . 报告员的生活［J］. 大声无线电半月刊，1947（3）：6.
3. 新亮 . 上海的播音界［N］. 申报，1938-11-29（13）.
4. 音坛花絮［J］. 音苑，1934，1（1）：4-5.
5. 尽管不清楚这些支出是一档节目的费用还是一定周期的总费用，但很明显不同节目、不同播音者之间的报酬差别甚大。

另外，蔡子明的马头调、翟少平的奉天调、阿鉴如的秦腔、果振文的单弦、姜兰田的东韵等不少节目每档也才4元。[1]电台播音的低收入群体并不在少数，《申报》对此也有描述：

现在除有一二个时髦的歌星外，其他歌女薪给，每月大都在十元以下，四五元一月的也很多，更有些为了爱出风头来白尽义务歌唱的少女也不少。不过前者每天虽按时间而到，偶有误点，必受斥骂。后者则可来可不来，不受歌唱团的拘束。[2]

当时上海媒体甚而报道说，夜莺社有几位播音小姐，每月的收入只有车马费两三元。[3]普通播音员经济困难，由此可见一斑。

尽管大多数普通播音员每档节目每月只有几元收入，不过有节目可上，有经济来源已算不错。如果时来运转，一炮走红，每月可以与好几家电台合作，那收入也较为可观。梨娜就曾回忆起她所在团体在1934年左右的辉煌光景，“刚好那时候我们团体正走红运，一天差不多有十小时的工作”。[4]即便是以每档节目每小时二百元计算，她所在团每月收入应该在两千元左右，即便分摊到个人，她所得的收入也远比专职的电台播音员要高得多。

然而，毕竟这些演艺团体只是客串，属业余性质，其收入往往受电台节目波动的影响，并不稳定。他们的节目若“不是轰动过的或流行的”，电台和他们所订合同“大概不过一个月”。[5]一旦节目老套，播送效果不佳，或者电台节目受其他因素影响，那么这些靠跑电台的演艺团体的收入就大成问题。梨娜所在的演艺团体就是如此，她就说到该团辉煌之后的情形：“现在市面不景气，比三年前更厉害了，播音节目大受打击，就是能够拉到生意，价目上也打了个对折，因此我们的工作却比从前更辛苦。”[6]

因工资收入并不算高，有些甚而还要为生计苦苦奔波，故而对播音员来说，播音并非轻松愉快的工作。有人曾在一篇文学作品中描述过一位叫“莉英”的播音员的工作，说这位播音员“每天早上六点钟起身，略加梳洗后，进了一碗隔夜

1. 北京中央广播电台播音酬谢金明细账［A］. 北京档案馆藏，170-3-88.
2. 范. 广播无线电中的歌女［N］. 申报，1935-06-27（16）.
3. 代价三块钱［J］. 娱乐周报，1（16）：402.
4，6. 梨娜. 一个播音从业员［J］. 妇女生活，1937，4（5）：35-36.
5. 佩昔. 播音者［N］. 申报，1934-05-13（本报本埠增刊）.

的泡饭，告别亲爱的母亲，就徒步到三里路外的电台去工作”。她在那家小电台“担任着报告的业务，每日要工作十三个钟头，月薪法币八元，其他并无一个铜板的进账，反而在稍有疏忽的时候，把唱片或别的工作损坏了，就要吃赔账”。“在别的电台里，因为报告员起码有三四个，并且节目也不那么多，总得有休息的时候。惟有她的电台里司这个重要职务的，只有二个人，一个就是她，自晨七时到夜八时，另一个男的担任八时以后至次晨三时的工作”。[1]作为文学作品，细节可能有所失实，不过播音员的辛苦却于其中表露无遗。前文所述的那名叫梨娜的播音员，她自己回忆她的播音生活就说，因为当时走红，每天有十小时的节目要赶场，“于是我们也就是每天要跑上十多个地方工作了。一会儿在卡德路，一会儿在广东路，一会儿又在嵩山路，上海的东西南北区，我们每天至少要走一次。吃饭的时间也没有了，当是一边工作，一边叫碗阳春面或蛋炒饭来解决肚皮问题。”[2]播音员工作的艰辛亦可以想见。因为工作较劳累，生活又极不规律，这也影响到播音员的身体健康，亚健康即成为播音员的职业病。播音员姚慕双就说，我们的身体“大多不十分健全，即使每日能抽出一个时间来锻炼，总也无济于事。所以在同业之中，体格强健的，真正少得可怜”。[3]

且不说工作辛苦、收入不高，对播音员造成更大困扰的乃是疲于应付的各种应酬及作为公众人物要承担的各种社会压力。中国文化电台的张梦琪就对各种追星活动感到极其痛苦，她说：“我时常能够接到一般‘特种听众’的电话，约出去看电影，或是咖啡室，或是跳舞场等等，甚至于会一次二次三次的来缠扰着你。”“更有甚至于写信来要求，而且恐吓信等都有。在某一个时期里，我往往会逼于威胁不得已应酬一次的，但内心的痛苦，诚非笔墨所可能形容的。”[4]不仅是听众的追星之举会对播音员造成压力，播音员同时还要面对其他各色人等，譬如电台老板、广告商、商家以及媒体的记者。梨娜就告诫说：“电台的主任，报告员以及一般跑电台的报馆杂志编者，你都要留心对付，万一得罪了谁，攻击

1. 天随之 . 电台女报告员［J］. 文摘，1937，1（3）：183-184.
2. 梨娜 . 一个播音从业员［J］. 妇女生活，1937，4（5）：35-36.
3. 姚慕双 . 我们的生活［J］. 大声无线电半月刊，1947（1）：10.
4. 张梦琪 . 报告员的地位 J］. 大声无线电半月刊，1947（2）：6.

起来可要吃眼前亏了。”[1]这种应酬显然并不单纯，对付起来也不甚容易，毕竟并非所有的播音员都是交际花。作为明星，即便偶尔的出席也还需要提防小报的捕风捉影。如果广播员稍有活动或在交际场中稍有应酬，只要给好事者知道了，那可能就免不了会小题大做，捕风捉影地大加“宣传”。[2]说到底，虽然播音员成为新的明星，外在光鲜夺人，然而其社会地位并没有得到认可与尊重。

因为上述种种问题，有的播音员对这种单调乏味的播音生活都生出苦闷、厌倦的感觉，甚至有不少播音员急切地想早日摆脱这种生活。姚慕双感慨道：

很快地度了五六年的播音生活，在这短短的时间中，所给我的感想，只是烦恼和厌倦！同时使我以前热烈的理想，也无形中变成失望和空虚！整天为着逼人的生活，只有嘶喊，奔跋。然而所得到的代价，也不过勉堪温饱而已。[3]

另一位播音员王爱娜则因播音要时时迎合别人的心理，也透露出不想再从事播音工作的意向。[4]播音职业，想象的美好与现实的辛苦形成鲜明对比，构成典型的“围城”效应。一面是“围城”外者对播音员生活的美好憧憬，一面是“围城”内的人却心力憔悴，想着要出去。于是也免不了城内人苦口婆心地劝诫城外人，一位曾跑过电台的歌女就告诫年轻的学龄少女说：

我以为歌女虽则为职业之一，但其供献于社会的，实甚微薄，除供给资产阶级娱乐之外，有什么足以值得称颂的呢？所以我敢以至诚、在这里附带劝告一般学龄时代的少女，你们应当认识时代，别把可贵的前途断送了，应当寻觅你们人生的大道。[5]

四、结语

近代社会呈现明显的社会分工，职业的分化亦愈发剧烈。与此同时，各行业的职业化也成为20世纪最主要的社会特征之一。与今日对“播音员”的理解不同，因民国广播播音方才起步，播音员队伍尚无明确的资格准入，除专职播音员外，大量活跃在电台客串播音的演艺人员往往也被归入“播音界”。民国

1. 梨娜．一个播音从业员［J］．妇女生活，1937，4（5）：35-36.
2. 邵玉华．报告员的生活［J］．大声无线电半月刊，1947（3）：6.
3. 姚慕双．我们的生活［J］．大声无线电半月刊，1947（1）：10.
4. 王爱娜．我的播音生活［J］．沪声，1936，1（2）：9.
5. 范．广播无线电中的歌女［N］．申报，1935-06-27（16）.

播音的客观环境、运作模式决定了民国广播专职播音与艺人客串播音必然长期并存。只是随着无线电广播事业的逐步成熟规范，以及唱片等声音载体的涌现与普及，播送唱片才逐步取代艺人到场表演，广播播音始得以朝向职业播音主导的阶段过渡。

作为民国新兴的大众传播平台，在无线电广播娱乐市民、营造欲望的同时，播音员也成为娱乐与消费的对象，被狂欢的媒体包装、培育成为新的明星，受到听众的竞相追捧。然而与常人对“明星”的想象不同，民国播音员的收入、待遇与地位与理想颇有距离，而因“明星”遭致追星者对播音员私生活的滋扰，更引发了部分播音员对职业的忧虑。考察民国播音员的自我记述，不难发现民国播音界内、外形成了典型的“围城”效应。透过民国播音员的职业生态与社会生活，或许可以于微观的层面看到近代广播事业的别样风情。

（原刊于《新闻与传播研究》，2013年4期。）

声浪中的娱乐：近代广播的兴盛与娱乐形态的嬗易

广播是民国时期新兴的媒体形态，自1923年外商奥斯邦试办广播电台以来，广播在近代中国迅速发展，并日益成为民国时期大众传播的主要媒介之一。大众传播工具的兴起往往有着深刻的社会动因，而新的传播工具的出现反过来又会对社会造成一定的影响。这种媒介与社会的互动业已引起许多学者的兴趣。不过，就广播史研究而言，学术界的言说还多指向广播事业发展脉络的清理，甚少将视角转向与社会互动的层面，即或偶有些许的高谈妙论，也较少实证性地就某一行业、领域进行具体分析。

民国时期，广播事业的迅速崛起使得无线电广播成了与传统报刊并驾齐驱的大众传播媒介。自民国广播电台创办伊始，娱乐就与其紧密地交织在一起，成为早期播音的重要内容。20世纪30年代，随着民营电台的迅猛发展，娱乐节目更成为风靡各大电台的主力节目形态。相较传统的演艺形态，民国播音娱乐节目在演出形式、观赏模式上都有显著差异。民国播音娱乐节目的发达揭示了一种新的娱乐方式与娱乐取向的出现。作为民国时期新兴的大众传播方式，广播的崛起及其所营造的大众狂欢究竟对传统娱乐行业造成了何种影响？传统演艺娱乐业又是如何面对广播日趋流行的社会新浪潮的？对于上述问题，学界的探讨存在明显不足。本文试图以无线电广播对传统演艺形态的影响为例，探讨具体社会处境中媒介传播方式的变更与相关行业变革间的内在关系。本文不准备对近代演艺形态的变迁做行业内的具体考察，而只是希望从“传播模式”变革的角度，探讨近代演艺形态的转型与民国社会（特别是新的传播方式的变革）间的关联。另需特别指出的是，本文仅是对民国时期广播所引发的传统演艺形态的有限观察，最多只是呈现两者间的内在关联，却并不认为传播方式的变革对近代演艺形态的变迁有决定性的作用。

一、近代娱乐播音的盛行

娱乐是人类社会的基本属性之一。在人类社会发展史上，娱乐形式从自我娱乐、人际娱乐、群体娱乐到大众娱乐，反映出人性总体上从自然属性、社会属性到精神属性的拓展。民国广播电台的兴起与发展，为娱乐迈出传统娱乐形态、走向大众娱乐提供了新的技术手段和传播平台。自广播播音伊始，娱乐就与广播紧密地结合在一起，娱乐节目也成为近代广播播音的重要内容。1923 年 1 月，外商奥斯邦所设广播电台仍在试验阶段时，音乐歌唱就成为电台试播的主要节目。据《申报》报道，该台 1 月 27 日的试播节目为“八时大陆报今日之新闻、八点一刻本埠著名滑稽家海乃（Mr. Mark Hanna）君布其特别之歌调、八点半为哥伦比亚乡村俱乐部之奏乐声、八点四十五分美国大学俱乐部之四人合奏声、九时为哥伦比亚乡村俱乐部中之喝彩声”。[1] 除报告《大陆报》的新闻外，该台所播几乎全是娱乐性的节目。

作为民国时期新兴的大众传播媒介，广播具有传播快、影响大、受众广等特点，娱乐播音作为新的娱乐形态受到市民的热烈追捧，收音机遂而成为民国时期家庭娱乐“流行”与“时髦”的象征性符号。娱乐播音的流行主要表现在以下两个方向：其一，娱乐节目成为各电台播音最重要的节目类型；其二，娱乐播音成了近代市民较普遍的娱乐方式。

只要对民国时期各广播电台的节目稍加留意，就不难发现无论是公营电台还是私营电台，娱乐节目都是广播电台最普遍、最不可或缺的节目类型。娱乐节目的泛滥甚至给人一种错觉，离开了娱乐节目，电台便不成其为电台。特别是 20 世纪 30 年代，随着民族资本与近代商业的繁荣，民营商业电台的迅速兴起，在消费主义与商业文化的刺激之下，娱乐播音成为各电台最重要的节目类型。热衷于广播事业的俞子夷曾对 1934 年 4 月 5 日上海 28 家广播电台所播送的节目做过统计，俞氏惊讶地发现：“拿 28 家平均起来，非娱乐的（节目），每家平均不过 1.3 档罢了。娱乐的每家平均有 7.75 档。每日每家平均播送七八小时的娱乐，娱乐的机会真多。”[2] 俞子夷所说的“一档”约指三刻或一个钟。换言之，这些电台非娱乐类的节目，每天平均播出不到一个半小时，而娱乐类的节目则多达七八小时，娱乐节目在播出时间上完全压倒了非娱乐性的节目。

1. 空中传声法昨日继续试验，内有各项音乐歌唱之声［N］. 申报，1923-01-28.
2. 俞子夷 . 谈广播节目［J］. 中国无线电，1934，2（9）.

民国时期娱乐播音的流行并非民营商业电台出现的偶然现象，即便是国民党中央广播电台，娱乐播音在其播音节目中也占据了很大比重。该台 1934 年 9 月 24 日至 30 日的播音节目统计显示，该台的节目类型主要有音乐、新闻、演讲、常识及其他几类，其中音乐类节目比重最高，占 39.3%。[1] 在专以“灌输主义”为宗旨的中央广播电台，娱乐播音都如此盛行，其他电台的播音情况亦可见一斑。由此，娱乐节目的流行并非某些电台的个别行为，娱乐节目的流行无疑是民国时期广播业的重要特征。[2]

一般来说，播音节目的设置并非电台的突发奇想，节目类型与播送时长总是受到市场需求、听众审美等各方面因素的影响，节目的流行往往起因于社会极为旺盛的消费需求。伴随着收音设备在市民阶层中的逐步普及，在 20 世纪 30 年代收听娱乐播音已成为市民热衷而流行的娱乐方式。广播电台设置之初，因收音机价格不菲，家庭收音机多是其时社会上层的“奢侈品”。然而随着民国广播及收音装置的迅速普及，不少普通民众亦渐有机会享受这一新技术带来的乐趣，这也使得娱乐变得日益大众化，不再只是精英和有产阶级独享的“奢侈生活”。金全就谈到：

现代各种娱乐机关已化为有闲阶级的独占物，无线电是民众化的娱乐机关，可使全国民众，人人得在晚餐后团聚，欣赏第一流音乐家演奏，农村渔舍寂寞之人，或年老残疾颓废之身，均可收听，身心得为之舒适。[3]

金全所论虽不无理想化的色彩，其时广播也并非人人皆可收听，但广播播音覆盖范围日广，收听人数与日俱增却是不争的事实。鲁迅在《知了世界》中就曾提及天气热的时候，各家都把门窗大开，这里装着无线电收音器的人家，“便把音波放到街头”“与民同乐”。然而因为全是“咿咿唉唉，唱呀唱呀”的娱乐节目，没完没了，以至生成厌烦，使得“耳根没有一刻清静”。[4] 上海弄堂里的这

1. 中央电台上周发音节目百分比［J］. 广播周报，1934，1（3）：2.

2. 民国时期广播电台的娱乐节目在播放节目中的比重非常之高，特别很多民营小电台，全天几乎尽是娱乐节目。甚而，娱乐节目的流行已有泛滥之象。对此种现象，无论是节目的收听者还是制作者，都深有感触。苏祖国即说：“年来广播电台林立，综其节目，亦可谓五色缤纷，极洋洋大观之能事，听众之乐，可谓至矣。惟细按节目内之中心节目，其过程则在先为唱片，继之以弹词，继之以滑稽，再继之以歌唱。至学识之讲述，技能之教授，虽亦居广播节目之列，究为凤毛麟角，渺乎其小。”苏祖国 . 谈广播节目［J］. 中国无线电，1934，2（5）.

3. 金全 . 广播事业对国民生活的各种影响［J］. 无线电，1934，1（3）.

4. 鲁迅 . 花边文学［M］. 北京：人民文学出版社，1980：94.

一幕并非鲜见，另一作者也有类似的观察："一共全弄堂没有十家人家，天电竹竿却竖了十几根，大的六灯七灯也有，小的矿石收音机也有。一到晚上，耳朵内无论在东西各面总觉得叮咚的有弦子声。"[1]弄堂里"电线林立"、收音机不时"与众同乐"，甚至到"没完没了"的状态，都反映出娱乐播音已经进入都市一般民众的日常生活，成为日常休闲、家庭娱乐的重要组成部分。

二、新的娱乐方式：市民娱乐形态的转换

娱乐播音的流行一方面表明社会有着强盛的娱乐需求，另一方面也显示了都市娱乐中新的娱乐形式与消费取向。虽然，广播播音的视听效果和现场感尚无法与亲临剧院相比，但广播娱乐节目的丰富性、便利性以及成本的低廉却是传统娱乐消费无可比拟的优势。昆曲票友吴淞亚得知申报馆有昆曲广播后，辗转购得一部收音机，收听节目后，按捺不住激动之情撰文写道："使吾国最优美之音，假能媒之力传至数百英里之外，不劳舟车劳顿，友朋绍介而克亲謦，欸如在一室之内者。申报馆之功为不朽矣。"[2]吴淞亚的笔下已然将广播娱乐的优势展现无遗。娱乐播音能"传至数百英里之外"，听众再也不必"舟车劳顿"亲临现场，却也能获得"如在一室"的感受。

正因为广播节目的优势明显，以致很多收音机的拥有者往往不愿再大费周章地去拥挤的公共场所观赏传统娱乐表演。收音机就犹如一个奇妙、充满魔幻色彩的"匣子"，将滑稽、歌唱、戏曲、相声、弹词、苏滩等各种娱乐节目汇集在一起，具有"放之则弥六合，卷之则退藏于密室"的特征。借助新的技术手段，市民只要旋开按钮，静候在家中收音机旁，便可以在极为舒适、惬意的状态下听到字正腔圆的表演。"告别剧场"看似是不经意的选择，却意味着传统消费空间的转移与新的消费空间的生成。在新的消费空间，"家"所独具的温馨舒适为娱乐休闲提供了最佳场所。"家"中的休闲不但省却了奔波劳累之苦，也更容易达到彻底的放松，进而获得内心的愉悦与满足。民国另一位听众就以极为悠然的笔触描绘了他在家中收听娱乐节目的惬意心态：

优美之音乐，每于不知不觉之中，能陶怡性情，一曲甫终，胸襟为□，故每

1. 电迷．收台节目指导［J］．电声，1934，3（7）：138.
2. 吴淞亚．无线电话聆曲记［N］．申报，1924-06-18.

当晚饭之后，华灯初上之际，集家人于一室，徐开话匣，则南腔北调，讴歌古乐，惟吾所欲。一日劳碌至是尽释，其快乐为何如哉。且话片之中，除音乐与戏剧外，尚有演说、国语及英文等均足为教育之助，自修之需也。是以娱乐之中，除电影外，当推话匣为第一矣。[1]

不难想见，“华灯初上”时，全家人齐聚一室收听广播的其乐融融，娱乐节目不仅让人“劳碌尽释”，全家欢聚更是充满温情。这种感觉之难忘，体验之深刻，以至有听众将播音娱乐视为围炉团坐时“无上之娱乐品”。[2]在民国市民家庭中，收音机往往都被摆放在显赫位置，这也显示着娱乐播音在家庭空间中占据着重要地位。

娱乐播音不仅引发娱乐空间的重新分配，它也重新编排了市民的休闲时间。一位初次接触无线电收音的听众如是说：

我拿了几样小东西便连上了，竟然能听到美丽而悦耳的歌曲！我是被它迷住了，真也不想把听筒从耳上拿下来。可是一等到那讨厌的吃饭钟响了，我才不得已把听筒放下，对着那矿石收音机呆呆的看了一下，走回家去，但我的耳膜，似乎还跟着那可爱的音乐共鸣呢！[3]

与这位无线电迷类似的痴醉者为数不少，电影女星陈玉梅购买收音机后，“大部分的时间，伴着收音机生活”，几乎到废寝忘食的地步。另一位明星叶秋心“在家里用膳时，必定也要开收音机，否则就饭难下口”。[4]这些娱乐节目的忠实听众对收音节目的酷爱到了废寝忘食的地步，娱乐播音也几乎改写了他们的日常生活，成为他们最乐于接受的娱乐方式。无线电播音的魅力以及娱乐节目对人们生活的影响不可谓不大。

娱乐播音的影响显然并不局限于这些有收音机购买能力的都市市民，对于那些无力购买收音机的劳工大众，娱乐播音由于面向大众传播的特点，也不失机会地为他们制造出了更多的娱乐机会。例如民国的商家就时常开着广播，以新鲜玩意儿吸引听众招徕生意。一位叫“濂裔”的作者观察说：“无线电本为高尚娱乐

1. 乐理．话匣与娱乐［N］．申报，1925-01-14.
2. 天浪．无线电话为娱乐要品［N］．申报，1924-12-19.
3. 无线电［J］.1946，4（2）.
4. 海色．电影女星电唱迷，陈玉梅买机做人情［J］．电声，1934，3（12）：236.

品，沪上自开洛公司放送无线电后，装者颇多。一般商店乃利用此无线电之传递音乐，有即用之以作广告者。如大马路之某商号，大新街之某电料店等均将此无线电放音机装在门首。盖机中有时忽放音乐，有时忽唱戏曲，有时忽报市情。无日不吸引多数人之驻足而听，此亦善于利用广告者。”[1]这些商家的精明之举自然吸引到不少的听众，在上海便时常可以看到这样的一幕：在稍为热闹的马路，“每一家装着有无线电收音机的商店门口，总是围着许多人在那里聆听无线电的播音”。[2]《申报》观察说：“滑稽在播音圈里很有相当魔力，尤其是沿马路的商店，他们最喜欢收听滑稽，同时可以吸引主顾上门。低级社会没有力量购置收音机的，总是成群结队地跑到商店门口去过瘾，这种情形我们在马路上时常可以看到的。”[3]商家利用娱乐播音来吸引主顾，不仅将马路转变成了新的娱乐空间，也为一般的民众提供了娱乐的可能。倒不管商家是否真的借此谋得利润，一般的劳苦大众倒可能在其中“感受到乐趣，把他们的疲倦和烦恼都能忘去”。[4]显然，娱乐播音为普通阶层营造了新的娱乐环境，为传统的“马路娱乐”提供了新的内容，增添了新的娱乐体验。

此外，一些地方政府也在公园等公共场所大量装置收音机，以丰富市民生活，增加城市的娱乐氛围。在广州，政府为方便民众收听就决定在中央公园设置放音台，免费提供给市民收听，很多市民纷纷在播音收音时涌入中央公园，收听广播节目。有媒体描绘其时盛况说：“等到八点钟，已经没有地方了，来的人还源源不断。”[5]这种因广播而生成的“公共空间”无疑塑造出一种全新的娱乐形态和生活方式。

技术的变革总是引发社会生活的悄然改变。从消费模式上看，在传统的娱乐形式中消费者需要离开家庭涌向固定的娱乐场所，而娱乐播音的听众则只需要打开收音机，不再与表演者面对面地完成消费。消费者从“观众”变成了“听众”，从“现场”转变为“不在场”。无论是居家的家庭娱乐，还是马路、公园等公共空间中的娱乐广播，都在既定的娱乐方式上开辟了新的方向，提供了新的娱乐形

1. 濂裔．上海之特别广告种种［N］．申报，1927-05-29.
2，4. 无线电播音与社会的改革［J］．上海无线电，1939（40）.
3. 笔花．播音圈里的花花絮絮：五［N］．申报，1939-04-27.
5. 国民花园开放之夜［N］．广州民国日报，1927-12-06.

态。收听者无论是在家中还是在公共空间中进行收听，事实上都是一种新的生活选择。

三、传播技术的变革与演艺形态的分化

传播技术的变革对近代演艺行业的影响是全方位的，娱乐播音的兴起很大程度上改变了近代娱乐业的结构，影响了近代娱乐形态的嬗替。首先，娱乐播音节目的发达一定程度上改变了市民的娱乐方式，娱乐空间的转换也分流了传统演艺界的观众，新的娱乐形式不可避免地对传统娱乐业造成了冲击。19 世纪中叶到 20 世纪 30 年代，传统休闲娱乐行业主要集中在茶馆、公园、戏院等场所，观众则以这些地方附近的市民为主。茶馆、公园、戏院人多混杂，甚而在传统男女有别的观念影响下，以致部分妇女和儿童被排除在听众之外，即使在开放女客之后，很多妇女和儿童也对在公众场合的娱乐心存顾虑。同样，部分社会精英也不太喜欢前往喧嚣嘈杂的场所娱乐。广播出现之后，娱乐播音提供的“居家娱乐”的休闲方式使得人们不必再拥向人头攒动的公共戏院，播音广播使得娱乐更为私密化、自由化。空间感的消逝使得“听戏”在某种程度上代替了“看戏”，信息渠道的变化部分地改变了听众聚合的方式，进而分化了出入戏院、茶馆的人流。一位叫钱云的听众就坦白说：“影戏院加价到了八角半之后，尚未曾踏进过院门，好在家里有一具收音机，就这样坐坐听听，无意间还含着节约，岂不甚好。”[1] 钱氏的选择颇具代表性，揭示出在消费成本的顾虑下，不少传统影戏院的潜在观众转而成为娱乐播音的追捧者。

娱乐播音对传统娱乐表演的巨大冲击也可以从传统娱乐行业的对抗性举措中看出端倪。一些娱乐表演活动为保证演艺“票房”的收入，转而也对娱乐播音加以抵制。例如 1931 年上海工部局的一次会议就有委员提出抗议说：“近来所举行之音乐会已见满座，一经播音，结果将使音乐会收入减少，除非所收特准播音之费，足抵音乐会收入之损失。”[2] 正因为“播音”的关系，很多观众不再光临音乐会，而改以“广播”收听，这使得音乐会收入损失巨大，最终引起了收取“特准播音费”的提议。暂且不谈广播播音有无自由播音权，是否需要交纳“特准播

1. 钱云 . 漫话电台广告［J］. 上海无线电，1938（38）.
2. 旧中国的上海广播事业［A］. 北京：档案出版社、中国广播电视出版社，1985：86.

音费”，这种抗议至少表明那些家里购置收音机的市民以听广播来代替其他娱乐在当时已成为较普遍的选择，娱乐播音对传统影院、戏院的生意构成了直接的影响。在新的传播语境下，传统的戏院、影院如果不能提供深刻的感官体验，缺乏创新的精神，显然不足以与大众传播的洪流相抗衡，衰落之势不难预见。

其次，娱乐播音对“言语”的依赖也使得传统演艺行业内部出现了明显的分化。民国时期，广播播音的出现确使不少传统演艺活动都借助无线电赢得了更多的听众与爱好者。类如歌曲、相声、滑稽等曲艺娱乐节目多在电台走红，这从其时播音演艺团队的活跃程度上即可见一斑。上海是无线电最为发达的城市，随着娱乐播音的兴起，围绕各电台广泛组织有各式演艺团体（如歌唱团体、滑稽团体、相声团体，等等）。在这些社团中，以歌唱团体尤为瞩目。一些专为播音而设的“歌唱社”，如“明月社”“大同社”“甜姐儿社”等歌唱团体与商业电台交相辉映，成为沪上播音界的“新宠”。据统计，1936 年到中央广播电台参与播音、制作文艺节目的社团就有几十个之多，如音乐歌唱团体有稚鸣社、怒吼社等 25 个社团；国乐弹词有律社等 5 个社团；话剧有海燕话剧社等 7 个社团。[1] 演艺团体的活跃程度犹如晴雨表，直接反衬出相关节目类型的景气指数。然而，观察这些借助广播迅速发展的节目，不难发现这些走上电台的播音节目大抵都有一个共同的特点，即偏重言语的表达。因娱乐播音的特点即主要依靠声音而传播，故而偏重于言语的节目自然易于大放光彩，而偏重空间、舞台、肢体的娱乐节目则多无缘“触电”。

广播播音对言语的倚重，甚而在民国时期还催生出新的艺术形态，其中尤以广播剧最具典型。广播电台初设之时，主要是新闻（语言）和音乐（曲艺）类节目，随着节目内容的不断丰富，形式的不断开拓，这才出现“广播剧”这种广播业独创的戏剧形态。广播剧通过营造逼真的声响效果、拟态化的环境，在民国时期获得了极大的成功。广播剧对言语的重视、拓展在第一部广播剧《恐怖的回忆》中就有生动的反映。该剧虽用戏剧的形式，分为第一、二两场，不过表现各种声响极为逼真。“第二幕时，枪炮声，轰炸者，人声喧哗，惨呼悲号。”“若去年

1. 上海市通志馆年鉴季员会 . 上海市年鉴：1937 年（下）［M］. 上海：中华书局，1937：“M”166.

曾受此痛苦而今家破人亡，流离失所者闻之，则其感触又何如也。”[1]该剧“每半小时播送机关枪声、炮声等以醒听众，拟声极肖，可谓开播音界之首创，听众皆误为舶来品之留声机片，实质人为之也”。[2]广播剧对言语的强调非常明显，民国的理论家就明确指出广播剧系“纯粹诉诸听觉的一种戏剧”。[3]广播剧最大的特点便是只能单纯运用声音，诉诸听众的听觉。[4]

总的来说，娱乐播音与传统的舞台表演确有很大的差别，最大的不同就在于听众只能靠听觉来感受声浪，娱乐播音大大弱化了舞台的布景与运用，基本上全然依赖表演者的言语进行表达。播音的这种特性为一些擅长言语的说、唱的节目提供了发展空间，类似相声、滑稽、弹词等曲艺类节目由于适合广播播音的要求因而发展迅速，在电台呈现一派繁荣。但显然地，对于那些强调肢体艺术及舞台效果的艺术形式，如戏剧、杂技、舞蹈则一时较难通过纯粹的声音来表现，无法直接参与大众传播，这些“不合时宜”的演艺形态则显得较为被动，有些甚而陷入危机。只需将民国时期各类场所化的演艺形态与各电台节目表中的娱乐形态略加对比便不难发现，有些演艺形态根本就没有机会走上电台。作为一种新的大众化的传播工具，广播在丰富市民娱乐形态的同时，无疑在客观上也导致了民国时期各种艺术形式发展的不平衡。

四、娱乐播音的嬗易：大众文化的表征

传播学巨匠麦克卢汉曾把广播比喻为“共鸣箱”，他说广播以人与人直接打交道的私下的亲切的形式出现在我们面前。然而它其实是一种具有魔力的、能扣动早已忘却的琴弦的、潜意识的共鸣箱。[5]作为“共鸣箱”，广播在受众与社会之间架起了联系的桥梁，有力量将心灵和社会合而为一。广播与大众文化呈现出一种极为复杂的关系，广播既生产、传播大众文化，同时也深受大众文化影响，展现、反映大众文化的趋势与特征。就此而言，娱乐播音不仅是文化权力在播音平台相互角力竞争的结果，同时也直接体现大众文化的情绪与风向。

1. 播音剧本：恐怖的回忆［J］. 中国无线电，1933-1-5：48-53.
2. 转引自祖文忠 . 上海广播剧史话［M］. 上海：上海文化出版社，2007：3.
3. 天津台 . 如何导演广播剧［J］. 广播周报，1947（255）：11.
4. 钟卒 . 广播剧的表现领域与分幕［J］. 广播周报，1948（83）：10.
5. 马歇尔・麦克卢汉 . 理解媒介：论人的延伸［M］. 何道宽，译 . 北京：商务印书馆，2000：372.

近代以降，西方艺术蜂拥而入，民国时期各类西洋乐器、演唱以及流行音乐开始充斥大众娱乐空间。东西方文化的频繁接触与交流，也使得东西方的艺术形态内在的竞争性关系日益紧张。特别是五四以来，主流文化心态对传统的扬弃与对西方精神价值的追捧，导致传统曲艺戏剧越来越受到知识青年的抵触，而西方艺术中，“平等”“独立”“自由”，甚至是“革命”的主题和内容则成为新的讴歌对象，这些特征在娱乐播音中有着淋漓尽致的反映。从内容上看，作为迎合西方价值观念的重要表现形式，都市中亲西方的上流阶层普遍表达出对钢琴、小提琴等西洋乐器和歌剧、交响乐等演艺形态的偏好，甚而西方音乐艺术成为身份与地位的标签和象征。与此同时，传统娱乐形态熏陶下的老一辈受众退出历史舞台后，受舆论界对传统文化抵制心理的影响，新生代的娱乐兴趣不再留恋于那些旧的传统，旧式戏曲的光芒很快被新音乐和流行歌曲所代替。“民国初年，新音乐的影响主要是在中小学校。20 年代，新的舞台表演性音乐（如儿童歌舞剧等）开始兴起，琵琶、二胡音乐逐步成为独立的艺术。”[1] 1939 年 6 月，上海妇女补习学校的一份针对学生娱乐兴趣的调查显示，面对“你最喜欢哪几种无线电播音？”这一问题，前五位的答案分别是音乐、歌唱、故事、话剧、滑稽。这几种娱乐形态中，音乐与歌唱无疑都是新式的娱乐节目，音乐、歌唱的独领风骚表明部分受众的娱乐兴趣已经发生了转移。这种“新式”娱乐的异军突起，既是娱乐演艺形态的转型与变革的表征，更是近代社会文化嬗变的自然反映，这指明民国时期音乐、歌唱这类新式娱乐形态的娱乐人群已经形成，且成为影响和左右都市文化潮流的重要力量。

流行音乐的兴起也可视为这一时期播音娱乐参与大众文化制作的一个典型。作为民国大众文化传播的主要载体，广播在信息传播的同时自然参与大众文化的生产与制作。歌曲最能体现时代风貌与社会变迁，尤其是现代歌曲，其歌词内容、歌曲旋律、演唱技巧、伴奏配器等更是与时代背景、流行情趣等息息相关。现代流行歌曲的风靡与广播娱乐播音的发达几近同步，这充分展示了两者之间内在的紧密关系。黎锦晖创作的中国第一首现代流行歌曲《毛毛雨》诞生于 1927 年，

1. 孙继南，周柱铨 . 中国音乐通史简编［M］. 济南：山东教育出版社，1991：223.

此后经黎明晖演唱，通过收音机和留声机传遍大街小巷。[1] 民国时期，广播、电影与唱片等载体造就了大批歌星、影星，这些娱乐界的时尚明星几乎成了近代流行文化的引领者。有“金嗓子”美誉的周璇成名于一家民营电台和《大晚报》举办的“播音歌星竞选”。周璇在这次比赛中一炮走红，最后以落后白虹不多的票数名列第二，获得“金嗓子”称号。随后，周璇开始在上海“友联”“新新”“青鸟”等电台播唱，受到听众热情追捧，开始绽放出耀眼光芒。周璇一生共演唱了两百余首歌曲，这些歌曲之所以得以广泛传播，很大程度都要归功于娱乐播音。周璇代表性的作品如《四季歌》《天涯歌女》《夜上海》《何日君再来》等，通过广播和留声机风靡了大半个世纪，影响了几代人。白先勇在《上海童年》中就曾回忆他童年时代上海的“周璇热”：“那时上海滩到处都在播放周璇的歌，家家‘花好月圆’，户户‘凤凰于飞’。”最令白先勇不能忘怀的也是周璇那首《龙华的桃花》：“上海没有花，大家到龙华，龙华的桃花都回不了家！”[2] 流行歌曲在 20 世纪 30 年代的盛行，既与大众传播的平台、工具的推动有关，同时也是受众娱乐观念、大众文化自我选择的结果。与这种新式娱乐节目的兴起同时，传统的曲艺戏剧地位的相对弱化则成为不可避免的现象，中国音乐也由此进入了新音乐与传统音乐并行的多元化社会音乐结构的新时期。[3]

娱乐播音对大众文化的生产根本源于商业利润的驱动，娱乐形态的流行与否受到社会文化、受众审美等因素的多重制约，这之中当然还包含着政治组织意识形态的生产、社会秩序的规范对大众文化的操控。从这一角度观察，娱乐播音的幻变也是官方认同的“现代性”、社会舆论贯有的道德底线以及时代语境赋予的民族话语等多因素角力的结果。1933 年 5 月 29 日，旅沪宁波同乡会就部分电台仍在播送“四明文戏”唱片一事致函各相关电台，申明立场：

查无线电播音机播送各种新闻、商情、音乐等等，原为发展文化，便利商业，并辅助社会娱乐，立意至善。讵近有一二无线电播音台，为牟利起见，竟采用四明半客唱片，词语淫秽，不独有关风化，而且影响国誉，实与播音原则未尽吻合。

1. 葛涛．唱片与近代上海社会生活［M］．上海：上海辞书出版社，2009：163.
2. 上海童年［M］// 白先勇．明星咖啡馆，南京：江苏文艺出版社，1999：14.
3. 孙继南，周柱铨．中国音乐通史简编［M］．济南：山东教育出版社，1991：223.

值此风俗颓废之际，岂再容推波助澜，流害社会。为此专函警告。至希查照，迅予停止此种秽亵唱词之播送，庶于国誉风化两有裨益，当为贵电台所乐从焉。[1]

民国娱乐播音的迅速崛起致使广播播音规范并不成熟，特别是民营商业电台为争取听众，有意无意地增加了播音内容的“淫词秽语”，故而类似于禁止“四明文戏”的社会舆论，甚至禁播的行政举措都不时可见。严独鹤就批评上海各电台所播送的娱乐节目多数是“靡靡之音”“对于民众德性和社会风化很有妨碍”，因此强烈要求“加以纠正”。特别是在国难当头，国家正值生死存亡之秋，电台却依然不关心国事，终日“陶醉于俚词艳曲”之中，让知识精英痛感民众的麻木。[2]严氏的忧患不无道理，即使在八一三事件后的上海，上海的广播电台仍然生活在“醉生梦死”之中。“我们细看节目，真是失望。再听播音把指针转到利利电台，就听到程李的毛家书，开篇叫作宫怨，是杨贵妃吃醋，倒不如嫁个风流郎，朝欢暮乐度时光。”“这国家生死存亡之秋，还唱这种歌儿，悠游自得，真叫不知亡国恨了。”[3]在救亡的时代语境下，流行与救亡被知识界制作成为一种话语悖论。一方面，抗日救亡歌曲被灌制成唱片，在电台中反复播放，唤起、激发民众的爱国热忱。另一方面，大量的娱乐播音节目则被纳入禁播的范围，这其中虽然确有“有伤风化”的作品，不过因为道德标准模糊不清，显然也有不少的作品遭到误伤。[4]显然地，社会精英和地方政府都试图通过操控播音娱乐的内容进而对大众娱乐加以掌控，他们试图将其政治主张灌输在播出的节目之中，试图把“新的”“积极的”“进步的”要素灌输其中以“教化”听众。民国播音娱乐的主题倾向，无论是浪漫史、“淫荡”、“暴力”，还是爱国、现代、西化，显然都反映了外部社会转型和政治的演化。[5]

娱乐广播在某种程度上也可视为社会大众文化的直接表现，具体节目形态的流行与式微事实上直接反映了大众审美与社会心理的变迁过程。一方面广播节目

1. 停止广播四明文戏［N］. 申报，1933-05-30.
2. 独鹤 . 借无线电机灌输知识［N］. 新闻夜报，1935-07-08.
3. 《上海一日》第三部第四辑［A］// 旧中国的上海广播事业 . 北京：档案出版社、中国广播电视出版社，1985：463-465.
4. 1947 年上海市警察局公布的禁播名单，其中禁播唱片最多，共有 97 首，包括《毛毛雨》《天涯歌女》等知名流行歌曲。另有滑稽、相声、杂曲、南词、申曲等。《淫靡之音禁止播送》，《大声无线电半月刊》，1947 年第 2 期，第 1 页。
5. 王笛 . 茶馆：成都的公共生活和微观世界（1900—1950）［M］. 北京：社会科学文献出版社，2010：144.

的设置受到大众文化的制约，反映文化市场的需求与方向。特别是商业电台，听众成为电台的生命线，在节目设置上更需要考虑迎合听众的口味。另一方面，广播电台的增多，娱乐节目的极度丰富，为听众发挥其选择自由提供了可能。听众一旦拥有了收音机，便可以接触到音乐、歌曲、戏曲、曲艺、话剧、广播剧等其他涵盖中外的丰富多彩的娱乐内容。这种局面尽管看似欣欣向荣，但在“趋新趋西”文化心态影响下，各节目间的内在竞争却使“百花齐放”的“新胜旧汰”成为必然。广播节目在一定程度上折射出民国流行文化的发展轨迹。如果以时间的序列罗列出上海滩上广播电台节目设置的比例分布，或者各个时段听众最受欢迎的节目形态，当不难看到流行文化“变动”“流行”的特征在电台中具体是如何体现的。譬如，俞子夷描述 20 世纪 30 年代中期娱乐播音的特征，“娱乐中弹词占第一，私订终身后花园，落准公子中状元可以说是大众最欢迎的了。歌唱、话剧等可算是后起之秀，平均每家也有一档。”[1]《凤凰月刊》曾在上海举行最受欢迎的广播节目评选。结果，当时的弹词《小伙计》当选“最佳开篇”故事。这次投票总收到 3184 人投票，其中 1745 人选《小伙计》。[2]这样的评选就清楚地折射出民国沪上普通市民的娱乐与审美倾向。同时也指明，尽管歌唱、话剧等新的艺术形式渐趋流行，但地方性的、传统的娱乐和节目形式仍然具有强大生命力，它们仍然受到许多人的欢迎。民国时期的受众群体、娱乐市场与消费形态都呈现出新旧并立、复杂多元的结构。

很显然，在民国的娱乐声浪中，受众的选择、意识形态的生产与操控，商业与消费文化的表达互相交织、彼此裹挟，从而塑造出复杂多样的社会文化形态。在看似杂乱无序的娱乐播音浪潮中，既有新的涌生，也有旧的挣扎，尽管纠缠与冲突不断发生。不过，就总的趋势来看，听众审美越来越表现出对“现代性”的迷恋、“流行”的追捧，近代大众文化明显呈现出“流行性”“现代性”“民族性”的趋向，传统的娱乐节目尽管还有较大的市场，但日趋边缘化的趋向却愈发明显，近代的演艺形态与娱乐形态正在不断被重塑与改写。

---

1. 俞子夷．谈广播节目［J］．中国无线电，1934，2（9）．
2. Carlton Benson, From Teahouse to Radio：Storytelling and Commercialization of Culture in 1930s Shanghai［M］. Berkeley：University of California，1997：264-280.

五、结语

本雅明论述说：新技术、新生产和消费方式，19 世纪工业化带来的所有变化，已经创造出一种全新的人的感性，并由此在世界上创造出一种新的生活方式……在漫长的历史时期，随着整个存在方式对人类集体的改变，同样也改变了他们的感知方式。[1] 20 世纪 20 年代，在中国出现的广播播音对于传统农耕文明的中国社会而言就是这样一种新技术、新生产和新的消费方式。民国时期，娱乐播音成为各广播电台播音的重要内容。娱乐播音的盛行意味着一种新的娱乐生产、娱乐消费方式的生成。

作为一种新的娱乐方式，娱乐播音的发达一定程度改写了市民的日常生活，也引发了近代娱乐形态的嬗替。相较传统的演艺形态，民国播音娱乐节目的演出形式有着显著差异。娱乐播音基本上全然依赖表演者的言语进行表达。播音的这种特性为一些擅长言语的说、唱的节目提供了发展空间，类似相声、滑稽、弹词等曲艺类节目由于适合广播播音的要求因而发展迅速，在电台呈现一派繁荣。而那些不适合播音的艺术表演形态则因失去了流行的机会而处境维艰。至于那些有机会走上电台的播音节目，在“趋新趋西”文化心态影响下，各节目间的内在竞争使得“新胜旧汰”成为必然。尽管旧式的节目仍有相当的生命力，但歌曲、话剧等新式节目的比重日益增加，滑稽、弹词等旧有娱乐节目的式微已属必然，民国的受众群体、娱乐市场与消费形态呈现出新旧并立、复杂多元的结构。广播在民国时期的崛起及其对娱乐形态、大众文化的改写与重塑无疑是近代大众传播语境下技术、娱乐与社会的多元互动的一个缩影。

（原刊于《文艺研究》，2015 年第 7 期。）

1. 柯可 . 文化产业论［M］. 广州：广东经济出版社，2001：49.

第三篇　历史转折

新中国的政制转型与报业革新

“人民报纸”的理论起点、话语衍变与历史实践(1942—1953)

“党性”与“人民性”问题是马克思主义新闻理论中的一个重要命题。党报的“党性”和“人民性”是一致、统一的，这也是中国共产党党建理论的重要概念。然而不难注意到，在早期有关党性与人民性一致的表述中，经常出现“党的报纸，也是人民的报纸”这一形式的经典论述。比如胡乔木在《新华日报》编辑部发表的讲话时说：“党报就是人民大众的报。”[1] 1947 年《新华日报》称，“新华日报是一张党报，也就是一张人民的报”。[2] 1956 年，《人民日报》也同样表达“党的报纸，也是人民的报纸”。[3] 不难看到，在很长一段时间“人民性”往往用“人民报纸”作同意表达。然而，学术界在讨论“党性”与“人民性”问题时，长期忽视中国共产党革命实践中有关“人民报纸”的思想、理论与实践。很显然，“人民报纸”是理解党报“人民性”、理解中国共产党新闻理论的关键概念。厘清“人民报纸”的理论及其实践，不仅有助于重新挖掘和认识“人民报纸”思想，也有助于从“人民报纸”的角度深入理解“党性”与“人民性”的关系，丰富无产阶级的党报学说。

一、重返 1942：中共“人民报纸”思想的理论起点

2013 年 8 月，习近平在全国思想工作会议上系统阐述了“党性和人民性从来都是一致的、统一的”。2016 年 2 月，习近平在主持党的新闻舆论工作座谈会上再次谈到“党性与人民性相统一”的问题。作为中共党报理论的核心观念，“党性与人民性相统一”是中共革命实践过程形成的重要思想结晶。对于“党性、人民性相统一”的起点问题，学术界主要有两种基本认识。一种看法认为党性与人民性统一论，始于 1945 年胡乔木在《新华日报》的一次谈话。[4] 另一种看法则认

1. 胡乔木 . 人民的报纸［N］. 新华报人，1945-12-30.
2. 检讨和勉励—读者意见总结［N］. 新华日报，1947-01-11.
3. 致读者（社论）［N］. 人民日报，1956-07-01.
4. 陈力丹 . 党性和人民性的提出、争论和归结：习近平重新并提“党性”和“人民性”的思想溯源与现实意义［J］. 安徽大学学报（哲学社会科学版），2016，40（6）：71-88.

为 1947 年 1 月《新华日报》刊载的社论《检讨和勉励》是这一观念的逻辑起点和历史起点。[1] 然而通过文本细读，本文发现这一思想的起点显然要早于 1945 年。

1945 年国共和谈期间，胡乔木到《新华日报》对编辑部发表了讲话，提出党报就是人民大众的报，增强党性就是增强人民性。胡乔木讲话后来以《人民的报纸》为名刊载在《新华日报》的内刊《新华报人》上。胡乔木说：

党报是人民大众的报，这点不能怀疑。虽然人民并不都是党员，而且人民中还有其他的党，但因为我们的报纸是完全站在人民的立场上，完全从人民的利益出发，所宣传的也正是人民所需要讲的。因此，这样的党报就是人民大众的报。我们要使人民的东西能在报上反映出来，这样来加强人民报纸的党性，也就是人民性。[2]

胡乔木在这段论述中首次使用了“人民性”这一概念，并且对党性和人民性关系作了初步论述。据此，学术界多将这段论述视为中共党报理论中使用“党性”“人民性”概念的肇始，并将此作为党性、人民性统一论思想的起点。如果单纯从概念的生成来看，这样的判断或许并无错讹。然而概念往往是基于思想的言说，思想的生成多先于概念的出现。从思想史的角度而言，胡氏的这一论述真的是党性、人民性统一论的思想起点吗？

曼海姆（Karl Mannhein）曾说具体的现存思想方式要从集体的行动背景中去寻找，否则就难以发现这个理性意义的世界。[3] 曼海姆所言提示我们应该回到历史现场，从历史的处境中去考察观念的生成进程。在胡乔木上述论述中，除了提及“人民性”的概念外，还出现了“人民报纸”以及相关联的“人民的报纸”“人民大众的报”等提法。如果对延安时期的文本不陌生，则不难看到“人民的报纸”“人民大众的报”等提法是延安时期党报经常性的表述。因此，单从逻辑上讲，要理解党报“人民性”，就有必要梳理“人民报纸”的思想起点。更关键的历史追问是，胡乔木为何会在《新华日报》编辑部的演说中公开阐释“党报是人民大众的报”这一思想？这只是胡乔木对中共中央既定新闻理念的老生常谈，还是胡氏在

1. 尹韵公 . 关于“党性和人民性从来都是一致的、统一的”理论梳理［J］. 安徽大学学报（哲学社会科学版），2014（1）：106-111; 李冉，邹汉阳 . 党性、人民性的话语起源与行动逻辑［J］. 马克思主义研究，2014（5）：38-44.
2. 胡乔木 . 人民的报纸［N］. 新华报人，1945-12-30.
3. 卡尔・曼海姆 . 意识形态与乌托邦［M］. 黎明，李书崇，译 . 北京：商务印书馆，2000：4.

《新华日报》的即兴言论与自我认知呢？

1942年4月1日，《解放日报》社论发表了经毛泽东修订的社论《致读者》，这篇社论明确指出“党报所必须具备的品质：党性、群众性、战斗性和组织性”。在这篇社论的最后，《致读者》还指出《解放日报》改版的终极目标是“使解放日报成为真正战斗的党的机关报，同时也就是要使它成为天下人的报，成为一切愿意消灭民族敌人建立民族国家的人底共同的喉舌”。[1]无疑，贯彻坚强的党性，避免宗派主义、主观主义，使党报能成为“实现党的一切政策，一切号召的尖兵和倡导者”是《解放日报》改版的重要目标之一。但为研究者多有忽视的是，《解放日报》的目标所指除了要使报纸成为真正战斗的党的机关报外，还特别强调“群众性”，明确要“使它成为天下人的报”。社论中“同时也就是”一语所表达的意思，换言之即是说，一张真正战斗的党的机关报一定也是一张天下人的报，它能代表一切愿意消灭民族敌人建立民族国家的人的共同意志，成为天下人的喉舌。《解放日报》此处“党的机关报，同时也就是……天下人的报”的表述，也是“党的报纸，也是人民的报纸”这一经典论述的最初形态。《致读者》一文虽然并未使用“人民性”一语，但其对“群众性”的重视，对“天下人的报”的追求正是“党性与人民性相统一”思想的最初实践。

如果再考察同时期响应延安整风的《新华日报》，事实上也不难看到“党性与人民性相统一”这一思想在《新华日报》上的体现。为响应整风，1942年5月23日，《新华日报》刊出《敬告本报读者——请予本报以全面的批评》的社论号召读者对《新华日报》进行批评，社论明确“团结抗战的号角，人民大众的喉舌”是《新华日报》创刊以来一直努力的目标，“本报既为中共机关报，又以人民喉舌自期，就更加要切实进行整顿三风的工作”。[2]三个多月后，《新华日报》正式改版，改版同日发表社论，宣告要对过去的缺点进行彻底的改革，“其主要方向，是要使报纸从各方面贯彻党的政策，从各方面反映人民的呼声和要求，使新华日报真正做到不仅是中共的机关报，同时，要成为人民自己的报纸”。[3]该

1. 致读者（社论）［N］. 解放日报，1942-04-01.
2. 敬告本报读者—请予本报以全面的批评（社论）［N］. 新华日报，1942-05-23.
3. 为本报革新敬告读者（社论）［N］. 新华日报，1942-09-18.

社论再次出现“不仅是中共的机关报，同时，要成为人民自己的报纸”这一关于党性、人民性统一论的经典性论述。很显然，1942 年《解放日报》《新华日报》的改版都并非只是片面强调党性，而是要通过强调人民性来增强党性。两报的改版都透露出，中共新闻理论中已经萌生出党性、人民性是统一、一致的观念，只是该时期这一思想还没有得到明确的理论表达而已。

《解放日报》《新华日报》各自的社论可以说是两报改版的号角。两报关于“天下人的报”与“人民喉舌”的提法其实都反映出两报有意识地改进此前报道方式上的不足，并以改版来践行党性、人民性的统一和一致。1942 年 3 月 14 日，毛泽东给周恩来的电报中明确指出《解放日报》改版的要点是“增强党性与反映群众”“新华日报亦宜有所改进”。[1]“反映群众”与“增强党性”并提，可见毛泽东将“反映群众”放在了非常重要的位置。学术界往往将“反映群众”解读为毛泽东对群众的重视，这当然没有错，但其实严重忽视了“反映”两字，以致未得要领。中共早期的党报实践中，群众主要是党报教育、组织和鼓动的对象。但在延安时期，毛泽东对于党报与群众的关系定位发生了认识上的根本变化。表面上看，群众的定位变化反映的是党报在不同政治语境下对群众的认识变化，但更重要的是，这种变化反映出中共对党报自身的定位、功能有了新的认识。一言以蔽之，不是作为报道客体的群众发生了变化，而是党报本身应该发生变化。作为一个代表全体人民利益的政党，党报如果不能反映和代表群众，不能成为“人民的喉舌”显然是极不恰当的。毛泽东在这一时期，对此可谓高度重视、反复强调。此前的 3 月 8 日，毛泽东给《解放日报》题词，所题即“深入群众，不尚空谈”八字。这一题词显然意有所指、饶具深意，既是对党八股的反对，更是对人民性的强调。毛泽东殷切期望的，是要党报通过深入群众、反映群众去增强党性。在毛泽东看来，坚持党性就是坚持人民性，坚持人民性就是坚持党性。正因此，两天后中共中央宣传部发出《为改造党报的通知》，《通知》明确要求，“报纸的主要任务就是要宣传党的政策，贯彻党的政策，反映党的工作，反映群众生活。要这样做，才是名副其实的党报。”[2]《通知》所言无疑已高度接近“党性、人

1. 毛泽东新闻工作文选［G］. 北京：新华出版社，2014：111.

2. 中宣部为改造党报的通知［G］// 中国社会科学院新闻所 . 中国共产党新闻工作文件汇编：上卷 . 北京：新华出版社，1980：126.

民性统一论”的思想内核了。此后，《解放日报》《新华日报》纷纷改版，明确提出党报还要成为“天下人的喉舌”“人民的喉舌”，这既是党报自我定位与功能角色的重大转变，显然也是“党性、人民性统一论”思想观念指导下的办报实践。

“党性、人民性统一论”思想观念之所以在延安时期得以酝酿形成，显然有着历史、思想的背景。这一观念既是中共延安时期逐步成熟的人民主体思想的反映，也与中共全心全意为人民服务根本宗旨的提出相呼应，是党的根本宗旨在党的宣传领域中的体现。人民主体思想在党的革命实践中有一个不断成熟的过程。中共二大时提出“中国共产党为工人阶级和贫农的利益而奋斗”。延安时期，人民主体思想不断发展成熟。1942 年 1 月 11 日，张申府在《新华日报》发表《新华，新华，我看着生长，长大》，明确希望能把党报变成容许一切反法西斯的人说话的地方，《解放日报》随后在 3 月 9 日转载了这篇文章。毛泽东充分肯定了张申府的意见很好，新华、解放都应实行，还明确党报应吸收党外人员发表言论，以使一切反法西斯反日本帝国主义的人都有机会在党的党报上说话。《解放日报》随后提出的“天下人的报”“愿意成为一切愿意消灭民族敌人建立民族国家的人底共同的喉舌”其实就是毛泽东这一时期人民思想的直接反映。当然，“天下人的报”只是一个略带文学性的表述，毛泽东这一时期更经常使用的是“人民大众”一词。1942 年 5 月，毛泽东在延安文艺座谈会上的讲话，谈论的第一个问题即是为什么人服务的问题，明确回答了文艺必须要为人民大众服务。毛泽东指出“我们是站在无产阶级的和人民大众的立场”“在我们，文艺不是为上述种种人，而是为人民的”。[1]结合这一时期毛泽东的思想动态，可知《解放日报》改版时毛泽东在为谁服务这一问题上已经思索良久，并且已有了较成熟的答案。《解放日报》社论所提“天下人的报”的概念反映出毛泽东已经很明确地意识到党报必须反映人民、代表人民，这不仅符合毛泽东当时的所思所想，也与党的根本宗旨完全一致。这一观念延续而下，1944 年 10 月毛泽东在看望《解放日报》、新华社同志时就指出，新闻工作者要全心全意为人民服务，三心二意不行，半心半意也不行，一定要做到全心全意。[2] 1945 年中共七大上，中共最终将“为人民服务”

1. 在延安文艺座谈会上的讲话［G］// 毛泽东新闻工作文选 . 北京：新华出版社，2014：117.
2. 吴冷西 . 回忆领袖与战友［M］. 北京：新华出版社，2006：15.

作为党的宗旨写入了党的章程。

经过两年多的改版和不断改进，《解放日报》不断丰富和完善无产阶级党报理论，由一张党性不完全的党报转变成一张党性鲜明、完全的党报，并呈现出明确的党性、群众性、战斗性与组织性的风格。1944 年 2 月 16 日，《解放日报》发表了《本报创刊一千期》的社论。学术界津津乐道的是这篇社论宣称："我们的重要经验，一言以蔽之，就是'全党办报'四个字。"但是更值得注意的是，社论还明确宣示："我们的报纸是中国共产党的党报，是人民大众的报纸，这是我们这个报纸的第一个特点。"[1]《解放日报》两年多的改版经历了从 1942 年《致读者》所说要成为的"天下人的报"到"是中国共产党的党报，是人民大众的报纸"的历史进程，"党报"与"人民大众的报纸"的并列性称谓也明确宣告了无产阶级党报理论中"党性"与"人民性"的高度统一。从这个意义上讲，《解放日报》的改版成功塑造了"党性与人民性一致、统一"的典范。延安时期中共对"人民性"的强调，或者说明确党报也是人民报纸，已然揭示了党性与人民性的统一，真实地反映了党运用新闻媒体服务人民的根本宗旨。

不难看到，早在 1942 年《解放日报》《新华日报》改版之初，两报就提出了要成为"天下的报""人民自己的报纸"等口号，最终经过不断的改版，两报从"不完全党报"变成"完全党报"，既是党报，也成为人民大众的报纸。经历过延安整风且对党报理论了熟于胸的胡乔木，1945 年随毛泽东来到重庆，他在《新华日报》的发言显然并非他的即兴发挥，而是忠实地沿袭了经历延安整风后已趋成熟的党报观念。因此，党性与人民性的统一论也并非胡乔木及此后《新华日报》的独创，而是延安时期就已形成的"中国共产党的党报，也是人民大众的报纸"这一党报观念的自然延续。

二、解放战争时期"人民报纸"思想的话语衍变

在延安，中国共产党对党报人民性的表述主要以"群众性""人民大众"等话语形式出现，与根据地的语言风格相对应。在国统区，《新华日报》对于"群众"的表达则更多是以"人民"的形式出现。抗战时期，《新华日报》主要团结的对象是各抗日党派、团体和人民。抗战胜利后，由于国内外政治斗争的形势骤然变化，

1. 本报创刊一千期（社论）［N］. 解放日报，1944-02-16.

与国民党“争民主”成为重要的斗争主题。自重庆和谈始，为团结广大进步人士，中国共产党将根据地的“群众”转换为“人民”，“群众性”转换为“人民性”。话语反映观念，话语的替换与转变并不能简单看作不同环境下的词语更替问题。1945年后中国共产党“争民主”的政治抱负要求党报必须面对除了国统区的群众，将根据地的党报理论外化为一套全国民众都可以接受的统战话语，以处理党报与其他民主进步报纸的内在关系。如果说延安时期党报理论侧重于增强党性，那么在解放战争时期，从“人民性”转换而来的“人民报刊”就成为团结和统战其他非党进步报刊的旗帜。正是在这种背景下，《新华日报》对“人民报纸”理论的发展，丰富和完善了延安时期党报理论有关“党性”“人民性”的论述。《新华日报》在解放战争期间的报纸定位、报道内容、报纸风格等各方面也较此前其他党报更为突出地表现了“人民报纸”的特性。

1942年9月18日《新华日报》改版时就宣称要“使新华日报真正做到不仅是中共的机关报，同时，要成为人民自己的报纸”。[1]抗战胜利后，《新华日报》进一步将“人民报纸”确立为报纸的基本方针。1945年10月1日《新华日报》刊发社论《人民的报纸》，文章开篇写道：“本刊创刊八年来，一贯的就是以人民的报纸为方针，为努力目标。……我们一定要继续不断的进步，真正成为属于人民，为了人民的报纸。”[2]这篇文章开明宗义地提出了人民报纸的思想，高扬人民报纸的旗帜，它将《新华日报》八年来的方针明确下来，就是以人民报纸为方针，并指明今后也要一直成为“真正属于人民，为了人民的报纸”。

在此之后，《新华日报》还刊载了一系列关于“人民报纸”的论述，较重要的如《我们是人民的勤务员》《希望你永远是人民的》《检讨和勉励》《我们面对着新环境新课题》《坚持真理与为民服务》《人民的旗子》《人民的报纸》等一系列相关论述。这些论述较为全面、集中地阐释了中国共产党在解放战争时期“人民报纸”的思想。例如，陆定一在《人民的报纸》中就阐述了人民报刊的性质和使命，对专制主义报纸和人民报纸作区分，提倡要办人民大众的报纸，做为人民服务的记者。他指出报纸分为两种，“一种是人民大众的报纸，告诉人民以

1. 为本报革新敬告读者（社论）［N］. 新华日报，1942-09-18.
2. 人民的报纸（社论）［N］. 新华日报，1945-10-1.

真实的消息，启发人民民主的思想，叫人民聪明起来。另一种是新专制主义者的报纸，告诉人民以谣言，闭塞人民的思想，使人民变得愚蠢”。同时，记者也分为两种，“一种记者是为人民服务的，他把人民大众所必须知道的消息，告诉人民大众，把人民大众的意见，提出来作为舆论。另一种记者，是为专制主义者服务的，其任务就是造谣，造谣，再造谣。”[1]陆定一所说的“人民”指的是“工人、农民、小资产阶级、自由资产阶级、开明士绅、爱国分子”，陆定一强调报纸应该为这些“国家民族的真正主人”提供真实消息，启发其民主觉悟。要办为人民服务的报纸，必须坚持两点：一是要全心全意为人民服务，二是要力求真实，丝毫不苟。[2]

《新华日报》这一系列关于“人民报纸”的论述，明确将“为人民服务”作为《新华日报》的办报宗旨和办报方向，阐明了《新华日报》的立场和任务，鲜明地提出“人民报纸”的思想，也准确阐述了“党性”与“人民性”的内在关系。在《检讨和勉励》一文中，有这样的论述：

《新华日报》的党性和人民性是一致的。固然，《新华日报》是中国共产党的机关报，它的言论主张和新闻报道，是不能违反中共的整个路线、纲领和政策的。但是，由于中国共产党是一个人民的政党，它代表的是中国最广大人民的利益，它的一切政策是完全从人民的利益出发的。因此，《新华日报》也是完全站在人民的立场，从人民的利益出发。这就是说，《新华日报》是一张党报，也就是一张人民的报，《新华日报》的党性，也就是它的人民性。《新华日报》最高度的党性，就是它应该最大限度地反映人民的生活和斗争，最大限度地反映人民的呼吸和感情、思想和行动。[3]

这是党报就“党性”与“人民性”关系所作的经典性、系统性论述，它清楚指明党报的党性就是它的人民性，党性和人民性是一致的、统一的。从这篇文章来看，《新华日报》言说的“人民的报”其实就是指它的“人民性”——即最大限度地反映人民的生活和斗争，最大限度地反映人民的呼吸和感情、思想和行动。

1，2. 陆定一 . 人民的报纸［N］. 新华日报，1946-01-11.

3. 检讨和勉励—读者意见总结［N］. 新华日报，1947-01-11.

根据《新华日报》有关“人民报纸”的系列论述，有学者认为《新华日报》完整地提出了“人民的报纸”思想[1]，中国共产党的新闻思想的核心即是人民新闻思想。[2]

除《新华日报》外，解放战争时期党的理论工作者在其他不同场合也表达过“人民报纸”的办报思想。例如1946年初，范长江主办《新华日报》（华中版）兼任华中新闻专科学校校长，范在该校就至少以“人民的报纸”为题作过两次报告。范在报告中就提到“人民的报纸，是新闻工作的一种新的观念”。范在报告中从“人民与报纸”“报纸发展的道路”“人民报纸的基本问题”“报纸的作风问题”“干部与修养问题”五个方面就人民报纸作了系统地阐述。[3]作为党内有分量的新闻干部，范长江关于“人民报纸”的论述显然并非自我思想的表达，而具有较普遍的代表性，反映了解放战争时期党内对于人民报纸的普遍性理解。范长江的报告旨在激励该校学员努力成为人民需要的报人，透过范的报告不难看到，“人民报纸”乃是这一时期党内办报的宗旨和目标，培养人民新闻工作者也是党在这一时期培养新闻人才的重要目标。

与延安时期形成的党报思想相比较，解放战争时期“人民报纸”的所指其实略有变化。具体而言，延安时期党报理论所讲的人民大众的报，主要是指党报不能脱离群众，要尽可能地与群众保持广泛的联系，反映群众。具体到办报工作中，主要就表现在党报报道方式上，党报应该反映人民，成为人民喉舌，强调通过增强人民性来增强党性，以实现党性与人民性的统一和一致。表面上看，对“人民性”的强调主要表现在党报编辑形态方面，但实质上却是中共对党报功能的重新定位，“人民性”既意味着一种新型的“报刊—受众”关系的确立，也意味着党报兼具党报和人民报纸的双重身份。解放战争期间，《新华日报》言说与实践的“人民报纸”除了继承延安党报理论党性与人民性的统一、一致外，还将人民报纸视为团结一切人士争取民主、反对专制政权的旗帜，是团结和统战广大民众争取民主和自由的重要舞台。例如香港《文汇报》创刊时，郭沫若就赞誉《文汇报》是“人

1. 杨润时．党报实践的光辉结晶—论《新华日报》的办报思想［G］// 新华日报的回忆．成都：四川人民出版社，1983：454-457.
2. 刘建明．中国共产党新闻思想的核心是人民新闻思想［C］// 单波，秦志希．中国共产党新闻思想回顾（1921—2001年）：新闻学专家访谈录．新闻与传播评论，2001（1）：11-15.
3. 范长江．论人民的报纸：1946年初在华中新闻专科学校的讲话［J］．新闻与传播研究，1982（1）：1-60.

民喉舌”。[1] 正因为《新华日报》的大力提倡，“人民报纸”成为代表民众呼声，争取民主、自由的报刊的代名词，并在中国共产党夺取文化领导权的斗争中发挥了重要作用。

三、新中国成立初期“人民报纸”思想的历史实践

中国共产党“人民报纸”的思想与党报实践延续而下，自然也影响到 1949 年新中国成立后的新闻政策。经过解放战争时期的报业实践，“人民报纸”思想已然深入人心，成为团结和统战的重要内容，其意义已远远突破党报的“人民性”。

新中国筹建过程中，人民民主专政的国体选择以及毛泽东专门指示各级政府、各种政权机关都要加上“人民”二字[2]，这些都意味着解放战争时期“人民报纸”的思想及新闻实践本就是新中国新闻事业的必然选择。新中国成立前夕，中国共产党明确提出要发展人民广播、人民出版的人民新闻事业。1949 年 9 月，中国人民政治协商会议第一次全体会议通过的《中国人民政治协商会议共同纲领》第 49 条明确宣称：“保护报道真实新闻的自由。禁止利用新闻以进行诽谤，破坏国家人民的利益和煽动世界战争。发展人民广播事业，发展人民出版事业，并注重出版有益于人民的通俗书报。”[3]《共同纲领》所宣告的“人民”性，民主联合是其典型的性质和特征。这种人民性最广泛地将党与非党进步的人士团结在了统一战线之下。1949 年 11 月 1 日，新闻总署设立后随即颁布了《全国报纸杂志登记暂行办法草案》。草案第一条即明确指示草案的目标：“为发展新民主主义的新闻出版事业，保障人民的言论出版自由，特根据中国人民政治协商会议共同纲领第 49 条精神制订本办法”。[4] 这些都表明，新中国成立初期党和政府继承了“人民报纸”的思想，至少在主观上是想沿着人民的新闻事业继续前进。

中国共产党特别强调资产阶级和广大民众在新中国建立过程中的重要作用，明确将城市小资产阶级和民族资产阶级作为团结统战的重要对象。与之相因应，新闻事业也要求党报尽可能团结其他进步报纸。1948 年底，中国共产党在具体

1. 王继权，童炜钢 . 郭沫若年谱（上）［M］. 南京：江苏人民出版社，1983：582.
2. 中共中央文献研究室 . 毛泽东文集：第 5 卷［M］. 北京：人民出版社，1996：135.
3. 中国人民政治协商会议共同纲领［M］. 北京：人民出版社，1952：16.
4. 全国报纸杂志登记暂行办法草案［G］// 中国社会科学院新闻研究所 . 中国共产党新闻工作文件汇编：中 . 北京：新华出版社，1980：11.

处理新解放城市中的新闻事业时，就把旧有报纸分成了进步、中间和反动三类拟于分别处置。解放南京后，中央特别指出要允许有一两家“非党进步”的报纸继续出版。[1]这些“非党进步”报纸之所以存在，其目的主要是为“联系更广泛的社会阶层”，其所联系的社会阶层的“人民”性质自然也决定了这些报纸属于“人民报纸”的队伍。解放新城市后，中共要求所有的报纸均要向各地军管机构登记。在经过严格的政治筛选后，获准登记出版的报纸基本都属于“人民报纸”。1950年3月，胡乔木在全国新闻工作会议上的报告中就曾明确说：“全国的经过登记的报纸大体上都可以承认是人民的报纸”。[2]

不难看到，新中国成立初期的报业制度中党报属于“人民报纸”，其他准许出版的“非党进步”报纸也属于“人民报纸”，新中国成立初期的新闻事业形成了“以党报为核心，多种人民报纸并存”的报业结构。[3]“人民报纸”范畴不仅包括大量共产党的机关报，也还包括各公营团体的报纸，甚至一定数量的民间私营报纸。新中国成立后，中国共产党虽然没有在国家新闻制度中明确提出人民报纸的基本制度，但在报业实践中，“人民报纸”的思想显然是实际存在的。然而不同之处在于，以往所言的“人民报纸”主要是指对党报，特别是党报的定位、作风和报道方式而言，而新中国的“人民报纸”则转变成为一种归属性的政治身份，是统合进步报纸的一种话语方式。

正是因为新中国成立初期“人民报纸”的存在，这在很大程度上赋予了作为舆论同盟的“非党进步”报纸生存的合法性。只不过，在中共高层的政治理想与政治设计中，新民主主义只是一个过渡性质的阶段，因此“多种人民报纸并存”的局面也显然只是一个短暂的过渡形态，它最终必须朝着与社会主义相匹配的公有报刊的方向迈进。新民主主义社会的过渡性质决定了报业中党报与非党报、公营与私营并存局面的短暂性，私营报刊的消亡最终不可避免。随着与小资产阶级、民族资产阶级的同盟转变成为执政党与都市媒体的关系后，特别是“三反”“五反”中，中共开始转向强调工人阶级立场之时，对于工人阶级领导的强调即成为

1. 中国社会科学院新闻研究所 . 中国共产党新闻工作文件汇编：上［C］. 北京：新华出版社，1980：280.

2. 胡乔木 . 关于目前新闻工作中的两个问题（1950 年 3 月 29 日）［G］// 中共中央宣传部办公厅，中央档案馆编研部 . 中国共产党宣传工作文献选编：1949—1956. 北京：学习出版社，1996：38.

3. 方汉奇 . 中国新闻事业通史：第 3 卷［M］. 北京：中国人民大学出版社，1999：1.

“人民报刊”的重要特征。尽管私营报纸名义上还属于“人民报纸”，但被认为距离真正的“人民报纸”相去甚远。由于私营报纸被认为存在严重的资产阶级意识形态，有可能被排除在“人民报纸”的行列之外，因此对私营报纸的团结和改造就显得不可避免。

1951年冬，随着“三反”“五反”的展开，中共斗争的矛头迅速指向了资产阶级。1952年初，中宣部理论处出版的《学习》杂志上连续刊载了一系列批判资产阶级的专题文章，将资产阶级和工人阶级对立起来，强调“反对资产阶级的进攻”“坚持工人阶级的领导权”。[1]受“三反”“五反”运动的影响以及中共对资产阶级态度的转变，有关“人民报纸”的言论也迅速转向强调工人阶级立场，以及对资产阶级的否定和批判。如果仔细研读1952年间的史料，即不难发现较之1949年新中国成立前后有关“人民报纸”的论述，1952年间有关“人民报纸”的论述出现了明显的变化。变化最显著之处莫过于将“人民报纸”化约等同于工人阶级办报，这在随即展开的私营报业思想改造运动中表现尤为明显。

1952年6月，上海市委宣传部长谷牧在上海新闻界思想改造学习动员大会上的讲话就明确表述，无论报纸的经营性质如何，所有报纸都应该坚持一个方针，这个方针就是“我们的一切报纸，都必须按照共同纲领所规定，明确工人阶级的领导地位。在我们报纸工作中，必须坚持工人阶级思想的不可动摇的领导地位……我们人民的报纸……必须以这个方针作为编辑方针”。[2]中共向私营报业传递了一个理念，只要接受改造，按照共同纲领所规定明确工人阶级的领导地位，私营、公营还是公私合营其实只是形式上的差别，本质并没有什么不同。谷牧在这次讲话中多次谈到“人民报纸”，并混用“工人阶级办报思想”与“人民报纸”概念。例如他谈到“人民报纸之所以要用工人阶级思想去教育人民，就是为了提高人民的政治觉悟”“一个人民的新闻工作者，应当是以对国家和人民忠心耿耿的负责态度来进行工作”。谷牧还总结性地指出工人阶级办报存在着“加强报纸的政治性与思想性”“密切联系实际”“在正确的编辑方针下求得企业化的合理化经营”三个方面的特征，揭示了思想改造语境下“人民报纸”的思想意涵。与谷牧类似

1. 于光镜．反对资产阶级的进攻，坚持工人阶级的领导权［J］．学习杂志，1952（1）：13-19.
2. 谷牧．在上海新闻界思想改造学习动员大会上的讲话［Z］．上海档案馆藏，A22-1-47-129.

的言论也广泛出现在这一时期其他文献之中。无论是官方还是私营报纸内部的言说，“人民报纸”都日益与工人阶级办报思想趋于一致，工人阶级思想指导下的“人民报纸”成为私营报纸思想改造进程中的新目标。

为确保私营报纸端正工人阶级思想立场，让私营报纸明白“为小资产阶级（服务）是以工人阶级思想去改造它，而不是依照小资产阶级的面目来改造社会。”[1]中共针对私营报业发动了旨在促使其改造成为“人民报纸”的思想改造运动。经过思想改造的洗礼，私营报纸对资产阶级办报思想进行了清算，树立起工人阶级思想的绝对权威，并努力使自己成为工人阶级思想指引的“人民报纸”。思想改造后，《文汇报》在报告中就表达说：“我们经过了思想改造学习，已经明确了人民报纸是马列主义、毛泽东思想的宣传者，是为人民利益服务、为人民民主事业斗争的有力工具”“我们的工作，是经常的教育和团结人民，打击和消灭敌人，站稳工人阶级的立场和一切敌人及一切错误的反动的思想作不倦的斗争。这就是人民报纸总的方向，唯一正确的方向。”“只有以这样的态度从事工作的人，才配称为光荣的人民新闻工作者”。[2]透过思想改造，私营报纸最终按中共的意识形态指引改造成为以工人阶级思想指导的“人民报纸”，民间报人也最终转变成为人民的新闻工作者。

1953 年新闻业公私合营后，“人民报纸”成为新中国各类报纸共同的身份归属。例如 1956 年《人民日报》改版时仍有关于“党的报纸，也是人民的报纸”的表述。《文汇报》1956 年复刊时，制订的编辑方针即是：作为一张社会主义的人民的报纸、知识分子的报纸，主要应该以事实说话。[3]不难看到，无论是党报，还是公私合营报纸，“人民报纸”都成为该时期各报共同的价值追求。然而遗憾的是，1957 年新闻界反右运动后，受政治因素影响，“人民报纸”逐渐从主流话语中隐匿、消失。改革开放初期，这一概念虽又有人谈及，但随之引发了较大争议。由于理论界对“人民性”认识上的误区，错误地将两者割裂看待，提出“人民性”高于“党性”的说法，使得人们对“党性”和“人民性”产生了怀疑和曲

1. 吴健 . 关于新闻界思想改造几个问题的解释—在上海新闻界全体人员大会上的发言提纲［J］. 学习，1952（1）.
2. 华东学习委员会上海新闻界分会办公室 . 文汇报今后的方针、方向和组织机构［J］. 学习，1952（20）.
3. 方汉奇 . 中国新闻事业通史：第 3 卷［M］. 北京：中国人民大学出版社，1999：179.

解。受此影响，此后很长一段时期，理论界和学术界对“人民性”和“人民报纸”均避而不谈。直至习近平同志多次就党性和人民性的统一做深刻阐述，这才破除了长期笼罩在党的宣传领域以及新闻传播研究中的人为理论禁区。

四、结语

从延安时期开始至新中国成立初期，“人民报纸”的思想一直潜藏在各种官方与民间的论述之中，这揭示了在中国共产党革命及执政过程中确实存在“人民报纸”的话语理论及新闻实践。考察延安时期以来有关“人民报纸”的话语，可以发现“人民报纸”是一个历史的主体范畴。随着社会结构和社会关系的演进，“人民”的历史概念在不断变化，“人民报纸”的内涵也大致发生着同步变化。毛泽东曾这样定义人民：“人民这个概念在不同的国家和各个国家的不同的历史时期，有着不同的内容。拿中国的情况来说，在抗日战争时期，一切抗日的阶级、阶层和社会集团都属于人民的范围，日本帝国主义、汉奸、亲日派都是人民的敌人。在解放战争时期，美帝国主义和它的走狗即官僚资产阶级、地主阶级以及代表这些阶级的国民党反动派，都是人民的敌人；一切反对这些敌人的阶级、阶层和社会集团，都属于人民的范围。在现阶段，在建设社会主义的时期，一切赞成、拥护和参加社会主义建设事业的阶级、阶层和社会集团，都属于人民的范围；一切反抗社会主义革命和敌视、破坏社会主义建设的社会势力和社会集团，都是人民的敌人。”[1]不同时代，“人民”构成群体的差别决定了同时期“人民报纸”的不同边界。因此，不同的历史时期，基于不同的历史语境，“人民报纸”的内涵也就幻化不定。1942 年至 1953 年间“人民报纸”的这一概念，在内容上存在着多次重大转折。延安时期的“人民报纸”强调的是党报的一个根本属性——“人民性”，解放战争时期《新华日报》在继承党性与人民性一致、统一的传统同时，也将“人民报纸”发展成为一个统战性的概念，有机地团结了非党进步报纸。新中国成立后，“人民报纸”更是由党及国，转化成为新中国的新闻实践的指导思想之一，进而塑造了新中国初期“以党报为核心，多种人民报纸并存”的报业结构。至 1953 年，受阶级话语的影响，“人民报纸”由一个代表多阶层的广义概念被改写为工人阶级办报思想指导的专指概念。不难看到，虽然“人民报纸”的

1. 毛泽东 . 关于正确处理人民内部矛盾的问题［M］. 北京：人民出版社，1966.

内涵在不同的历史语境中颇有差异，但这一理论与实践却确实存在于中共报刊实践历程之中。“人民报纸”的新闻思想及其实践本身就是中共报业理论与实践的重要组成部分，其价值与重要性不容忽视。

回顾“人民报纸”的思想生成与话语演变进程，可以看到“人民报纸”思想的产生与发展深刻体现了中国共产党全心全意为人民服务的根本宗旨，是马克思主义新闻理论与中国革命实践相结合的产物。中国共产党的报刊实践证明，人民新闻思想是中国共产党新闻思想的重要内容，中国共产党始终坚持以人民为中心的发展思想，把人民的利益放在首位。重新梳理“人民报纸”的理论起点、话语衍变与实践尝试的历史过程，重建其与党性、人民性“统一论”内在的思想脉络和历史逻辑，对于深刻理解中国共产党党报理论的演进与变迁，发扬中国共产党新闻工作中坚持为人民服务的优良传统显然具有重要意义。

（原刊于《国际新闻界》，2019 年第 8 期。）

文化建政：中共对上海报业的文化接管与秩序重建

汉学家方德万曾指出文化宣传一度是中共“作为一个政党组织的根本”。[1] 这种传统在革命过程中一直得以保持。从中国革命实践的历史逻辑来看，中国革命的胜利既是枪杆子的胜利，也是笔杆子的胜利。如同中共在政治、军事方面取得的辉煌胜利一样，中共在文化建设方面取得的成就同样构成新民主主义革命胜利的重要一环。1949 年随着大城市的解放，建政问题已然提上议事日程。与此同时，如何通过文化接管消灭旧的文化阵地构筑新的文化阵地，不仅关乎文化领导权建设，更与新生政权的合法性、稳定性密切关联。[2] 然而遗憾的是，既有的研究中对中共的“文化建政”的思想及其实践关注甚少，着墨不多。显然，在着眼于国共两党军事、政治较量以及解放初期重大政治事件研究的同时，历史研究也还应重视对共产党在文化领域的接管和建设的研究。

在新旧文化阵地的转换之中，上海的报业接管不仅具有标志性的意涵，更有全局性的意义。上海的报业接管既是中共在上海扎稳脚跟、引领文化领导权的基础和前提，也是延安时期中共确立的党报理论由农村办报转向城市办报的关键转折。然而在共和国史研究中，与公私合营、思想改造、三反五反等问题相较，报

1. Van de Ven, The Emergence of the Text-Centered Praty, In Saich and Van de Ven, New Perspectives on the Chinese Communist Revolution［M］. Armonk, NY: Sharpe M.E., 1995: 5.

2. 关于中共接管建政的研究论著较多，这些研究总体上可以分成“城市接管”和“行业接管”两类。前者较有影响的研究包括 Steiner, ARTHUR. H. Chinese Communist Urban Policy［J］. American Political Science Review, 1950, 44（1）: 47-63; KENNETH G. Lieberthal. Revolution and Tradition in Tientsin, 1949—1952［M］. Stanford: Stanford University Press, 1980; 高峥（James Z. Gao）. 城市改造与干部蝉变（1949—1954）［M］. 香港：香港中文大学出版社，2019 年；李国芳 . 初进大城市——中共在石家庄建政与管理的尝试（1947—1949）［M］. 北京：社会科学出版社，2008 年；刘宋斌 . 中国共产党对大城市的接管（1945—1952）［M］. 北京：北京图书馆出版社，1997; 庞松 . 略论解放战争时期中共对上海的接管［J］. 近代史研究，1997（2）：284-312; 王凛然 . 革命与认同：1949 年中共对天津的接管［J］. 党史研究与教学，2014（2）. 针对“行业接管”较重要的研究包括吴景平，张徐乐 . 接管上海官僚资本金融机构述论［J］. 近代史研究，2003（4）：113-139; 魏斐德 . “清理整顿”：上海的新秩序［M］// 周杰荣，毕克伟 . 胜利的困境：中华人民共和国的最初岁月 . 香港：香港中文大学出版社，2011：23-62; 符鹏 . 天津解放初期工厂接管的历史实践与伦理意涵［J］. 中共党史研究，2017（6）：54-70. 相关研究甚多，囿于篇幅，恕不一一列举。

业接管的研究相对而言还非常薄弱。[1] 报纸从属于意识形态范畴，是一定社会的经济基础通过新闻手段的反映。报业接管的工作，在中共解放东北、华北的大城市中早有先例，只是这些城市旧报纸数量并不算多，其对全局的战略意义无法与上海报业接管相提并论。上海是民国时期文化出版与文化消费的中心，印刷资本主义繁盛一时。上海解放后，文化战线的破旧立新成为新政权的必然选择。如何在保持稳定的前提下构建以党报为核心的国营媒体网络关系重大。本文主要依靠上海档案馆的相关档案和其他文献，拟对 1949 年 5 月开始的上海报业接管问题做一系统的探讨，以冀从这一特定的角度理解中共构筑文化阵地的历史进程。

一、进上海：中共接管上海报业的准备

作为旧中国新闻事业最发达的城市，上海在中共报业格局中占有举足轻重的地位。中共此前在东北、华北大城市中虽有接管报业的先例，但其意义显然无法与上海报业接管相提并论。毛泽东曾指出“我们进上海是中国革命过一难关，它带全党全世界性质”[2]，由此不难看出中共对“进上海”何其重视。早在华野挥师上海之前，如何接好、管好上海报业即是中共殚精竭虑的问题。接管上海报业意义重大，中共为此做了大量的准备工作，以确保接管的顺利进行。概言之，这些准备工作主要包括思想准备、干部准备和调查摸底三个方面。

在上海解放前，中共高层即对上海的新闻事业有所筹划。例如周恩来就曾专门邀请夏衍、胡愈之、萨空了等人座谈，请他们出主意、提意见。周恩来说：

我们过去在山沟里办报，读者对象主要是工农兵和干部。入城以后，情况就不同了，特别是像北京、上海、武汉、广州这些大城市。为此，要请你们这几位办报有经验的人给我们出主意，提意见。按解放前那样办当然不行，办成解放区那样，读者也不会习惯，达不到教育、宣传的目的。此外，还有一个民办报纸的问题，像《大公报》《申报》《新闻报》《新民报》以及党领导的外围报纸，这

1. 关于报业接管的研究还相对薄弱，主要的研究包括马光仁 . 新闻事业的一场大变革：上海解放接管新闻单位的前前后后［J］. 新闻大学，1983（6）：60-63; 杜英 . 文化体制和文化生产方式的再建立：建国初期对上海小型报的接管和改造［J］. 中国现代文学研究丛刊，2007（2）：129-148; 龙伟 . 上海解放初期中共对小报的改造与整编［J］. 中共党史研究，2015（3）：86-94. 另有部分硕士论文也涉及这一领域，如邓杰 . 从“七嘴八舌”到“异口同声”：新政权对上海报纸的接管［D］. 上海：复旦大学，2007; 姜雪兰 . 建国初期上海市新闻事业的接管［D］. 上海：复旦大学，2013; 饶泰勇 . 中国共产党对杭州报纸的接收与管理考察（1949—1952）［D］. 杭州：浙江工商大学，2018.

2. 陈毅在丹阳干部会议上的讲话（1949 年 5 月 10 日）［G］// 接管上海 . 文献资料：上卷 . 北京：中国广播电视出版社，1993：59.

是一个相当复杂、政策性很强的问题，我们初步的意见是北平、上海这样的地方，还可以保留几家民营报纸，具体办法，想听听你们的意见。国民党的党报，当然要接管改造，但是从业人员，还是要分别不同情况，妥善安排，这个问题要特别慎重，不能鲁莽从事。[1]

不难看到，鉴于上海报业的复杂性和城市办报的特殊性，中共高层很早就有战略上的谋划。由于很多问题并无经验可循，需要摸着石头过河，周恩来的顾虑不无道理。这些谋划主要涉及两个方面的问题，一是对政策性、原则性问题的战略考虑；二是根据此前平、津等城市报业接管实践不断总结经验教训加以调整的过程。例如天津解放后，天津军管会对报刊的处置办法就出了“问题”。天津解放后，军管会在未向中央报告的情况下，将所有报纸一律停刊，结果造成了很不好的影响。中央对此做法提出批评，指出“先停刊后登记是使自己陷于被动的办法，不如一面听其续出，一面令其登记，我们可居于主动地位，从容审慎处理”。[2]对于民营报纸的问题，直到南京解放后，中共中央才明确指示：“大城市中除党报外视情况需要再办一两家或若干家非党进步的报纸，以联系更广泛的社会阶层，根据平津经验是有利的，这些非党报纸既有党员在内工作当然更好，但报纸种数亦不宜过多，以免纸张与人力、与销路、与各报发生困难。”[3]可以看到，中共接管平、津、宁等大城市报业的过程为上海旧报业的处理积累了丰富的经验，避免了接管过程中的“弯路”。中共虽然对上海报业接管早有战略和思想上的充分准备，然而不少的接管细则其实是在此前的城市接管实践中不断总结完善逐步形成的。

中共的新闻工作有着很高的政治性和知识性要求，这决定了报业接管有其自身的独特性。在所有的准备工作中，新闻干部的储备和训练是报业接管的关键。平津、淮海战役期间，中共中央即指示华东局为江南解放后接管大中城市做好准备。1948 年冬，中共中央致电上海局选派 30 至 50 名干部前往东北解放区学习城市管理经验，作为接管上海、南京等城市的干部培训。1949 年 2 月 3 日，中

1. 夏衍．懒寻旧梦录［M］．增补本．北京：生活·读书·新知三联书店，2000：395.

2. 中共中央关于对天津旧有报纸处理办法给天津市委的指示（1949 年 1 月 19 日）［G］// 中国社会科学院新闻研究所．中国共产党新闻工作文件汇编：上卷（1921—1949）．北京：新华出版社，1980：268-269.

3. 中共中央关于大城市报纸问题复南京市委电（1949 年 5 月 9 日）［G］// 中国社会科学院新闻研究所．中国共产党新闻工作文件汇编：上卷（1921—1949）．北京：新华出版社，1980：280.

共中央发出关于军事形势和准备渡江南进干部的指示，要求华东、华中调动集中及训练1.5万名干部，2月底在徐州集中待命随军南下。[1]华东局根据中央指示，从各系统抽调大批干部，组成“南下干部纵队”，边学习边行军，准备担负接管上海的重大任务。这支南下干部纵队基本由华东局的干部和山东、苏北解放区各区党委、地委、县委配备的党政军整套班子组成，素质较高，其中包括一部分从上海撤退出来的地下组织的同志。[2]

具体到新闻方面的干部，接管上海的新闻干部主要有两个来源：一是来自济南专科学科和《新民主报》，二是从全国抽离的高级新闻人才。1948年冬济南解放后，中共指示华东地区党的新闻工作者在济南进行训练和学习，创办济南新闻专科学校，为整个华东地区解放后顺利接管旧新闻事业培养干部人才。同时，中共在接管旧报纸的设备、房屋基础上创办了市委机关报《新民主报》，这张党报由恽逸群担任社长，王中任编辑部主任。1949年3月，王中受命将《新民主报》编辑部全部财产移交给山东省委机关报《大众日报》，全体采编人员与济南新闻专科学校的全体新闻工作人员合编为一个大队，随华东局南下。此外，中共还从全国范围内物色了一批有丰富经验的高级新闻人才坐镇上海。1949年3月14日，邓小平、饶漱石、陈毅就致信中共中央书记处书记任弼时，提出调派指定干部和组织南下干部的问题。信中特别要求中央安排章汉夫、夏衍、钱俊瑞、范长江等人前往上海工作。信中说：“关于上海工作，除请调干部外，其中如章汉夫、夏衍等，务请你注意到工作必需准其调往。章汉夫在应付外交和作为市委宣传方面是适宜人才。夏衍在主持文化工作方面亦十分切合需要。另外钱俊瑞、范长江亦各望按期先到华野。关于中央派赴江南干部，可由刘晓、刘少文负责组织南下。”[3]在中共新闻干部极度缺乏的情况之下，为做好接管上海报业的工作，中共几乎聚集了最优秀的新闻人才。

在中共的作战方案中，宁沪杭本是一体，中共原计划解放南京后迅速进兵上海解放沪杭。然而南京解放后，解放军因对部分战士约束不力以致发生了几起较

1. 中央关于军事形势和准备渡江南进干部的指示［G］// 中央档案馆 . 中共中央文件选集：第18册 . 北京：中共中央党校出版社，1992：105-107.
2. 庞松 . 略论解放战争时期中共对上海的接管［J］. 近代史研究，1997（2）：284-312.
3. 杨胜群，闫建琪 . 邓小平年谱（1904—1974）：中［M］. 北京：中央文献出版社，2009：807-808.

严重的外交事件，其中包括未经请示擅自进入美国驻国民党政府大使司徒雷登住宅的事件。上述事件影响较为恶劣，再加上考虑到上海的煤、粮储备可能有限，部队经长期作战亦急需整训，因此总前委决定推迟进入上海，在丹阳集结为解放上海作最后筹划。[1]按照中央指示，华东局方面制定了“按照系统、整套接收，调查研究，逐步改造”的具体方针，按照系统接管的原则安排、组织、调配干部和人员，分成政务、军事、财经、文教四大部分进行接收。在丹阳期间，接管干部主要对接管城市的政策和入城纪律进行深入学习，并有针对性地对接管上海的工作做了全方位的准备。

在丹阳期间，筹建的军事管制委员会下属各部、处基于地下组织调查编辑的《上海概况》，研究拟定了各部处的接管方案，并最终汇总形成《上海市军管会各接管委员会接收计划》（又称为“丹阳计划”）。[2]这份接管的总计划中就包括了新闻出版业的详细接管计划。新闻出版接管计划的核心即是一方面确保接收工作的顺利开展，同时保证入城后“首先办一个党报、一个广播电台、一个书店”。[3]据“丹阳计划”所述，当时上海共有报纸44家，其中大报22家，小报22家，外埠报纸办事处10处，通讯社54家，共计108家。按照不同股资及情况，接管方案将其分为六类：

第一类：属国民党及其他反动党派、党政机关所有者，计大报十种。即中央日报、和平日报（黄埔系）、东南日报（CC原浙江省党部办）、正言报（三青团）、英文自由论坛报（伪中央宣部英文报）、前线日报（原三战区顾祝同）、前线晚报、民国日报（国民党报，敌产）、中华时报（青年党）、中央日报（阎锡山）。通讯社二个，即中央社上海分社，军闻社上海分社。外埠报纸办事处六个（南京中央日报、贵阳中央日报、湖南中央日报、南京东南日报、贵州日报、人报）。

第二类：私人或私人名义经营，但反动显著并确实者，计有报纸十三种，内大报十一种，即申报、新闻报（资产主要原为私人资本家史咏赓股份）、大公报

1. 1949年4月23日，三野解放丹阳。次日，总前委、华东局和华东军区机关随即移驻丹阳，从华北、华中抽调来接管上海的5000余名南下干部相继抵达丹阳，上海地下党负责人刘晓也带领地下党到丹阳商讨接管事宜。从4月23日至5月27日上海解放的一个月左右时间，属于集中丹阳准备阶段。参见《接管上海综述》，中共上海市委党史研究室．接管上海．专题与回忆：下卷［M］．北京：中国广播电视出版社，1993：6.

2. 张文清．接管上海的特点与历史经验［J］．上海党史研究，1997（1）：9-17.

3. 上海市军管会新闻出版处接管工作综合报告［A］．上海市档案馆藏，Q431-1-1-60.

（政学系）、益世报（名义为天主教报纸）、大晚报（孔祥熙）、新夜报（潘公展）、大众夜报（宣铁吾）、时事新报（孔祥熙）、商报（潘公展，有杜月笙股份）、英文大陆报（孔祥熙）、华美晚报（国民党中宣部）。小报三种，即辛报（孔祥熙）、铁报（宣铁吾）、立报（□□□系统，自称为联工会机关报）。通讯社五种，即华东通讯社（军统）、新沪通讯社（军统控制）、中国经济通讯社（军统外围组织）、改造通讯社（汤恩伯）、中时电讯社（孔祥熙）。

第三类：中间性质者一种，即《新民晚报》。

第四类：情况不明或不甚明了者，计大报一种《金融日报》，小报十八种《飞报》等。通讯社四十七种。

第五类：已被封闭之进步报纸二种（《联合晚报》《文汇报》）。

第六类：外国人办的报纸通讯社（杂志亦算入□□□），计报纸杂志十三种，内英文报二种（字林西报、大美晚报），周刊一种（密勒士评论报）。法文二种（中法日报等），苏商报四种（英文每日新闻、中文时代日报、中文时代周刊、俄文新生活报），白俄报纸三种（俄文日报、俄声日报、俄语日报），其他两种（远东犹太呼声、德文回论报）。通讯社九家，即美国新闻处、英国新闻处、塔斯、美联、合众、路透各分社、国际通讯社、美商通讯社。[1]

针对报刊的不同性质，接管方案制订了不同的接管政策，凡属于第一类者，一律加以接收。属于第二类者，原则上一律加以全部或部分接收，但有个别报纸给予区别对待。[2] 中间性质的《新民晚报》允其登记继续出版。情况尚不明了的报纸及通讯社（以小报为主）则拟进一步调查研究后再行处理。被封闭的进步报纸准予登记复刊。属于第六类者，暂不处理，除苏联报纸、通讯社以协商办法处理外，其余均把它孤立起来，慢慢限制，最后停止其工作。与此同时，新闻出版处还附上了详细的接管计划明细表，对其中性质明确的 23 家报纸提出了具体的

1. 新闻室接管工作计划草案［A］. 上海档案馆藏，Q431-1-1-113.

2. 所谓的区别对待具体是指“《新闻报》《申报》，先实行军事管理，再协商办法。《大公报》，因其内部已有反正条件，故应等待其反正。英文《大陆报》，传该报宣称已卖给美籍律师阿乐满，故暂缓处理。《益世报》《商报》《立报》，因分别考虑到某些天主教徒、上海某些民族资本家及反动工会中某些工人可能有的影响，故可稍后一步，候上述报纸之罪状宣布后再行处理。”参见新闻室接管工作计划草案［A］. 上海档案馆藏，Q431-1-1-113.

处理意见和接管计划。[1] 从接管计划来看，经过学习和熟悉情况，新闻出版处对上海报业的接管已然成竹在胸。在进城之前，中共通过地下组织对上海大多数大中型报纸的性质有了较清楚的判断，唯对小型报纸和极个别大报的股资性质不甚明了，有待进城后的进一步查实。

二、消灭旧的文化阵地：中共对上海报业的接管

1949 年 5 月 27 日，陈毅指挥华野进驻上海。同日，上海市军事管制委员会正式成立。此后，接管工作亦按此前之计划随即展开。按照此前在丹阳的组织建制，报业接管主要由新闻出版处新闻室负责。具体组织层级为：军事管制委员会下设文化教育管理委员会（后文简称“文管会”），陈毅为主任，夏衍、钱俊瑞、范长江、戴白韬担任副主任。[2] 文管会下设高等教育处（处长先为韦悫、后为钱俊瑞）、市政教育处（处长戴白韬）、文艺处（处长夏衍）和新闻出版处（处长周新武）四个处，其中新闻出版处主要负责对上海的报刊、出版、广播、通讯社等进行接管（如图 1）。这些组织事实上在丹阳期间即已筹组完成，并按预定计划展开工作，只是到上海解放后才正式亮相扮演角色。对新闻出版事业的接管工作主要由军管会文化教育管理委员会新闻出版处负责，该处又下设新闻、出版、广播、研究四室，前三室分别对应报纸通讯社、图书出版、广播的接管工作。新闻出版处于 5 月 26 日进入上海，27 日正式开展工作。

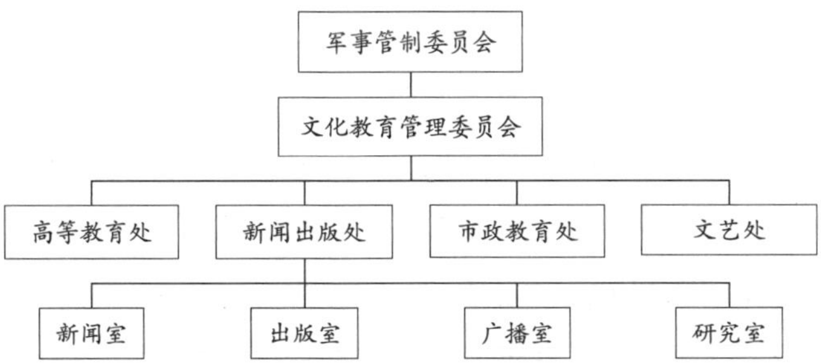

图 1　上海报业接管的组织机构图

新闻出版处新闻室直接对口上海报纸的接管工作。从接管过程来看，上海报

1. 新闻室接管工作计划草案［A］. 上海档案馆藏，Q431-1-1-113. 参照上下文意，原件采取的“方针及政策”中第 4、5、6 条本该对应第“四”“五”“六”类，原件中误作“五”“六”“四”类。

2. 夏衍是文管会实际负责人。这一时期，范长江、钱俊瑞还在北京未到上海，陈毅只是挂名。1949 年 5 月 24 日，陈毅曾对夏衍说：“文管会我当主任，实际工作由你负责，我挂个名，是为了你工作上方便，我这个名字还可以压压那些不听话的人。你人头熟，情况熟，你认识许多大文化人，所以可以放手工作，不要害怕。”夏衍 . 懒寻旧梦录：增补本［M］. 北京：生活 · 读书 · 新知三联书店，2006：400.

纸接管具有忙中有序、思路清晰的特征。其一，新闻室对报业接管采取了确保出版、兼顾接收的原则。在拟定的接管计划中，《解放日报》的出版为当务之急，因此确保党报优先出版成为一项重要的政治任务。为确保党报顺利出版，中共在丹阳时即组建了《解放日报》编辑团队，并具体规划了办报方针、内容、版式，而且准备好了稿件。“丹阳计划”要求大部分的干部都要为党报出版做好准备，“如组织通讯网、准备与配备出报的材料等。至少摘好前十五天的报纸材料”。[1]在率先保证《解放日报》出版的同时，新闻室兼顾旧报业的接管工作。其二，就旧报业接管而言，因报纸数量甚多，新闻室在接管过程中区分重点，分清轻重缓急，抓大放小。根据工作重点，新闻室将要接收的报纸分成几类，首先集中力量接管“准备出版的对象”（确定申报、新闻报两处），以保障上海解放后党报能在第一时间与群众见面。在此之后，则是对规模较大、性质清楚的国民党及其他反动党派、党政机关所有者的大报进行接收。再次才是对一般报社的接管，而“对很小或不明情况者，除令其遵照军管会布告登记审查外，暂不过问”。[2]为达上述要求，新闻室对接管干部进行了适当分工与配备，采取了出版先行、接管并重的方针，在积极准备党报出版的同时，抽调一批干部开展接收工作。

对于已明确要接管的报纸，上海文管会一般的接管步骤为：①与地下党共同开会，审查在丹阳所拟定的计划，充实具体材料。②在正式接管以前，先派联络员前往该区作实地调查，有了充分准备后，再进行接管。③在去接管单位之前，先与对方约定开会时间，有地下党关系的，布置工作，协助接受。④军事代表到达接管单位，即令其负责人员报告情况，如与原来了解无不符之处，即令其召集职工开会宣布接管命令与政策。[3]当然，由于各报情况各不相同，甚至有报纸在接管过程中也存在不同程度的“抵抗”，因此实际工作远较接管方案复杂。对于报业接管的过程，文管会实际负责人夏衍曾有过回忆：

按入城政策，凡私立大、中、小学和私营文艺单位，一律不接管，也不实行军管。新闻方面情况特别复杂，所以接管工作也特别细致慎重，例如《新民晚报》过去和我们有联系，所以解放后照常出版，一天也没有停刊；《文汇报》虽在解

1，2. 新闻室接管工作计划草案［A］. 上海档案馆藏，Q431-1-1-113.

3. 上海市军管会新闻出版处一月综合报告（五月二十七日至六月二十六日）［A］. 上海档案馆藏，Q431-1-1-81.

放前被国民党查禁了，但当严宝礼、徐铸成希望协助复刊时，文管会也给了他们以纸张、印刷方面的资助。上海有好几家英文报，《密勒氏评论报》的主持人鲍威尔和我们地下党有联系，因此也照常出版；英文《大陆报》本来是孔祥熙办的，解放前夕他们作了些"应变"措施，登出启事说已将全部财产盘给美国人阿乐满经营，挂上了"美商"招牌，但经过认真的调查，得到了确实证据，证实了所谓"出盘"完全是骗局，才报请军管会批准，于6月初予以没收。[1]

尽管各报情况复杂，但由于新闻室事先已对要接管的单位有较清楚摸底，因此整个报业接管工作总体上推进极为迅速。新闻室每周都会对接管工作进行汇总，并形成综合报告。通过综合报告，我们或可管窥上海报业接管"疾风骤雨"般的节奏。

6月5日：新闻室报告已完成接管与军管单位15家，原定第一批接管对象除几家办事处及情况变动外均已大体完成。[2]

6月14日：新闻室报告已接管及军管新闻单位23家。其中，接管报纸14家，其中大报8家（《中央日报》《东南日报》《和平日报》《前线日报》《中华时报》《英文自由论坛》《中美日报》《新中日报》）、晚报5家（《时事新报》《大晚报》《华美晚报》《大众夜报》《新夜报》）、小报1家（《立报》），另对《申报》《新闻报》《益世报》3家报纸施行军管。[3]除《大陆报》外，中共已完成对上海的大报和晚报的接管工作。

6月26日：新闻室报告共计完成接收报纸13家[4]，军事管制4家（《新闻报》《申报》《大陆报》《益世报》），另有《经济日报》《中文自由论坛晚报》《铁报》《活报》《群众报》《民众报晚刊》被命令停刊、办理结束。[5]

不难看出，新闻室对上海报纸的接管显得紧张而有序。上海解放一周之内，新闻室即以雷霆之势对原拟的第一类接收单位进行了接收。6月中旬，新闻室已完成绝大多数的大报和晚报接管工作。至上海解放一月（6月26日），绝大多

1. 夏衍．懒寻旧梦录：增补本［M］. 北京：生活·读书·新知三联书店，2006：407.

2. 新闻室一周综合报告（六月五日）［A］. 上海档案馆藏，Q431-1-1-2.

3. 新闻室一周综合报告（六月五日至十四日）［A］. 上海档案馆藏，Q431-1-1-14.

4.《中美日报》系新闻室与出版室协同联合接管，随后查明接管该报的是印刷厂，此后被归属到出版室接管名单，故此处新闻室共计接管13家报纸。

5. 上海市军管会新闻出版处一月综合报告（五月二十七日至六月二十六日）［A］. 上海档案馆藏，Q431-1-1-81.

数被认定为反动性质的报刊均已被接管，只有部分不清楚情况的小报和外报未能处理。中共宣布，消灭“反动文化阵地”的工作已基本完成。当然，由于整个接管工作极为迅猛，因此整个接管工作中难免存在或这或那的缺点。新闻室自己就意识到接管中明显存在“急躁和不耐烦的毛病”，过于依赖“丹阳准备的材料”，很多工作开展不够细致。[1]

文管会在解放上海一月之内已对二十余家报纸予以分别处理，反倒是大多数小报，因新闻室对其情况掌握不明，一时并没有明确的意见。小报在旧上海的报业中占据着较重要的位置，这些小型报纸数量颇众，成分复杂，“丹阳计划”中除《辛报》《铁报》《立报》三张被认定系私营经营但性质反动外，其余十几家小报均属“情况不明或不甚明了者”，有待“进一步调查研究后再行处理”。[2]甚至在相当一段时间内，文管会对小报有没有继续存在的必要，如何接管、办理小报都存在争议。因此总体上看，小报的接管工作反倒成为报业接管中的滞后环节。

接管计划中，小报虽然被放在了较次要的位置，认为有待调查研究后再行处置，然而从实际的接管过程看，接管人员对旧小报的接管、整顿并未放松。原来在“丹阳计划”中明确要“稍后一步”处理的《立报》，也仅仅稍晚了几天“处理”。在判明《立报》属国民党反动宣传机构后，新闻室就于6月3日迅速予以接管。[3]此后，《活报》《铁报》也因为负责人员的政治背景有问题被勒令停刊办理结束。[4]至6月23日，向军管会递交申请登记的上海小报中，就只剩下《飞报》《罗宾汉》两家还在继续出版。由于《飞报》《罗宾汉》办理人员都存在着反动关系，因此两者并不在军管会核准登记的范围之内。比较棘手的问题是如果《罗宾汉》《飞报》这两张小报均被接管，那么大量习惯阅读小报的读者将陷入无报可读的局面，这显然与中共借用小报争取“落后”的想法不相符合。为防止小报骤然全停产生负面影响，夏衍、李之华等人酝酿了“出一家停一家”的方案以作过渡。按此方案，中共新办了《大报》《亦报》以取代《飞报》《罗宾汉》。至7月上旬，上

1，4. 上海市军管会新闻出版处一月综合报告（五月二十七日至六月二十六日）[A]. 上海档案馆藏，Q431-1-1-81.
2. 新闻室接管工作计划草案［A］. 上海档案馆藏，Q431-1-1-113.
3. 接管机构总结报告表［A］. 上海市档案馆藏，Q431-1-105-3.

海的旧式小报最终全部办理结束。[1]

三、报业新格局：报业登记与报业秩序的重建

根据《中共中央关于新解放城市中中外报刊通讯社的处理办法》的精神，清理接收国民党派系的报纸只是解放上海后中共接管工作的一部分。除这部分报纸外，还有相当的报纸系私人经营或以私人名义与社会团体名义经营，这些报纸情况极为复杂，除部分有明显而确实的反动政治背景应予以直接接收外，其他的报纸在原则上则属于允许出版的范畴。破旧之后，尚需立新，中共主要通过申请登记制度来重塑新的报业秩序。

上海军管会成立当天即颁布了《中国人民解放军上海市军事管制委员会关于上海市报纸杂志通讯社登记暂行办法》。《办法》要求所有“已出版、将出版或将复刊之报纸和杂志，及已营业，将营业或将复业之通讯社”务必依据该办法向军管会申请登记，由军管会发给临时登记证，未获得临时登记证的则不允许出版或营业。[2]1949 年 10 月前，约有 40 家报纸递交申请登记，但最终仅有 14 家报纸获得军管会的登记证，其中半数皆系中共直接领导或授意新创办的报纸。真正“旧”转“新”的报纸事实上只有《文汇报》《新民报》《大公报》及俄文《新生活报》4 家。其他未获批准的报纸即成为非法出版，其命运或被陆续接管，或最终自动停刊。较为特殊的是为满足“落后群众”暂时的文化需要，中共允许部分偏向进步的人士以私营的名义新办了《亦报》《大报》两张小报。这两家小报虽然是在中共的授意之下创办，但也暗示出新政权其实默许了新的私营报业继续出版，重新创办的报刊中也并非全系党营或公营。[3]

登记办法颁行后，申请登记者众，但显然并非政治清白就可以获准出版。谁出版、谁不出版，最终的决定权仍掌握在新政权手中。解放之初，出于政治上的考虑并为在接管登记过程中获得积极主动的地位，军管会并没有出台有关登记的

1. 关于中共对上海小报的接管可参见龙伟 . 上海解放初期中共对小报的改造与整编［J］. 中共党史研究，2015（3）：86-94.

2. 中共中央华东局政策研究室 . 上海市军管时期法令汇集：（1）［G］.1949：111-113.

3. 对中共主导创办的私营报业，在新的报业格局中显然有较重要的意义。天津市委 1949 年 1 月 14 日给中共中央电报请示说：“我们在天津除办一天津日报作为市委机关报外，拟办一以民间面目出现的报纸。任务：（一）以民间面目拥护党的主张与宣传党的主张。（二）善意地提出建议与某种程度的批评。（三）与其他报纸、杂志作思想斗争。”参见孙旭培 . 解放初期对旧新闻事业的接收和改造［J］. 新闻与传播研究：1988（3）：48-63.

具体标准。然而出于稳定政治秩序的需要，私营报刊的出版准入事实上极为严苛。据1950年底华东军政委员会新闻出版局《关于处理私营报刊登记问题的暂行原则和标准》来看，想要获准出版，私营报业至少要满足的条件包括：政治上遵循共同纲领，无反人民恶行，经济上有相当的实力不需要国家在经济上进行扶助，此外当地还确有出版的需要。[1]文汇、新民、大公几家民营大报和亦报等小报最终获得生存的权利，显然都是经过中共慎重筛选、深思熟虑后的结果。

经过登记，20世纪50年代初的上海报业被新政权分成为两类：已获准登记出版的报纸以及未登记仍在出版的报纸。前者或是新政权一手创办，或是已基本得到新政权认可，而后者则显然属于“非法出版”。出于舆论的考虑，中共尚“容忍”后者的继续存在，并未采取雷霆手段，而代之以逐步“限制”发展的策略。

自5月31日至6月30日，填送申请登记表的新闻单位共计224家，其中报纸共43家。然而经过审核，第一批登记证发给44家，其中报纸只有14家。[2]据档案材料推测，“第一批”登记证应是在1949年9月底前发的14份登记证，其中“新字第14号”登记证于9月21日核发，发给了一张小型报《剧影日报》[3]，第15号登记证迟至1950年6月9日方才颁发给英文的《上海新闻》。新闻出版处新闻室的一份报告显示，截至9月30日，经新政权核准登记并出版的报纸共有13家（《剧影日报》10月1日才正式出版，故档案中未列入，详见表1）。[4]

1949年9月底之前获准登记并出版的13家报纸按“刊别”可以分成“新创刊”“续刊”和“复刊”三种。“新创办”的报纸共有8家，其中6家都是党或团体关系的报纸，充分体现出新政权的办报意图。另有《大报》《亦报》2家小报是为满足“落后群众”的文化需要而办。“复刊”的只有《新少年报》1家，主要

1. 华东军政委员会新闻出版局关于处理私营报刊登记问题暂行原则和标准的通知［A］. 上海档案馆藏，B35-2-24-10.

2. 王中 . 上海解放初期接管新闻机构的情况［M］// 中共上海市委党史研究室 . 接管上海 . 专题与回忆：下卷 . 北京：中国广播电视出版社，1993：221. 有学者误认为前往登记的全系民营报纸，如张济顺据此表述“43家中国人的民营报纸按军管会要求前往登记，获准登记的只有14家”。曾宪明表述为：“到1949年6月30日，填送登记表的报纸共43家，经审批并发给登记证的《大公报》《文汇报》《新民报晚刊》等14家私营报纸获准继续出版。”但事实上其中包括了大量中共党、团、组织及机构的报纸。最终获批的14家中，私营报纸不足半数。参见张济顺 . 远去的都市：1950年代的上海［M］. 北京：社会科学文献出版社，2015：141; 曾宪明 . 解放初期大陆私营报业消亡过程的历史考察［J］. 新闻与传播研究，2002，9（2）：71-79.

3.《剧影日报》1949年9月21日获发“新字第14号”登记证，10月1日正式出版，社长刘厚生，总编辑姚苏凤。该报主要报道娱乐界和剧影界的活动，由国光印书局承印，但由于销路不广，1950年元旦宣布休刊，以后也没有复刊。

4. 已核准登记出版报纸情况表（1949年9月30日止）［A］. 上海档案馆藏，Q431-1-21-4~7.

是针对少年儿童创办的周报。这本刊物原本是上海地下党组织学委创办的革命少年儿童报纸，创刊于1946年2月16日，1948年被迫停刊。“续刊”的报纸除上海解放前有较大影响的新民、大公和文汇三张私营报纸外，另有一家俄文报纸。

表1　已核准登记出版报纸情况表（1949年9月30日止）[1]

名称	刊期	刊别	创刊日期	登记证号码	核发日期
解放日报	日刊	创刊	1948.5.28	新字第1号	1949.5.28
劳动报	三日刊	创刊	1949.7.1	新字第2号	1949.6.21
青年报	五日刊	创刊	1949.6.10	新字第3号	1949.6.9
新少年报	周刊	复刊	1946.2	新字第4号	1949.6.16
新民报（晚刊）	日刊	续刊	1929	新字第5号	1949.6.9
新生活报（俄文）	日刊	续刊	1941.6.21	新字第6号	1949.6.9
新闻日报	日刊	创刊	1949.6.29	新字第7号	1949.6.23
大公报	日刊	续刊	1936.4.1	新字第8号	1949.6.16
文汇报	日刊	续刊	1938.1.25	新字第9号	1949.6.17
大报	日刊	创刊	1949.7.7	新字第10号	1949.6.28
人民文化报	三日刊	创刊	1949.8.1	新字第11号	1949.7.4
亦报	日刊	创刊	1949.7.25	新字第12号	1949.7.8
上海警总	三日刊	创刊	1949.7.18	新字第13号	1949.7.13

外文报刊方面，据文管会新闻出版处的调查，1949年9月还有7家外文报刊继续出版。这7家报刊分别是英文《字林西报》（North China Daily News）、《大美晚报》（The Shanghai Evening Post & Mercury）[2]、《密勒氏评论报》（The China Weekly Review），俄文《新生活报》《苏联公民日报》《时代杂志》月刊，法文的《法文周报》。对于外国人所办报刊及通讯社，新闻出版处采取的策略是“除苏联报纸通讯社以协商办法处理外，余均把它孤立起来，慢慢限制，最后停止其工作”。[3]概因考虑到国际影响，新政权对于外报并未采取强制停刊的方式。[4]

1. 已核准登记出版报纸情况表（1949年9月30日止）［A］. 上海档案馆藏，Q431-1-21-4~7.9月21日，实际还给发给小型报《剧影日报》一张新字第14号登记证，该报于10月1日出版，是以该份材料中未统计列入。
2.《大美晚报》于1949年6月14日因劳资纠纷发生工潮休刊，但因未正式宣布停刊，故此统计亦计入。
3. 新闻室接管工作计划草案［A］. 上海档案馆藏，Q431-1-1-113.
4. 中共对新解放城市中的外报和通讯社的态度存在较复杂的变化过程，可参见龙伟. 新中国成立前后中共对英、美在华新闻机构的处置［J］. 党史研究与教学，2020（1）：13-21.

这7家报刊中5家在当时都属于“非法”出版，仅有俄文《新生活报》《时代杂志》月刊两份获得军管会登记证。[1]发给登记证的一报一刊均系俄文，但实际上却都是中国人办理，严格讲并不能算外报。《新生活报》由塔斯社支持创办，登记的负责人是陈冰夷，主要供苏侨阅读。《时代杂志》系月刊，登记负责人为中共党员姜椿芳（翻译家，时任文管会剧艺室主任），内容主要是介绍苏联文艺及生活。另一份俄文《苏联公民日报》由白俄瓦西立·戚立根创办，但被认定有较浓厚的“投机”立场，“暂不办理登记”。[2]

至1950年3月，上海共有大小中文报纸15家。其中，党或团体关系的报纸共7家，包括《解放日报》《劳动报》《青年报》《新少年报》《上海警总》《人民文化报》《新闻日报》；私营报3家，即《大公报》《新民报》《文汇报》；小型报3家，包括《大报》《亦报》《剧影日报》。另有未发登记证还继续出版的报纸《商报》《烟业日报》2家。[3]外文报纸方面，大多数外报都自动停刊，仍在继续出版的报纸仅有英文《字林西报》《密勒氏评论报》以及俄文的《新生活报》。[4]英文报纸在随后的两三年间相续停刊，最终绝迹。

与上海解放前的旧报业相较，新政权报业格局首要的特点即在于党报系统的建立。最早获准出版的13份报刊中，党团系统及相关机构出版的报刊就占了7家，在数量上占据了明显优势。[5]上海解放后，第一张登记证书就颁发给了《解放日报》，这显然不是偶然。《解放日报》作为华东局及上海市委的机关报，理所应当地成为新上海出版的第一份报纸。除《解放日报》外，《劳动报》《青年报》《新少年报》分别拿到了2、3、4号登记证。《劳动报》由柯蓝任总编辑，名义上属总工会领导下的工人报纸，但出版不久即改由《解放日报》统一领导。《青年报》

1. 上海外人所办报纸杂志情况（1949年9月30日）［A］. 上海市档案馆藏，Q431-1-21-10. 前表仅列出已登记报纸名单，故未将俄文《时代杂志》月刊列入。

2. 未发登记证而继续出版的报纸（1949年9月30日）［A］. 上海市档案馆藏，Q431-1-21-11.

3. 解放后的上海报纸（1950年3月20日）［A］. 上海市档案馆藏，Q431-1-21-12.

4.《解放后的上海报纸》中提及当时还有四份外报即《字林西报》、《大美晚报》、俄文《新生活报》和俄文《苏联公民日报》，然同时该文亦明确注释《大美晚报》已在去年六月停刊，《苏联公民日报》已于三月一日停刊。参见解放后的上海报纸（1950年3月20日）［A］. 上海市档案馆藏，Q431-1-21-12; 上海市人民政府新闻出版处1950年工作综合报告［Z］. 上海市档案馆藏，B35-1-6-19. 这两份报告都认为只有《字林西报》《新生活报》仍在出版，但事实上《密勒氏评论报》亦还在出版。《字林西报》并未持续太久，1951年3月，该报即因报道不实受到上海市军管会警告，随后自行停刊。《密勒氏评论报》则维持到1953年6月，该报最后因报道美国侵略朝鲜、进行细菌战等被美国政府禁止入境，丧失订户，被迫自动停刊。

5. 解放后的上海报纸（1950年3月20日）［A］. 上海市档案馆藏，Q431-1-21-12.

系青年团华东工作委员会机关报，1949 年 9 月改归《解放日报》统一领导。《新少年报》则系青年团上海工作委员会指导下专门针对少年儿童出版的一份周报。另外，《人民文化报》和《上海警总》也都系新政权下相关机构所办的公营报纸，《新闻日报》则被改组成为党的“外围报纸”[1]。中共党团系统及团体机构所办报纸已占据半壁江山。

四、结语

1949 年作为中国近代史上最具转折意义的一年，同样也是上海报业史的转折之年。1950 年初，上海同时出版的报纸只有 15 家左右。相较 1947 年上海的 96 份报纸，中共建政后上海报刊在数量上无疑大大减少。[2] 更重要的是，1949 年前后上海报纸的变革体现出明显的政治文化的嬗易更替，消费性的都市文化渐为工农为主题的政治性城市文化所取替。解放前的报纸大多数都是私营报纸，充斥着自由主义的味道，甚而很多报纸都是纯粹提供给小市民的消遣读物。1950 年初上海报业则呈现出另一番景象，严肃的政治生活成为报纸最重要的主题，党报成为各次政治运动的宣传、鼓动与组织者，更成为民众政治生活的指挥棒。私营报业大幅萎缩，保留下来的私营报纸在内容上虽还保有一定的自由度，却需面对强大的公营报纸竞争，其存在的前提乃是“以民间面目拥护党的主张与宣传党的主张”。[3] 中共党报所秉持的“延安范式”在 1949 年后成为上海报业的主流意识形态，中共对上海报业的接管与登记无疑成为中共“印刷共产主义”从农村迈向城市、从延安遍及全国的关键。

上海解放后，中共将报纸视为文化建政的重要力量，上海报业的接管与登记也为新的政治文化传播奠定了坚实基础。1949 年 8 月初，陈毅在政府工作报告中表示，军管会已“停止了国民党反动派办的报纸和过去作为反动喉舌的报纸，刊行了人民的报纸，实行了两家报纸的改组，扶助了过去在国民党时代受压迫而

1. 已核准登记出版报纸情况表（1949 年 9 月 30 日止）［A］. 上海档案馆藏，Q431-1-21-5.

2. 国务院情报研究所关于中国新闻自由的备忘录［G］// 美国对华情报解密档案（1948-1976）：第 2 册，第 3 编. 上海：东方出版中心，2009：18. 该份档案认为至 1950 年上海报纸数量已减少至 14 家，若考虑到 1949 年 10 月后又陆续发放了几张登记证，还有部分未申请登记但持续出版的报刊，事实上 1950 年并不止 14 家报纸出版。

3. 转引自孙旭培. 解放初期对旧新闻事业的接收和改造［J］. 新闻与传播研究，1988（3）：48-63.

停刊的进步报纸的复刊”。[1] 1950年4月，上海市政府在工作总结中宣称“反动和投机性的报纸、杂志、小册子已基本绝迹，刊行着进步的以致中间性的新闻出版物，一般都在我们有组织的领导之下，几个月来尽了相当的宣传任务。”[2] 这样的总结性论调标志着在经历暴风骤雨般的接管、重新登记后，解放前旧的报业体系已然崩塌瓦解，一个以《解放日报》为核心、统率的报业新格局已悄然在新上海崛起。

中国革命既包括了复杂的军事斗争，又包含新旧文化的猛烈交锋。中国革命的胜利既是军事斗争的结果，同样也是新民主主义文化胜利的结果。新中国成立后，中国共产党要继续高举新民主主义的文化旗帜，引领新的文化方向。在新旧文化的交锋之中，上海报业作为文化交锋的主要阵地首当其冲。然而诚如芮哲非所言，既有对中国共产党的研究虽然极为重视意识形态的功能，却忽略了对意识形态物质基础的关注。[3] 对于新中国上海的政治文化而言，上海报业无疑就是承载其文化内涵的物质基础。正是通过对上海报业的接管，以党报为核心的公营报刊网络得以在印刷资本最为繁盛的上海建立起来。上海报业接管既是中共文化建政的重要组成部分，也是新中国成立后中共引领新民主主义文化的缩影。

（原刊于《新闻春秋》，2020年第2期，人大复印资料《新闻与传播》2020年第8期全文转载。）

1. 陈毅关于上海市军管会和人民政府六七两月工作的报告（1949年8月3日）[G]// 上海市档案馆编 . 上海解放 . 北京：档案出版社，1989：153.

2. 上海市人民政府工作总结（1949年5月27日至1950年4月）[G]// 接管上海 . 文献资料：上卷 . 文献资料 . 北京：中国广播电视出版社，1993：111-112.

3. Christopher A. Reed, “Advancing the (Gutenberg) Revolution: The Origins and Development of Chinese Print Communism, 1921-1947” [C] // Cynthia Brokaw and Christopher A. Reed., *From Woodblocks to the Internet: Chinese Publishing and Print Culture in Transition, circa 1800 to 2008*. Leiden and Boston: Brill Academic Pub, 2010: 275-314.

新中国成立前后中共对英、美在华新闻机构的处置

中国共产党（以下简称“中共”）秉持马列主义新闻理论，向来重视新闻宣传，并将报社、刊物与通讯社等新闻机构视为阶级斗争的重要工具。近代以来，英、美等资本主义国家在上海、南京等大城市中建立了众多新闻机构，这些新闻机构无疑代表了英、美资本主义国家的根本利益。作为革命与斗争的对象，中共对英、美在华新闻机构显然持否定性的立场。[1] 以三大战役为转折，中共对外国新闻机构的态度明显存在“前松后紧”的转变。延安时期，中共主要基于陕甘宁边区施政纲领第二十一条作为对外政策的总纲。困于国民党的新闻封锁和“污名化”的宣传，中共对外国新闻机构的报道持普遍欢迎的态度，无论是积极联系、协助埃德加·斯诺的延安访问，还是外国记者西北访问团对延安的采访皆是如此。1944年8月，中共专门发出指示强调着眼于“国际统战工作”开展半独立外交，对英、美盟国的文化、新闻机构表示欢迎的态度。[2] 重庆和谈期间，对于进入解放区的美国记者及其他外国记者，中共专电指示“应帮助其自由采访及报道我区的真实情况”。[3] 直到解放战争之初，中共对于新占领的城市的在华外国人原则上还采取“保护政策”。[4] 然而从1948年下半年始，特别是在淮海战役发动后，中共很快意识到国内军事形势“进入一个新的转折点”。[5] 面对国内形势的“重大变化”，一系列大中城市可望迅速解放，如何处置这些大城市中的报刊通讯社等宣传舆论

1. 本文所指英、美在华新闻机构既包括英、美在华政府机构所设置的新闻机构如美国新闻处，也包括以外籍身份民间设立的报刊、通讯社。

2. 中共指示“文化宣传上，我们欢迎与盟国文化合作，欢迎盟国通讯社或其政府新闻处在延安设立分社，或派遣特约通讯员及记者来延，并给以至各地访问之便利，通讯的电信，政府在原则上不放弃检查权，但在实际执行上，凡非泄露军机造谣生事破坏政府者，我们概予放行，不予检扣，以示与国民党区别。”参见中央关于外交工作的指示［G］// 中共中央文件选集：第 14 册 . 北京：中共中央党校出版社，1992：314-318.

3. 中共关于美国对华政策的变动和我党对策的指示（1945 年 12 月 19 日）［G］// 中共中央文件选集：第 15 册 . 北京：中共中央党校出版社，1992：495.

4. 关于对待在华外国人的政策的指示（1948 年 2 月）［G］// 中共中央文件选集：第 17 册 . 北京：中共中央党校出版社，1992：35.

5. 毛泽东 . 中国军事形势的重大变化（1948 年 11 月 14 日）［G］// 中共中央文献研究室、中央档案馆 . 建党以来重要文献选编：第 25 册 . 北京：中央文献出版社，2011：642.

机构就成为一个“严重而复杂的问题”。[1]中共在不断夺取城市，加强对宣传舆论阵地收编占领的同时，对外国新闻机构的态度与政策出现了重大转向。

为何在1948年到1949年短短两年的时间内，中共对英、美在华新闻机构的态度与政策发生了翻天覆地的转换？在解放大城市后，中共是否截然关闭禁止了英、美新闻机构的活动？英、美在华新闻机构的命运又将如何？学术界对上述问题的讨论并不充分，在认识上尚有诸多迷惑不清之处。本文即着眼考察在解放大城市过程中中共对英、美在华新闻机构的处置过程，分析其策略转变的过程及原因，并论述英、美新闻机构在华的最终命运。

一、电台之争：沈阳解放后的军事需要

解放战争之初，对于新占领的城市，中共最初对外国侨民所办的经济、文化、宗教机关，“一般地还不采取排除或没收的政策”，而采取“保护政策”。[2]但单独规定，如果占领城市中有领事馆，则“未得我军总部许可，不许设立无线电台”。[3]之所以单独将“电台”问题提出，主要是出于战事保密的需要，防止泄漏军机。但是该指示出台时，中共尚未占领任何有领事馆的城市，只能算是一纸空文。然而令人意想不到的是，中共对外国新闻机构的处置却正是肇始于对电台的控制与争夺。

沈阳是中共解放的第一座真正意义上的大城市。沈阳解放前夕，军管会在1948年10月28日召开的第一次会议上就明确提出“要注意外交问题，沈阳有美、英、法领事馆和他们的新闻记者”，并指出应采取“慎重而适当的政策”“我们反对资本主义，但不是要把他们一脚踢开”。[4]这表明在沈阳解放前夕拟定的接管策略中，中共对外国新闻机构采取了非常审慎的态度，并没有突然转向。不过由于战事正酣，为军事行动计，中共明显加强了对沈阳各地“电台”的收缴。在此前，东北民主联军总司令林彪就曾明确下令，为确保军事行动的秘密进行，必

1. 中共中央关于新解放城市中中外报刊通讯社处理办法的决定（1948年11月8日）［G］// 中共中央文件选集：第17册 . 北京：中共中央党校出版社，1992：465-467; 中共中央文献研究室、中央档案馆 . 建党以来重要文献选编：第25册［G］. 北京：中央文献出版社，2011：630-634.

2，3. 关于对待在华外国人的政策的指示（1948年2月）［G］// 中共中央文件选集：第17册 . 北京：中共中央党校出版社，1992：35.

4. 中共中央文献研究室 . 陈云年谱（上、中、下卷）［M］. 北京：中央文献出版社，2000：533.

须收缴各大城市中私自藏匿的电台。[1] 中共中央也专门指示陈云等人暗中调查沈阳各领事馆中是否还有无线电台，对于这些电台原则上应由市政府封存代为保管，俟外交人员离境时交还。[2] 种种迹象皆表明，沈阳解放之初中共并没有形成处置外国新闻机构的明确策略，为确保军事行动的机密性对电台的控制乃是其时的当务之急，但这显然并不针对外国新闻机构。

直到 1948 年 11 月 8 日，中共中央发出《关于新解放城市中中外报刊通讯社处理办法的决定》（又称“一一·八指示”，以下简称《办法》），其中才专门针对外国新闻机构的处置做出指示。《办法》定性“报社、刊物与通讯社，是一定的阶级、党派与社会团体进行阶级斗争的一种工具”“不是生产事业”，因此不能采取对待私营工商业那样的保护和扶持政策。对外国报刊通讯社，《办法》明确了三条基本的原则：

（甲）外国通讯社非经中央许可不得在解放区发稿，并一律不得私设收发报台。

（乙）外国记者停留解放区继续其记者业务者，应根据外交手续向人民民主政府请求许可，并不得私设收发报台，其发出之稿件，应受中央所指定之机关检查。

（丙）外国人非经中央许可不得在解放区出版报纸与刊物，原已出版者亦须报告中央处理。[3]

《办法》是中共针对新解放城市新闻机构的处理办法，带有总体性、原则性的特点。《办法》出台前两天，淮海战役刚刚打响，《办法》虽然是为全国范围内新解放城市的新闻政策定调，但其出台背景也有妥善解决沈阳问题的意思。不难看到，《办法》试图通过对外国通讯社、外国记者、外国报刊三个不同的责任主体进行管控从而对外国新闻机关的活动加以约束。就具体的操作环节而言，中共中央对外国新闻机构的处理以控制电台、新闻检查、请求许可三种方式为主。这三种方式中，又尤以控制电台最为重要和迫切。因为控制住电台，相当于就从根本上斩断了外国新闻机构与外界的信息沟通。

1. 邢继攀，孙会岩 . 陈云与沈阳美领馆事件［J］. 百年潮，2016（8）：45-48.

2. 中共中央文献研究室 . 陈云年谱（上、中、下卷）［M］. 北京：中央文献出版社，2000：534.

3. 中共中央关于新解放城市中中外报刊通讯社处理办法的决定（1948 年 11 月 8 日）［G］// 中共中央文件选集：第 17 册 . 北京：中共中央党校出版社，1992：465-467.

自沈阳解放后，沈阳军管会即刻着手收缴各类电台。然而，收缴民间私藏的电台或许还较为容易，但是要让涉外的机构交出电台就显得非常棘手。在此过程中，较为典型、极端的事件是沈阳解放后围绕收缴美国驻沈领事馆的电台而引发的“瓦尔德事件”。学术界一般认为，中共出于军事行动的保密需要，加上苏联方面的压力，促使中共在沈阳解放后对英、美驻沈阳领事馆采取了“挤走”的外交策略。根据中央的指示，加之沈阳地方有迫切收缴电台的要求，陈云、伍修权、陶铸于 11 月 15 日签署了沈阳特别市军事管制委员会第四号布告，限期所有中外机关团体、各界人民与各国侨民等在 36 小时内全部上交电台收发报话机件。由于美驻沈领事瓦尔德（Augus I Ward）拒绝在规定的 36 小时内交出电台，最终导致中共采取强制措施收缴电台。沈阳军管会在 20 日下午 1 时令卫戍司令部强行进入美驻沈阳领事馆，没收电台，并给了瓦尔德一份措辞严厉的声明。声明不再承认其领事身份，并禁止领事馆全部人员与外界的自由往来。美驻沈阳领事馆人员被全部软禁，电灯、电话和自来水供应亦全部中断。由此，因控制电台中共在东北地区引发了一次严重的外交对抗。[1]

中共没收电台的行为虽有通过切断领事馆信息联系使其成为信息孤岛并最终挤走英美领馆的外交考虑，但同时也反映了中共试图控制电台的迫切要求和强硬姿态。这一事件拖延甚久，而之所以在 20 日下午采取果断强制措施，可能与毛泽东主席给出的底线有关。因为就在同日，毛泽东主席向东野下达了挥师入关的命令。事实上，毛泽东主席在沈阳解放后不久即有令林彪秘密入关之意，然而由于沈阳方面一直未能有效控制电台，毛泽东主席最终只能指示沈阳周边的部队“推迟出发时间”“因沈阳有敌电台，我一行动，敌必警觉”。[2]不难看到，控制电台以确保军事行动的机密性是沈阳解放之初中共处置新闻通讯的最高准则。由于其时战事方酣，中共主要的精力都放在处置电台以确保军事行动上，故而对英美新闻机构的其他活动并未过多干预，也并未明确禁止英美新闻机构的活动。至于没收使馆电台，也仅仅停留在具体一地的个案上，并未牵连到整个外国在中共根据地的新闻、文化机构的其他活动。换言之，除不允许拥有电台外，滞留在解放

1. 关于瓦尔德事件的前因后果可参见杨奎松 . 华德事件与新中国对美政策的确定［J］. 历史研究，1994（5）：104-119.

2. 毛泽东 . 先以四个纵队夜行晓宿秘密入关（1948 年 11 月 20 日）［G］// 毛泽东军事文集：第五卷，北京：军事科学出版社，中央文献出版社，1993：253.

区的外国新闻记者，此时仍有采访和发电之权，新闻、文化机构的活动也得以正常展开。然而这种状态并没有持续太久，随后沈阳间谍案的破获不得不迫使中共对外国新闻机构采取高度警惕、全面防范的措施。

11月20日，沈阳军管会强行进入美领馆查收电台过程中，一共缴获电台7部。这引发了军管会的警觉，军管会顺藤摸瓜随后在次日破获了一起重大间谍案件。25日，东北局向中央报告这一间谍案件破获情况，指称美国特务利用美国驻沈阳领事馆收发装置、经费，刺探并递送有关苏联、蒙古国和中国解放区的情报。[1]对此，中共中央再度不加区别地提出“逐步挤走”美、英、法三国驻沈阳外交人员的主张，并提出“我们不应允许资本主义国家记者留在解放区发新闻”。随后，周恩来根据毛泽东的意图起草了对待外国记者的指示，“对美、英、法等资本主义国家中要求进入解放区的外交人员、记者等，一概拒绝；各种问题，一律不予答复。对于坚持留在我解放区，包括今后留在平津、上海、南京、武汉等地区的外交人员，只当外国侨民看待；对于留在这些地区的美国武官（连原美国驻延安观察组组长包瑞德在内），因美国军官正在助蒋作战，故应以武装监视；对于留下来的外国记者，因其均为反共报纸或通讯社的记者，故亦不承认其为记者，不给以任何采访和发电之权，军管期间还应监视其行动，发现其有破坏行为，即予惩办直至驱逐出境。”[2]可以看到，出于安全的考虑，中共对滞留解放区的外国人均高度警惕，持不信任态度。中共对滞留在解放区的外国记者一概不承认其记者身份，其采访和发电之权自然也一并取消。

二、因时而动：平津解放后对外新闻政策的调整

中共在瓦尔德事件以及沈阳间谍案后对外国记者采取了非常强硬的态度。天津解放后不久，中共中央在1月19日关于外交工作的指示中明确：“已出版之外国报纸、刊物，暂置不理，但须令其送全年报刊呈请登记。经过一个时期调查，并得中央批准后，一般的不予登记，停止出版。特殊的，或暂不干涉，或转为华人出面办理；外国通讯社一律不准发稿，更不得私设收发电台。塔斯社，电通社，应另订合同，由新华社代收代发；外国记者凡未经许可入境，或留在被解放城

1. 东北局致中央电（1948年11月24日），转引自杨奎松．华德事件与新中国对美政策的确定［J］．历史研究，1994（5）：104-118.
2. 中央关于战争期间拒绝一切外国记者采访解放区的指示（1948年12月23日），转引自杨奎松．华德事件与新中国对美政策的确定［J］．历史研究，1994（5）：104-118.

市者，概不承认其为新闻记者，不给以任何采访和发报之权，只予以外国侨民待遇”。[1]这一指示沿续了两个月前“一一·八指示”确立的通讯社、外国记者、外国报刊区别处置的思路。与“一一·八指示”相较，新的指示对通讯社和外国报刊的处置实质上并没有太大的差异，最大的变化在于对外国记者的政策上，新指示否定了所有记者身份，取消其采访和发报之权。可见，此时对外新闻机构的举措延续了沈阳间谍案后的强硬姿态。

然而就在1月19日的外交工作的指示发布后两天，国内的局势就发生了巨大的变化。因国民党军队战事接连失利，国民党派系出现严重分歧，美国方面倾向于与中共议和。在此背景下，国民政府打出了和谈牌。1949年1月21日，蒋介石面对桂系逼宫宣布下野。22日，南京国民政府代总统李宗仁发表文告，宣称“中共方面所提八项条件，政府愿即开始商谈”，并指定邵力子、张治中等五人为和谈代表。25日，中共同意开启和谈。国共重开和谈致使中共外交工作面对的国际、国内形势出现重大变化，中共对外新闻政策亦同步做出调整。

为配合和谈，中共中央在25日对外交工作做了新的补充指示。补充除“对外国通信社，仍应禁止其发稿”外，中共认为有两件事需作“暂时变通”。一者对平、津两地外国领事馆武官处中有电台者，连美国领事馆在内都采取“暂置不理”的姿态。二是对平、津两地外国记者，连美国记者在内，“亦暂取放任态度”。[2]较之此前在东北的严苛，新的指示相对宽松。新指示“暂时变通”“暂取放任”的表态显然营造了相对缓和、宽松的氛围，显示出中共策略的高度灵活性。之所以如此宽松，除了因中共高层看到了中美关系存在“缓和”之机外[3]，另一个重要的原因是三大战役的胜利结束，形势已截然大变。华北的外国电台和记者已可较为从容地加以处置，特别是美驻津领事馆的电台，其实中共早已掌握密码。[4]

1. 中共中央关于外交工作的指示（1949年1月19日）［G］// 中央档案馆中共中央文件选集：第18册，北京：中共中央党校出版社，1992：44-49.
2. 中共中央关于外交工作方针的补充指示（1949年1月25日）［G］// 中共中央文献研究室，中央档案馆．建党以来重要文献选编：第26册，北京：中央文献出版社，2011：80.
3. 杨奎松认为之所以会出现变化，主要是因为蒋介石的下野以及苏联并不完全希望中美交恶，使毛泽东看到了中美关系存在“缓和”之机。杨奎松．中华人民共和国建国史研究（2）：外交［M］．南昌：江西人民出版社，2009：57-63.
4. 米高扬与毛泽东会谈纪要：中共当前的工作方针（1949年1月31日）［C］// 李丹慧．冷战国际史研究：第18辑，北京：世界知识出版社，2014：330.

然而即便如此，无论是对电台，还是记者，中共都只是“暂时”变通。补充指示“暂置不理”的用语也流露出占尽主动、以观后效的志得意满，颇有些“引而不发”之意。事实上，毛泽东主席在31日同苏共密使米高扬的谈话中其实已然明确中共对待外国新闻机构的总体方针，即要在中国境内“禁止电讯社独自活动，外文报刊不得自由出版，现有的外国出版社必须向政府部门登记注册”[1]。米高扬在次日向斯大林的汇报中，将这些政策作了具体解读。涉及对外国新闻机构的举措包括：查封所有外国人出版的报纸杂志；在中国境内禁止外国电讯社和通讯社的活动；禁止外国人在中国境内使用无线电台。[2]当然，这些举措主要都是针对英美国家的，苏联只是形式上停止活动。因此不难看到，中共对平、津外国新闻机构的“暂置不理”完全是外交上的策略。

根据中共中央新的指示，平、津两地暂时放开限制，外国记者得以进行正常的采访和报道。不过，在华外国记者显然并不明了中共放开限制的真正意图，是以在新闻报道上也未有任何约束性的改变，结果很快就造成所谓“污蔑报道”事件。1月31日，北平宣告和平解放。合众社记者基昂、美联社记者穆萨对北平民众迎接解放军入城过程进行报道，但因其报道立场偏向，被指斥为恶意“污蔑”，遭到民众广泛的抗议和抵制。2月9日，《人民日报》率先披露了基昂、穆萨的污蔑报道。次日，《人民日报》第二版花了大半版面载文报道北平人民斥责基昂、穆萨造谣的行径。[3]北平军管会基本认为由于未及时禁止外国记者的发电权，因而导致了穆萨、基昂“污蔑报道”事件发生。[4]因此“污蔑报道”事件发生后，中共开始有意识对外国新闻机构的发电权加以控制。

当时的外国通讯社已被要求禁止发稿，外国记者则主要通过中共已经掌握的北平电报局向南京、上海等地发电，事实上已可以掌控，较为棘手的则是官方的

---

1. 米高扬与毛泽东会谈纪要：中共当前的工作方针（1949年1月31日）[C]//李丹慧.冷战国际史研究：第18辑，北京：世界知识出版社，2014：330.
2. 米高扬致斯大林电：关于中共的对外政策等（1949年2月1日）[C]//李丹慧.冷战国际史研究：第18辑，北京：世界知识出版社，2014：332-333.
3. 王敬.怒斥造谣者[C]//一次难忘的采访：88位资深记者采访记，北京：同心出版社，2001：113-115.
4. 北平军管会基本认为由于未及时禁止外国记者的发电权，因而导致了穆萨、基昂“污蔑报道”事件发生。此后的一份总结中看出，其中称：“外国记者均有发电执照，北平解放后并未及时停止其发电权。因此发生基昂等外国记者侮辱北平人民的事件。有些进步的外籍记者认为他们的发电权也被禁止，是一种不平的处分，这是由于我们对外国记者的处理不够主动与及时所致。”中共北京市委党史研究室、北京市档案馆.北平的和平接管[A].北京：北京出版社，1993：446.

美国新闻处。因此，要解决发电权的问题，官方的美国新闻处就成为要着重突破的关键。2月7日，叶剑英等即向中央请示关于美国新闻处发稿等问题的意见。2月10日，中央专门就美国新闻处发稿问题做出指示，这一指示体现出中共对北平外国新闻机构的处置仍主要围绕收缴电台与控制发稿权两个方面展开。电台方面，指示要求应由军管会发出布告“禁止私设电台、收发报机、报话机及可以利用收音机抄报的耳机”。对于通讯社发稿问题，指示要求一切中外通讯社“均应向军管会登记，在登记获准前一律禁止发稿”“其他中外通讯社目前均不发登记许可证，即一律不得发稿”“对于外国记者经过我们控制的电报局发电，则应另案办理。”[1]所谓的另案办理，其实即是“暂仍观察一时，再由中央通知，禁止活动”[2]。可以看到，切断外国通讯社及美国新闻处独立的信息传递渠道是北平军管会主要的管制方向，至于记者则尚有一线活动空间，还未完全禁止其活动。

2月19、20日，叶剑英等又前后两次致电中央，报告外国通讯社、记者及外国在北平报纸情况。[3]此两次报告内容不详，但据此后中央之反应，报告的内容显然极为负面。受两次报告的影响，中共中央下达了最为严厉的命令，要求平、津两地军管会明令停止外国通讯社、外国记者和外国人所办报纸的活动和出版。[4]“观察期”的幻想最终破灭，新指示不仅关停了外国通讯社，外国记者一律被停止活动，外国人所办报刊也一律被停业。27日，叶剑英以北平军管会主任名义发布通令，令“所有外国通讯社及外国记者均不得在本市进行活动，所有外侨均不得在本市主办报纸或杂志”。其时北平共有英、美、法、瑞典、瑞士等国新闻媒体17名外国记者，均被要求不得再进行新闻活动，对于穆萨、基昂两人，更被驱逐出境（北平）。[5]外国新闻机构在平、津两地的活动彻底结束。

不过区别于沈阳的政策，中共虽然禁止了平津外国新闻机构的活动，但并没有全面禁止外国侨民在两地的其他文化活动。1949年3月初召开的中共七届

1. 中央关于美国新闻处发稿问题的指示（1949年2月10日）［G］// 中共中央宣传部 . 中国共产党宣传工作文献选编：1937—1949，北京：学习出版社，1996：792.

2.《彭真传》编写组 . 彭真年谱：第二卷［M］. 北京：中央文献出版社，2012：24.

3. 中国人民解放军军事科学院. 叶剑英年谱：一八九七—一九八六（上）［M］. 北京：中央文献出版社，2007：526.

4. 中共中央关于停止外国通讯社、记者、报纸杂志的活动和出版给平津两市委的指示（1949年2月20日）［G］// 中国共产党新闻工作文件汇编：上卷，北京：新华出版社，1980：276.

5. 北平军管时期通令外国新闻记者不得在北平市活动［M］// 刘少奇，等 . 新民主主义城市政策 . 香港：新民主出版社，1949：171-172; 北平军管会发出通令停止外国通讯社及记者活动［N］. 人民日报，1949-3-1（1）.

二中全会，毛泽东在决议中虽然明确要“取消一切帝国主义在中国开办的宣传机关”，但同时也审慎地指出“帝国主义者直接经营的经济事业和文化事业依然存在，被国民党承认的外交人员和新闻记者依然存在。对于这些，我们必须分别先后缓急，给以正当的解决”。[1]因此，包括美在华新闻处等机构的电影放映、海报展览、音乐会等文化活动实际上仍在继续进行。中共有意识地将西方媒体故意敌对的“污蔑报道”事件与其他正常的文化活动区别开来。美国新闻处在北平的文化活动直到7月19日才被最终叫停。[2]

三、新闻政策的再调整：宁、沪解放后的对外新闻政策

南京解放后，大量外国使馆并未随国民政府南迁，而是滞留南京，表现出与中共的亲善之意。对中共来说，如何处理与其关系便成为一个重要问题。由于中美关系再次出现“缓和”之机，毛泽东判读此时美国“现在似乎正在转变为和我们建立外交关系的政策”[3]。中共代表黄华在周恩来的指示下于4月25日抵达南京，着手与美驻华大使司徒雷登进行秘密接触。与外交相配合，中共对待英、美新闻机构的态度再度缓和。

4月25日，中共中央针对南京解放后的外交问题发出专门指示，其中特别谈到各国记者和通讯社问题：“各国在南京的记者及通讯社，暂时仍让他们发电发稿一个时候，不作任何表示，看其情况如何，再作处置。”“各国大使馆、公使馆的无线电台亦暂时置之不理，听其与外间通报。”[4]由于此前南京电报局曾擅自做主，停止外国记者发新闻电，中央军委专门发电对此批评，要求查明回复。毛泽东以中央军委的名义指示再次放开记者发电权，明确南京、上海两处暂时均不要停止外国记者发新闻电，南京方面应重新开放，让外国记者发电，并且不要检查。待他们发一个时期，看其情况如何，再由中央决定或全部停止外国记者发电，

1. 毛泽东．在中国共产党第七届中央委员会第二次会议上的报告（1949年3月5日）［G］// 中共中央文献研究室、中央档案馆编．建党以来重要文献选编（1921—1949）：26册，北京：中央文献出版社，2011：167.
2. 叶剑英于7月19日签署北平市军管会令，并于该日15时送达美国新闻处。叶剑英年谱：上［M］．北京：中央文献出版社，2007：551.
3. 中共中央文献研究室．毛泽东文集：第5卷［M］．北京：人民出版社，1996：285-286.
4. 中共中央关于南京解放后的外交问题的指示（1949年4月25日）［G］// 中共中央文献研究室、中央档案馆编．建党以来重要文献选编：第26册，北京：中央文献出版社，2011：329.

或准许好记者发电，停止坏记者发电。[1] 由于上海尚未解放，因此外国记者的发电尚不在控制之中，所说暂不停止属于将来上海解放后的预期政策。至于南京则明确要改变禁止状态重新开放，其间因中美谈判而对新闻政策的调整显而易见。

黄华与司徒雷登先后于 5 月 13 日、6 月 6 日、6 月 28 日、7 月 25 日共会面商谈四次。最后，因双方利益差异悬殊，司徒雷登于 8 月 2 日飞离南京。[2] 因此从 5 月中旬至 7 月中旬，中共对西方新闻机构的态度整体上都较为暧昧，最为典型的即是中共在上海解放前后对美新闻机构的处理。南京解放后，中共原本意图迅速解放上海，但因解放军解放南京后出现惊扰司徒雷登的外交事件，为加强对军队的整训，同时为解放上海做好足够的准备，中共在丹阳集结进行整训，在上海地下组织的协助下，编制上海接管计划。按照丹阳计划，对于外国人所办报刊及通讯社，中共上海军管会新闻出版处采取的策略是“除苏联报纸通讯社以协商办法处理外，余均把它孤立起来，慢慢限制，最后停止其工作”[3]。

之所以采取这样的策略，除中共正与司徒雷登接触外，另一个考虑是上海作为外国新闻机构最活跃、最集中的城市，先置之不理，再慢慢限制显然更有利于城市的平稳过渡。1949 年 7 月，刘少奇在给斯大林的一份报告中就说：“对外国原有的报纸杂志和通讯社及新闻记者，中共中央已决定停止他们的活动和出版，各地均已执行。但在上海，因为帝国主义掌握了上海的若干经济命脉，中央批准了上海同志的提议，暂缓实行此项决定，但以后仍准备加以执行。”[4] 刘的报告反映出上海与其他城市的特殊之处，其时的上海也是唯一的仍允许外国新闻机构活动的城市。因此上海解放初，英、美、法在上海的 19 家新闻机构、20 余名记者，最初的工作并未受到任何限制。[5]

上海解放当天，军管会就颁布了《中国人民解放军上海市军事管制委员会关

1. 中央军委关于高级领导机关对下级应加强文电指示等问题给华东局等的电报（1949 年 4 月 30 日）［G］// 中共中央文献研究室，中央档案馆 . 建党以来重要文献选编：第 26 册，北京：中央文献出版社，2011：354.

2. 林绪武 . 黄华与司徒雷登南京商谈考析［J］. 历史研究，2015（2）：168-182.

3. 新闻室接管工作计划草案［Z］. 上海档案馆藏，Q431-1-1-113.

4. 刘少奇致斯大林报告：中共的方针政策（1949 年 7 月 4 日）［G］// 沈志华 . 俄罗斯解密档案选编：中苏关系，第二卷（1949.3—1950.7），北京：中国出版集团东方出版中心，2015：80-81.

5. 不过，电台仍被视为非法武器违禁物品予以收缴。1949 年 6 月 6 日，陈毅和粟裕签发上海市军管会布告，颁布“收缴非法武器电台办法”。宣布凡国民党军政官吏、党特人员、散兵游勇、保甲人员、反动社团等所遗散隐匿枪支、弹药及无线电台均为非法武器违禁物品。参见刘树发 . 陈毅年谱［M］. 北京：人民出版社，1995：570.

于上海市报纸杂志通讯社登记暂行办法》，要求所有“已出版、将出版或将复刊之报纸和杂志，及已营业、将营业或将复业之通讯社”务必依据该办法向军管会申请登记，由军管会发给临时登记证，未获得临时登记证的则不允许出版或营业。[1]从5月31日至6月30日，填送登记表的新闻单位共224家。当然，除苏联外，其他西方新闻机构不可能获得通过。经过登记新闻机构被新政权一分为二：一类是新政权一手创办，或是已基本得到新政权认可，另一类则显然属于“非法出版”。出于舆论的考虑，中共尚“容忍”后者继续存在，并未采取雷霆手段，而代之以逐步“限制”发展的策略。

由于与司徒雷登的谈判没有进展，中美短时期内已失去建立外交关系之可能。1949年6月30日，毛泽东在《论人民民主专政》中宣布亲苏反美的“一边倒”政策，同时，正式批准全面禁止美国新闻处在华活动。1949年7月中旬，中共以还没有同任何外国建立外交关系为由，封闭了英、美两国在北平、天津、武汉、南京、上海5地的新闻处。[2]在华的美国新闻处仅余下还未解放的广州、迪化、重庆、昆明、台北5地。

7月31日，上海市委给中央发电报，反映市委外事处提出取消外国记者在电讯局发电时的优待政策。8月5日，周恩来复电指示“目前的问题只是否认外国记者在华的合法地位，而不是取消或修改记者的发电优待办法（即只要任何外国记者取得中国人民政府的法令地位则当然享受发电优待）”[3]。在中央看来，外国记者是否取得合法地位才是当务之急，发电优待与否则显然属于次要问题。8月下旬，上海方面多次向中央请示对外国通讯社、外国记者的处置办法。8月24日，上海市委再次向中央请示有关国际新闻电的办理原则，提出将来“就外籍记者中之一贯有进步表现者，择一二人报中央批准后，由文教会及外事处介绍，由国际电台准予临时拍发新闻电”的建议。[4]8月25日，中共上海市委给中央电报汇报了在上海的外国通讯社停止发稿的情况，并请示拟用军事管制委员会名义

1. 上海市军管时期法令汇集（一）［C］. 中共中央华东局政策研究室编，1949：111-113.
2. 沪市美英两国新闻处军管会下令停止活动［N］. 光明日报，1949-07-19（1）；各地美新处均停止活动［N］. 光明日报，1949-07-27（1）.
3. 中共中央文献研究室. 建国以来周恩来文稿：第一册［M］. 北京：中央文献出版社，2008：214-215.
4. 上海市委关于国际新闻电问题的请示［G］// 中共中央文件选编（1949.10-1966.5）：第1册，北京：人民出版社，2013：2.

明令外国通讯社于八月底停止其业务。[1] 对于通讯社，中央 26 日即行批复同意。8 月 30 日，上海军管会颁布布告，“限令所有在沪之外国通讯社于八月底前一律停止业务活动。9 月 1 日起，如仍有发布通讯稿件情事，一经察觉，即以违法论处”。[2] 至于外国记者的发电权问题，中央则迟迟未予回复意见，显然中央是对如何认定外籍记者的合法地位尚未最终确定。因中央迟迟未复，南京方面于 9 月 24 日停止外籍记者电费优待及一切搜集新闻活动。上海方面，潘汉年则于 9 月 30 日再度向中央请示。[3] 因此不难看到，从上海解放到新中国成立的一段时间内，英美记者事实上仍得以在上海活动。

报纸方面，据上海文管会新闻出版处的调查，1949 年 9 月仍有 7 家外文报刊还在继续出版。这 7 家报刊分别是英文《字林西报》（North China Daily News）、《大美晚报》（The Shanghai Evening Post & Mercury）[4]、《密勒氏评论报》（The China Weekly Review），俄文《新生活报》《苏联公民日报》《时代杂志》月刊，法文的《法文周报》。这 7 家报刊中 5 家在当时都属于“非法”出版，仅有俄文《新生活报》《时代杂志》两份月刊获得军管会登记证。[5] 发给登记证的一报一刊均系俄文，但实际上却都是中国人办理，严格讲并不能算外报。《新生活报》由塔斯社支持创办，登记的负责人是陈冰夷，主要供苏侨阅读。《时代杂志》系月刊，登记负责人则为党员姜椿芳（翻译家，时任文管会剧艺室主任），内容主要是介绍苏联文艺及生活。而另一份俄文《苏联公民日报》，系由白俄瓦西立·戚立根创办，则被认定有较浓厚的“投机”立场，“暂不办理登记”。[6]

四、尾声：新中国成立后英美在华新闻机构的历史命运

1949 年 10 月 1 日，中华人民共和国成立。两天后的 10 月 3 日，中共中央随即发出指示，要求上海市军管会“即日通令与我尚无外交关系之各外国在沪记者与各该外国的通讯社之中国记者，自即日起一律停止以记者身份活动，包括停

1. 中央关于明令外国通讯社停业事给上海市委的电报（一九四九年八月二十六日）［G］// 中共中央文献研究室 . 建国以来周恩来文稿：第 1 册，北京：中央文献出版社，2008：320.
2. 在沪外国通讯社沪军管会下令一律停止活动［N］. 光明日报，1949-09-03（1）.
3. 潘汉年关于外籍记者新闻活动问题的请示（1949 年 9 月 30 日）［G］// 中共中央文件选集（1949 年 10 月至 1966 年 5 月）：第 1 册，北京：人民出版社，2013：3-4.
4.《大美晚报》于 1949 年 6 月 14 日因劳资纠纷发生工潮休刊，但因未正式宣布停刊，故亦计入在内。
5. 上海外人所办报纸杂志情况（1949 年 9 月 30 日）［A］. 上海市档案馆藏，Q431-1-21-10.
6. 未发登记证而继续出版的报纸（1949 年 9 月 30 日）［A］. 上海市档案馆藏，Q431-1-21-11.

止拍发新闻电”。“对于各外国记者的政治态度”，则要求作详细调查，以作为“其所属国家与我建立外交关系后”的处理依据。[1]这封电报实际上是对上海市委8月24日“未敬”电的回复。之所以中央在10月3日才迟迟回复，既是前文所言中央对如何认定外籍记者的合法地位尚未最终确定有关，更与新中国的外交活动有密切关系。因为就在头一天，新中国刚刚与苏联正式建立外交关系。正因为与苏联建立外交关系，故而3日的电文明确将有无外交关系作为外国记者是否能继续活动的前提条件。换言之，除了苏联记者之外，其他所有国家的驻华记者其实都被停止活动，而其是否能继续活动，则需视其所属国家是否与新中国建立外交关系。10月7日，上海市军管会正式发布通告，自即日起凡与中华人民共和国无外交关系的各国报纸、刊物、通讯社、广播电台等在沪记者，一律停止以记者身份活动。按此要求，英、美、法等驻沪新闻记者随后停止活动，陆续离开。

新中国成立之时，尚有华南、西南等地尚待解放，是以上述地区亦尚有部分英美新闻机构及记者活动。以美国新闻处为例，中共在1949年6月发布“一边倒”的外交策略后，随着国民党在大陆的全面溃败，美国政府意识到已没有意义让其外交机构及宣传部门继续留存大陆。1949年8月，美国方面已将新闻处总部从广州迁至香港，并主动关闭了广州、迪化（现乌鲁木齐，下同）的新闻处。但尚有重庆、昆明的新闻处仍在运作。新中国成立后，随着新政权挥兵西南，美国政府于1949年11月关闭了重庆、昆明的新闻处。[2]至此，“从沈阳到昆明、从上海到迪化向四亿中国人讲述美国故事”的美国新闻处最终“输掉了这场战役”。[3]

报纸方面，中共并未直接对英美报刊予以关闭。截至1950年3月，上海还有三份外文报纸仍在继续出版，分别是《字林西报》《密勒氏评论报》以及俄文的《新生活报》。1950年4月，中共中央正式取消外国人在华办报之权，并由新闻总署明令英商《字林西报》、美商《密勒氏评论报》停刊。[4]然不知何故，

1. 中共中央关于通令与我尚无外交关系国家的记者停止以记者身份活动给华东局的批复（1949年10月3日）［G］// 中共中央文件选集（1949年10月至1966年5月）：第1册，北京：人民出版社，2013：1.

2. 目前所见，美国新闻处在重庆出版的最晚一期电讯稿系1949年11月16日出版的1192号《美国新闻处电讯稿》（重庆）。

3. USIS-China Central Office Report for November 1949，December 17，1949，NACP. 转引自翟韬 . 战后初期美国新闻处在华宣传活动研究［J］. 史学集刊，2013（2）：118-128.

4. 中央关于取消外人在华办报权的决定（1950年4月4日）［G］// 中共中央宣传部办公厅、中央档案馆编研部编 . 中国共产党宣传工作文献选编（1949 — 1956），北京：学习出版社，2009：59.

上海方面事实上并未采取强制措施勒令两报停刊，《字林西报》及《密勒氏评论报》仍然继续办理。朝鲜战争爆发后，中共中央为消除美国文化的心理影响，号召在全国范围内“坚决消灭亲美的反动思想和恐美的错误心理”，养成对“美帝国主义的仇视、鄙视、蔑视的态度”[1]，采取了诸如驱逐从事反华活动的宗教人士、封闭教会学校、取缔“美国之音”、抵制美国电影等一系列的举措，以从根本上切断美国与中国的政治、经济、文化联系。经过抗美援朝深入全民的政治动员，美国文化在中国彻底失去了市场。在这种情况下，外文的《字林西报》与《密勒氏评论报》陷入了极为孤立、尴尬的境地。1951 年 3 月，《字林西报》因报道不实受到上海市军管会警告，随后自行停刊。《密勒氏评论报》虽然调整了办报方针勉力维持，但最后却因报道美国侵略朝鲜、进行细菌战等被美国政府禁止入境，以致丧失订户，最终于 1953 年 6 月被迫自动停刊。至此，英美新闻机构在华活动宣告终结。

五、结语

中共将报社、刊物与通讯社等新闻机构视为阶级斗争的工具，英、美在华新闻机构无疑代表了英美资本主义国家的根本利益。作为斗争的对象，中共对英美在华新闻机构持否定的立场。尽管如此，中共对英美新闻机构全面否定的政策并非一蹴而就，对外国新闻机构的管控策略也呈现出高度灵活性。特别是在沈阳、平津、沪宁解放后，中共对外国新闻机构的处置策略实际上都因时局变化而不断调整，尽管在总体上呈现出“不断收紧”的特征，但在局部则采取了相对灵活的策略，体现出了政策的务实性原则。

中共对外新闻政策的灵活性不仅因时、因势有所调整，针对政策对象的差异性，政策执行的强度也有所区别。针对电台、外国通讯社、外国记者以及外国报纸等不同对象，中共并未简单粗暴地一刀切，而视其轻重缓急因地制宜，有所区别地加以执行。大体来说，盖因电台有碍军事保密，故而中共不惜与英美造成外交事件予以强制收缴。对外国通讯社、外国记者的政策则视中共与美国关系的调整而灵活变动，直至新中国成立与苏联建交后，中共方才完全禁止英、美记者的

1. 中共中央关于在全国进行时事宣传的指示（1950 年 10 月 26 日）［G］// 中共中央文献研究室 . 建国以来重要文献选编：第 1 册，北京：中央文献出版社，2011：378.

活动。至于对外国报刊的管控，中共则显得更为灵活宽松，不但并非一味强制勒令停刊，反而默许了部分英美报刊的继续存在。

中共的新闻工作从来都是服务于全党全局的系统性工作。正因如此，中共的新闻政策并非只局限于新闻事业一隅，中共对外新闻政策的决策更是如此，每条指示、每项规定的出台显然都饶有深意。纵观新中国成立前后中共处置英、美新闻机构的过程，不难发现中共对外新闻政策其实深受中共的外交、统战事务的影响，对外新闻政策构成配合中央全局工作的重要举措。总的来说，新中国成立前后，中共对英美新闻机构的处置基本上围绕中共与美国的外交关系展开，在看似对立的意识形态对抗中展现出中共驾驭复杂局面高超、灵活的政治智慧。

（原刊于《党史研究与教学》，2020 年第 1 期。）

上海解放初期中共对小报的改造与整编

上海解放后，中共对上海报界的接管、整顿成为必然。解放前夕，上海曾有各类小报十余种，解放后，大量成分复杂的小报被接管或停止营业，最终只有《大报》与《亦报》两张小报获准刊行。不过，上述两报也只出版了两年左右，最终于 1952 年先后停刊。近年来学界对新中国成立初期上海报业的整合虽有关注，但少有对上海小报的专文探讨。现有的文章多从文学史视角切入，至于中共对小报的管制策略以及在此政治语境下小报办、合、停的具体历程则多语焉不详，甚而不乏解读错谬之处。[1]本文依据档案材料，尝试勾勒当时上海小报从“全停另办”到“精简合并”，再到“整编停办”的历史图景。透过中共对上海小报“改造”的考察，不难观察中共在建政初期对旧有文化的改造策略，上海小报的历史命运亦是中共建构公营新闻事业网络过程中对上海文化格局调整的必然结果。

一、全停另办：中共对小报的态度与策略

中共在西柏坡时期就基本确定了新中国成立后新闻出版事业的基本原则，其核心思想就是要建立一套以共产党领导的国营媒体网络。1948 年 11 月 8 日，中共中央颁布《关于新解放城市中中外报刊通讯社处理办法的决定》，明确指出“报社、刊物与通讯社，是一定的阶级、党派与社会团体进行阶级斗争的一种工具，不是生产事业”，基于这种认识，办法规定“除对极少数真正鼓励群众革命热情的进步报纸刊物，应扶助其复刊发行以外，对其他私营的报纸刊物与通讯社，均不应采取鼓励政策”[2]。具体策略就是要对反动的进行接收，中立及进步的先予登记，接受审查，再行出版。

1949 年 5 月 27 日，陈毅指挥人民解放军进驻上海。同日，上海市军事管制

1. 既有研究最有代表性的作品如杜英 . 文化体制和文化生产方式的再建立——建国初期对上海小型报的接管和改造［J］. 中国现代文学研究丛刊，2007（2）：129-148. 该文对文学生产方式变革的讨论以及小报作者群体的重组分析颇为独到，然而该文对小报变迁的论述则较为粗疏，甚而存有讹误，如认为文管会对小报的策略是要在保留《飞报》《罗宾汉》的基础上，另行再办两报，这与史实颇有出入。

2. 关于新解放城市中中外报刊通讯社处理办法的决定（1948 年 11 月 8 日）［G］// 中共中央文件选集：第 17 册，北京：中共中央党校出版社，1992：465-467.

委员会成立，并于当天颁布了《中国人民解放军上海市军事管制委员会关于上海市报纸杂志通讯社登记暂行办法》，要求所有报纸、杂志、通讯社务必依据办法向军管会申请登记，由军管会发给临时登记证，未获得临时登记证的，不允许出版或营业[1]。中共党、政、军领导机关对上海新闻业的破旧立新随即展开。

上海解放前夕，《辛报》《诚报》《沪报》《风报》等小报迫于局势相继停刊，只有《铁报》《飞报》《罗宾汉》《活报》等少数小报仍在继续出版。新政府成立后，对负责接收整理新闻出版单位的文管会来说，摆在面前的问题是小报还有无继续出版的必要？如果还有继续存在的价值，对小报又该采取何种策略？

面对复杂的小报市场，中共早有准备，对上海小报的情况也有所掌握。早在上海解放前夕，党内就已通过各种渠道对小报进行摸底。就地下组织通过党内上报的材料看，报告者对旧式小报的性质总体持否定态度，但同时认为小报这种形式尚有存在价值。例如，其中一份报告就指出小报作者大部分是“才子加流氓”，从小报的本质来说，小报“实在是应该淘汰的”。不过，报告也敏锐地意识到，利用小市民“习惯上对小报的嗜好”，若把小报“作为对落后的小市民的一种改换气质的辅助教育”，小报未尝不是“很好而且现成的工具”。[2]从中可见，报告者显然是建议在对小报内容加以改造的前提下，对小报予以有限保留。另一份材料则报告了小报的版式、作者、政治背景等方面的具体情况。例如对小报的政治背景，报告提及：“《诚报》——为特务李浮生所主持，小报一切政治关系多半由李浮生所拉拢，平时言论荒唐反动；《辛报》——与CC派头子潘公展有血缘；《铁报》——是前伪市党部委员毛子佩所办，与吴绍澍有密切关系，平时反动文字都由《和平日报》主笔杨彦岐所写；《活报》——为前伪市党部委员王微君所创办，曾以刊登团特消息灵敏为自夸。这四个刊物，前两个已停，后两个尚在出版中。”对小报作者，报告称“在小报的作者中，邵西平与曾水手是写色情文的魁首。近年来，所谓长篇连载，都成为色情的贩卖场所，作者有王小逸、冯衡、田舍郎、王大苏。最流行的身边小品，大都记载个人吃看嫖赌荒唐事迹，作者有唐大郎、柳絮、沈韦窗、凤三、勤孟”。报告最后建议，“为了争取落后，

1. 参见中共中央华东局政策研究室编．上海市军管时期法令汇集（一）［C］.1949：111-113.
2. 关于小报［A］．上海市档案馆藏，Q431-1-74.

小报不是不能出。大多数人必须排除，内容亦必须加以检讨”。[1]透过上述报告，可以看到当时地下党对上海小报的情况已有一定了解和定位。上述报告也直接影响到文管会对小报的判断。从此后文管会的举措来看，中共对上海小报采取的基本思路与上述报告的建议基本吻合：即在对小报内容加以改造的基础上允许少量出版以“争取落后”。

既然小报还有存在的必要，但又必须加以改造，哪些小报可以继续出版就成为文管会必须慎重考虑的问题。军管会颁行报刊登记暂行办法后，一些小报自觉出版无望，直接放弃登记申请，其时还在刊行的小报仅有《罗宾汉》《飞报》《活报》三家申请登记。与此同时，文管会对旧小报的接管、整顿也在紧锣密鼓进行。6月3日，《立报》因属国民党反动宣传机构被文管会新闻室接管。[2]随后，《铁报》《活报》因办理人员政治背景有问题也被命令停刊办理结束。[3]截至6月23日，上海仅剩下《罗宾汉》《飞报》两家小报还在出版并向军管会申请登记。但据地下党的调查显示，这两家小报办理人员都存在反动关系，这显然与中共“可以加以改造”的要求颇有距离。不过，因地下党对上海小报的情况掌握较为充分，文管会对旧式小报的这种状况显然也早有准备。从笔者掌握的材料看，6月上旬，文管会主任夏衍就曾邀约较进步的报人筹办小报，并对办报的人选有过指示。[4]6月17日，上海市地下党李之华给上海市新闻出版处递交了“关于小报的建议”，它与之后小报的命运关系重大。这份建议就提及：“根据夏主任的指示，以后办小报的人选大概不出以下三方面：一、唐大郎、龚之方的《海风》；二、冯亦代、陈蝶衣的《星报》；三、陈灵犀。”[5]此处的夏主任即是文管会负责人夏衍，“建议”中所言“夏主任的指示”，自然不是夏衍凭空的臆想，而是夏衍与上述诸人接触后形成的想法，这表明在6月中旬夏衍对小报办理的人选已有较明确的意向。

1. 上海解放前夕小报概览［A］. 上海市档案馆藏，Q431-1-74.
2. 接管机构总结报告表［A］. 上海市档案馆藏，Q431-1-105-3.
3. 新闻出版处一月综合报告［A］. 上海市档案馆藏，Q431-1-1-81.
4. 据冯亦代、龚之方回忆，夏衍曾在6月分别与两人谈话，要求其参与创办小报。冯、龚两人回忆的细节虽不尽可信，事件大致的经过却可资佐证。冯亦代回忆称：“夏伯主持了上海文管会的工作，有天他叫我去，说为了帮助旧上海小报文人的改造，决定办两张小型报纸。一张由唐大郎、龚之方负责，名《亦报》；一张由我和陈涤夷负责。当时我一口答应，回家和安娜商量，尽我们所有，陈涤夷也出了小部分，报纸便办了起来，取名为《大报》。”参见冯亦代. 绿的痴迷：上［M］. 北京：大众文艺出版社，2006：53. 龚之方则回忆说，夏衍曾找到龚要求他与唐大郎组织一个“能力较强、素质较好的小报班子”。《亦报》的取名，即取自夏衍在重庆的故居“亦庐”。文坛不老龚之方［C］// 百年上海滩（精华本），上海滩杂志社，2005：570.
5. 李之华. 关于小报的建议［A］. 上海市档案馆藏，Q431-1-199-12.

此外，“建议”中还谈及上述几人对创办小报的态度与构想，甚而还附上了陈蝶衣有关《星报》办刊的内容计划。这些都反映出文管会在大刀阔斧接管旧小报的同时，早就萌生了“另行再办”的想法，并与办报对象有过密切接触。唯因几位创办者态度尚不明晰，以至于文管会对新办小报的最终人选、数量尚未有定论。

据李之华报告，夏衍为首的文管会不仅早就形成了“全停另办”的想法，还酝酿了“出一家停一家”的具体方案，李之华在报告中说：

小报现在留存《飞报》《罗宾汉》两家，若照出一家停一家的初议[1]，则以后小报自以为有两张较好，并且，如果允许有两家，还有如下的好处：一、不显得突出。若是只有一家，极容易使人错觉和我们的党有特殊关系。二、比较有竞争性，可以督促彼此的进步和健全。三、万一出了毛病，不致停刊后市上没有小报。四、以现在的小报方面职业作家说，若只有一家，除若该淘汰的外，吸收的人数也不够容纳。[2]

李之华的报告建议“以后小报自以为有两张较好”，这表明在此前夏衍对新办小报的数量尚无明确意见。至于如何具体贯彻“出一家停一家”的策略，李之华则提出时间不妨有先有后，但不宜相距过远。因为这牵涉到停刊现有两张小报的问题，否则不能抵缺。对于新出的第一张小报，他主张在7月1日出版，第二张则建议在7月7日，或在8月1日出版。可见，《飞报》《罗宾汉》两报之所以还存在，只是暂时为确保读者还有报可看，并非一些学者认为的中共原想保留这两份小报。从事后小报的出版情况来看，小报的重新出版基本是按李之华的方案执行的。大概是因为李之华还附带报告了陈蝶衣拟订的《星报》内容计划概要，在新办小报的筹备方面，《星报》显得更为充分。6月20日，夏衍批示：“现拟先批陈蝶衣、冯亦代办的一张，此张出后，《飞报》即令停刊，另一张另议。”[3]夏衍所言陈蝶衣、冯亦代所办的一张就是指《星报》。而另一张小报由谁出版，此时则尚未议定。

1. 有学者据此认为李之华的意思是留存《飞报》《罗宾报》两家，再另出两家新小报，此种解读显然有误。结合前后史料，并此处所谓“初议”一语，可以推定，夏衍等人早在6月17日前已基本议定全部关停、另行再办的思路。另1952年，陈虞孙也曾明确讲过：“解放后我们把过去的小报都停掉了，又核准了两张新的小报出版”。陈虞孙同志的讲话（纪录稿）［A］. 上海市档案馆藏，A22-1-48-11.

2. 李之华 . 关于小报的建议［A］. 上海市档案馆藏，Q431-1-199-12.

3. 夏衍直接在李之华报告上进行的批示，参见李之华 . 关于小报的建议［A］. 上海市档案馆藏，Q431-1-199-12.

6月21日，冯亦代向上海市军管会申请登记。冯亦代申请登记的时间恰在夏衍批示的次日，虽不明确冯氏的申请与夏衍的批示间有无直接的关系，但申请登记显然却是经过文管会充分考虑、给予基本肯定后的举动。唯不知何故，在原来的计划中，冯亦代、陈蝶衣筹办的是《星报》，而登记表及此后所办的报名却改成了《大报》。6月28日，《大报》获得新字第10号登记证准予出版。《大报》获准出版后，依“出一家停一家”的计划，《飞报》在6月30日停刊。7月7日，《大报》正式出刊。

另一张小报《亦报》其实也早在6月20日就由龚之方向上海市军管会申请登记，但因文管会已决定先出《大报》，《大报》随后于28日获批，但迟至7月7日出版，故而《亦报》直至7月8日才获准登记。次日，《罗宾汉》停刊，7月25日，《亦报》正式出版。[1]最终的结果是旧上海的小报全部停办，新上海最终核准登记出版的小报仅《大报》《亦报》两种，均系新出。解放初期上海的小报格局就此初步确立。

二、合并：精简一张，保留一张

作为对社会主义主流文化的有益补充，为教育并提高“一般落后的小市民及工商界职员”，中共在解放初期批准了《大报》《亦报》的创刊，两张新小报的出版也反映了解放初期中共对一般小市民文化需求的重视。不过，从本质上讲，新出的小报较之旧式小报在性质上已发生根本变化。对于新、旧小报的区别，上海新闻协会党组书记陈虞孙有过这样的表述：

> 准许出版的小报，决不是解放前宣传资产阶级腐化堕落生活思想的小报。是新生的小报，是脱胎换骨的小报，是为工人阶级服务的小报。因为在人民中间，还有一部分人思想比较落后，还习惯于看这种形式的小报，我们觉得应该利用这种形式，放进新的内容，利用这种形式，使落后的读者接受新思想，改变思想生活而逐渐进步。所以只允许这种“形式”的小报出版，而不允许过去那种“内容”的小报出版。[2]

1. 透过两报获准登记的时间及《飞报》《罗宾汉》的停刊时间，不难看到文管会严格执行了拟定的“出一家停一家”策略。
2. 陈虞孙同志的讲话（纪录稿）［A］. 上海市档案馆藏，A22-1-48 -11.

陈虞孙的这一表述指明新出小报只是采用了旧小报的“形式”“内容”与性质已有很大区别。之所以还需要这样一种“形式”，主要是出于对旧文化加以改造的考虑。从新小报创办的过程来看，通过“除旧立新”的登记机制，新政权不仅重新布置了小报格局，也成功夺取了小报市场。《大报》《亦报》在创办后迅速填充了旧小报停刊留下的市场空白，抢占了旧小报的读者群。《大报》创刊时发行量只有6000份，在《罗宾汉》等旧小报停办后，日销量迅速攀升到2万余份。《亦报》创刊时也只有五六千份，而1950年下半年大多维持在2万份以上。[1]两张小报合计日发行量超过4万，亦可见偏爱读小报的读者数量甚众。两张新小报暂时代替了旧小报，填充了旧小报停办后空留的文化市场。1950年11月，上海市人民政府新闻出版处对两张小报的总体评语是“这两张小报一年多来的成绩诚然还不如理想，而且在消息与副刊文字的处理上还经常发生了一些不妥当的地方，但它们到底也走进了市民的圈子里，使不爱看《解放日报》之类硬性报纸的读者也有报纸可看”[2]。可见，新闻出版处对两报占领读者市场的努力还是较为认可的。

两张小报的发行量约在1950年第四季度达到顶峰。《大报》因内容不断革新，又增加“家庭版”，迎合读者需要，加之市面趋于好转，在1950年底日销数达到最高的32000份左右。《亦报》在1950年10月，最高每日达到27000 ~ 28000份。[3]另一份档案统计显示，1950年10月，《大报》月销702350份，平均每期销量为23411份，《亦报》月销595000份，平均每期销19833份。[4]

然而，随着新政权新闻统制的逐步加强，小报的风格和政府的定位时有“错位”，销量猛涨的情况并没有持续太久。小报向来以街头巷尾的佚闻杂谈为生存之道，叙事无不带有夸张刺激的成分，而新政权新闻统制却将报刊视为政治宣传的工具，处处强调其规定性、政治性的面相。小报的办报方法与新政权对新闻的高度规定性不可避免发生冲突，小报原来惯常采用的一些吸引读者的文风、举措在新的政治语境中就成为敏感的政治问题，小报也往往因此受到上级主管部门的

1，3. 关于亦报发行工作的材料［A］. 上海市档案馆藏，G21-1-278.

2. 上海市人民政府新闻出版处关于私营新民报、亦报、大报作用及领导方针的呈［A］. 上海市档案馆藏，B35-2-20-1.

4. 中共上海市委宣传部秘书室关于对内刊物、报纸、出版、戏曲、影片初步调查统计表［A］. 上海市档案馆藏，A22-1-22.

批评，这些问题事实上都影响到小报的运作。早在 1949 年 10 月，小报作者蔡夷白在日记中就说："因为近来退稿很多，越退越不懂编者到底要什么样的稿。"[1]其抱怨其实已从一侧面反映出新的文化生产已有相当的"规范性"，与旧式写作呈现出较大差别。两份小报刊行后，为加强管理与领导，新闻出版处派有专人跟踪小报动向，并不时对小报的新闻报告进行规范。例如 1950 年 6 月，《亦报》因在影剧版刊载了《公安人员变了匪特魏鹤龄高正走马换将》一文介绍电影《千夫所指》，结果被新闻出版处给予书面警告处分并责令深刻检讨，原因是标题"侮辱人民政府公安人员，有失立场"[2]。随着新政权新闻政策的收紧，小报的报道陷入两难境地。两报的销量在 1951 年开始出现不同程度的下滑。到 1952 年 2 月，《亦报》《大报》双双跌破万份大关，《大报》销量为 8700 份，《亦报》为 8500 份左右，萎缩相当严重。[3]

在销量下降的同时，两报经济状况也日益恶化。陈虞孙给上海市委宣传部的报告显示，1952 年上半年，《亦报》每月亏损约 3000 万元。该报虽然制订了增产节约计划，但至少要 9 月份才能基本达到收支平衡。[4]针对《亦报》的情况，陈虞孙建议，"现在我们已设法暂时维持，将来亦须适当地用贷款贷纸等方式，予以必要的援助"[5]。小报经济状况的恶化并非特例。解放初期的上海各报，除《新闻日报》稍有盈余外，其他各报都存在不同程度的亏损，都要依靠组织补贴。只是当各报都急需补助，管理部门在经济困顿的局面下就不得不考虑孰先孰后的问题。

事实上，早在 1951 年夏，因上海各报面临不同程度的亏损，管理部门已觉得上海报纸过多导致竞争加剧，应该集中力量想方设法办好一两张报纸。至于小报，有关领导也对上海文化市场上是否还需要两份小报产生质疑，认为小报的历

1. 蔡叔健．蔡夷白：《心太平斋日记》（上）［J］．苏州杂志，2002（2）：28-32.

2. 上海市新闻出版处、上海市人民政府关于对上海亦报标题不当问题给予处分的指示等文件（1950 年 6 月 30 日［A］．上海市档案馆藏，B35-2-22.

3. 关于亦报发行工作的材料［A］．上海市档案馆藏，G21-1-278.

4，5. 本部关于报纸工作、新闻界思想改造工作的计划，报告总结及谷牧、姚溱两同志在新闻界思想改造会议上的讲话稿［A］．上海市档案馆藏，A22-1-47.

史任务已经完成可以考虑合并。[1]只是因报业调整涉及整个报业格局，牵连《文汇报》《大公报》等数家报纸，各级领导对调整方案也有不同意见，故而迟迟未能确定。直到 11 月，因私营各报亏损严重，“公家亦万难无止境地贴补维持”，夏衍等人意识到已至“下决心、用大力来调整”的时候，否则就要“增加我们的包揪”[2]。在此背景下，夏衍等人才提议将《亦报》与《大报》合并，《文汇报》与有前途的出版社合并改组为公私合营的文汇出版印刷公司。可见，各报的大幅亏损，经济上的巨大压力是迫使管理部门决定两报合并的重要因素之一。陈虞孙后来的一份讲话，对此亦有证实：

现在还有没有存在两张小报的必要……从两张报的发行情况也肯定地答复这个问题了。我们政府研究过这个问题，认为这样下去，让两张报纸都垮了，或是无原则地给以经济帮助，都不是办法。从实际出发，决定出一张就够了。假使同心合力办好一张小报，还是有前途的。分开来，大家都没有前途，今天大家只有一个任务，怎样运用小报形式来教育落后的群众。[3]

经济上的困难只是管理部门决意合并的原因之一，管理部门对小报在当时文化改造中的定位及其作用发挥的判定也至为关键。经过新中国成立初期一系列的政治运动，政权已得以巩固，管理部门于形势上判断原来需要改造的小市民业已出现分化。例如陈虞孙就明确表达说“三年来上海人民进步是快的，还留恋于看小报的人是不太多了”，喜欢看小报的受众出现了明显的分化：

……还喜欢看小报的人，有一部分现在已不看了。其中可以分为两种：一种觉得小报不能满足他的进步要求；还有一种觉得不能满足他的落后要求。第一种人现在去看别的报了，第二种人可能连报也不看了。[4]

因为小报的受众群体已然发生变化，这必然引发管理层对小报存在必然性的重新判断。基于上述考虑，管理部门对小报的看法较 1950 年底已有了明显变化，正如陈虞孙在讲话中说：“总的来讲，小报起了一定的作用，但作用不大。小报

1.《亦报》支部在思想改造运动中的一篇稿件曾提及，“回想过去大报和亦报合并，从正式商谈到最后实现，历时八九个月，风波迭起，人心动荡”，两报的正式合并在 1952 年 2 月，据此可见，约在 1951 年 5 月前后已有两报合并的想法。学习 .1952（19）.

2. 夏衍、恽逸群、姚溱致胡乔木同志函（1952 年 1 月 4 日）［A］. 上海市档案馆藏，A22-1-20-34.

3，4. 陈虞孙同志的讲话（纪录稿）［A］. 上海市档案馆藏，A22-1-48-11.

是前进了一点，但是太慢。在前进不快的情况下，还有迁就落后分子的现象，因之没有发挥百分之一百的作用。”虽然“还有一定数量的读者，习惯看这样的形式，这样水平的报纸”，但他也明确表示没有必要再办两张，一张小报就足够了。[1]

随着“三反”“五反”等一系列的运动开展，小报已逐渐失去了赖以生存的社会空间。与之相应，《大报》《亦报》的经济问题日益恶化，经济上不仅不能自给自足，反而成为一种沉重负担，种种形势引发了管理部门对小报问题的重新判断，最终形成了“精简掉一张”的决定。从1951年至1952年2月，两份小报商谈合并事宜久久未能解决。据参与此次合并的吴承惠回忆，其中原因有二：一是大报社有经济问题，亦报社不想背包袱；二是人事安排问题，陈蝶衣和唐大郎都是小报元老，难以安置[2]。不过，经济的压力、形势的发展使得两报的合并势在必行。1952年1月17日，《大报》致函上海报馆业同业公会筹备会称：“我报为集中力量，并响应增产节约，减低成本的号召，已决定自二月十六日起停刊，工作人员全都并入亦报工作。”[3] 2月16日，《大报》正式停刊，同时组织清理委员会清理资产。《大报》全报工作人员在新闻出版印刷工会帮助下，进行学习。3月1日，《大报》并入《亦报》。3月15日，陈虞孙向谷牧、姚溱及上海市委报告，《大报》《亦报》合并工作，新闻出版处遵照市委指示方针，已有初步结果。在报告最后，陈说道：“今后，就让《亦报》一直出下去算了。这样已达了精简掉一张小报的目的。”[4]

三、整编停办：1952年思想改造与报业整编

合并《大报》之后，上海报业格局中就仅存《亦报》一张小报，因两报合并又无竞争对手，《亦报》的销量出现反弹。《亦报》的销量，1952年3月4日为13200份，5月29日为13400份，6月21日为14600份。[5]不过也可看到，尽

1. 陈虞孙同志的讲话（纪录稿）［A］. 上海市档案馆藏，A22-1-48-11.

2. 吴承惠访谈，转引自杜英. 文化体制和文化生产方式的再建立—建国初期对上海小型报的接管和改造［J］. 中国现代文学研究丛刊，2007（2）：129-148.

3. 新民报关于大报和亦报合并1952年12月25日正式成立公私合营上海新民报的公告［A］. 上海市档案馆藏，G21-1-29.

4. 陈虞孙、张春搽等同志关于报纸工作的报告及本部来往文书、舒新城关于新闻出版业的问题的意见［A］. 上海市档案馆藏，A22-1-48-10.

5. 本部关于报纸工作、新闻界思想改造工作的计划、报告总结及谷牧、姚溱两同志在新闻界思想改造会议上的讲话稿［A］. 上海市档案馆藏，A22-1-47.

管销量反弹，增幅却极为有限。与此同时，《亦报》的经济压力却未得到明显缓解。特别是合并《大报》后，《亦报》的经营效益并未因合并而提高，反倒因为员工并入，“一下子加了一倍人员，共有七十多人”，使之经济负担更重。为维持出版，龚之方不得不向夏衍求救。最终，夏衍指示将《亦报》划归解放日报馆承印，并同意其可预用纸张以维持出报。[1]

《大报》并入《亦报》的安排显示小报尚有一定读者的需要。陈虞孙在 3 月向上级的报告也反映出两张小报合并已达到预期“精简掉一张小报”的最终目的，他也有让《亦报》一直办下去的想法。但他也没有预料到，仅仅在数月之后，形势就发生了巨大变化。

1952 年 5 月，“为了使各报在‘三反’‘五反’以后全面发展的情况下各得其所，在党的统一领导下有组织、有计划地各发挥其战斗力量”[2]，上海市委宣传部开始着手面向私营报业开展思想改造运动。这场运动原计划从 6 月起，参照教育界的思想改造与文艺界的整风对上海私营五报进行一次思想改造，其主要目的：一是统一思想，反对资产阶级自由主义的新闻作风，明确工人阶级的思想领导；二是重新对私营报业进行整合分工，使其更能符合宣传的需要。[3]

私营报业思想改造的直接导因是上海私营各报的调整与分工问题，更深层次的原因则在中共试图通过思想改造强化党对新闻宣传的绝对领导。中共一直将建立《解放日报》领导下的各专业报纸分工合作新格局视为实现党对私营报业领导的关键之举。[4] 在思想改造发动之初，新协党组即确定要通过运动以使私营报业进行组织整编，解决经济上长期亏损的问题，进而确保党对新闻事业的绝对领导。陈虞孙在 5 月 29 日上报给上海市委宣传部的思想改造方案中，明确构想了私营报业的调整办法，具体到《亦报》，他的意见是“《亦报》本是较落后的市民的消闲性读物，其对象不变”[5]。7 月 1 日，上海市委宣传部以陈虞孙所报方案为底本，上报中央宣传部，再度提及各报整编与分工，但否定陈虞孙将新民与文汇改

1. 夏衍同志二三事［M］// 魏绍昌 . 逝者如斯 . 济南：山东画报出版社，1998：62.
2. 陈虞孙 . 关于私营报纸调整办法的报告［A］. 上海市档案馆藏，A22-1-47-3.
3. 上海新闻界思想改造学习计划（草案）（1952 年 6 月底）［A］. 上海市档案馆藏，A22-1-47.
4. 张济顺 . 从民办到党管：上海私营报业体制变革中的思想改造运动［J］. 中国当代史研究，北京：九州出版社，2009（1）：49.
5. 关于私营报纸调整办法的报告［A］. 上海市档案馆藏，A22-1-47-3.

组为“文汇新民出版印刷公司”，并将新民并入新闻日报等提议，对其所提关于《亦报》的建议并无更改。同时，市委宣传部还提及《亦报》亏损的问题，但认为到9月可以达到收支平衡，因此“在七、八两月内还须略加补助”。[1]种种情况表明，管理部门在思想改造前夕对《亦报》的分工、定位并没有发生明显的转变。

尽管《亦报》的分工暂时没有变化，不过这并不表示《亦报》不需要学习整改。一方面，《大报》合并后人员猛增导致《亦报》经营困难和思想混乱，管理部门注意到通过思想改造进而精简整编以促使经营改善势在必行。陈虞孙在6月下旬写给范长江的信中明确表示：

> 文汇、大公、亦报必须整编，才能逐步走上经营合理化，以免长期亏耗……亦报是把大报合并过来的，人亦太多。我们为了帮助生产逐步走上合理经营，以免长期亏耗，宁可采取把编余人员长期包下来的方针。[2]

显然，通过精简整编，将政治过硬、能力全面的办报人才留住，编余人员则通过包下来的办法另谋出路不失为解决问题的一种良策。管理部门正是想通过这种办法，既使各报工作人员思想进一步统一，又能帮助《亦报》减轻负担，进而促使其合理经营以扭转亏耗。

另一方面，《亦报》存在的前提是要在中共的领导之下开展工作，以完成社会改造的宣传任务。然而，《亦报》的编辑大多来自旧式小报，中共深感对小报的领导不力，这显然也是小报思想改造要解决的重点问题。《大报》《小报》并立时期报社仅有李之华一名党员，《大报》并入《亦报》后，一名党员都没有了。上海市委宣传部对《亦报》的判断是“《亦报》虽属新创，但全部人员都是解放前一向在上海搞小报的”“不仅情况复杂，而且都保持了过去一套旧的办报思想与作风”。[3]因此，宣传部门自然也想透过思想改造使原来“无所谓”的小报真正变成“有所为”的小报，“变为人民政府与共产党领导下的人民喉舌”[4]。

上海报业思想改造自1952年8月21日正式启动，经过学习、揭发、批判，

1. 本部关于报纸工作、新闻界思想改造工作的计划、报告总结及谷牧、姚溱两同志在新闻界思想改造会议上的讲话稿［A］. 上海市档案馆藏，A22-1-47.
2. 关于上海五报情况给范长江同志的信［A］. 上海市档案馆藏，A22-2-1533-27.
3. 中共上海市委宣传部 . 上海新闻界思想改造总结［A］. 上海市档案馆藏，A22-1-47-129.
4. 吴健 . 关于新闻界思想改造几个问题的解释［J］. 学习，1952（1）.

最后填表交代，《亦报》编辑部门交代有历史政治问题者占总数的35.4%，经理部门人员交代问题者占总数30.7%[1]。《亦报》中不仅没有党员，缺乏党的领导，而且超过1/3的人员均不同程度存在历史或政治问题，这自然影响到管理部门对《亦报》的看法。另外，在思想改造运动中，还反映出《亦报》对这两个问题认识不够清晰：一是从整个上海新闻界的分工上看，《亦报》应该分担一份什么任务；二是从思想战线的高度上看，《亦报》应该如何充实人力[2]。这些问题反映在业务实践中表现为小报的思想混乱与工作失常。例如，小报的记者搞不清楚要跑什么新闻，编辑搞不清楚要发什么样的稿子。记者、编辑普遍对报纸的读者对象是谁，报纸应该刊登什么内容等基本问题感到迷茫。[3]这些情况其实都反映出《亦报》在分工定位和组织领导上的认识模糊，这也让宣传部门感到不满。

基于思想改造中的实际情况，在思想改造学习阶段结束前夕，上海新闻管理部门的领导决定将《亦报》与《新民报》合并。据欧阳文彬的回忆，《新民报》与《亦报》的合并是在思想改造学习结束之时。她提及，夏衍曾向她介绍说明为什么要在学习结束时把两报合并。[4]蒋文杰的回忆也大致印证了这一点，他提及："新闻界思想改造运动的后期，两报合并定下来后，有两个问题需要解决：一是人事上的安排问题，二是版面上的调整问题。"他还透露，"《新民晚报》和《亦报》合并的点子，是陈虞孙和夏衍、姚溱共同商议出来的"。[5]至于他们为何决定将《亦报》与《新民报》合并，则无从稽考，欧阳文彬也未说明两报合并的具体原因。但显然，《亦报》的调整只是整个私营报业调整的一个组成部分，其目标还是指向上海私营报业的"整编机构、明确分工、改进工作、合理经营"，以扭转几家报纸的经营不力的局面，最终实现党对私营报业的绝对领导。因《新民报》早就确定了以里弄居民与家庭妇女为对象，改小型通俗化，而且成效不错。故《亦报》的服务对象与办报风格与之较为类似，把《亦报》并入《新民报》可能进一步增强后者的实力，这无疑构成两报合并的重要原因之一。陈虞孙后来在与《亦报》员工的

1. 中共上海市委宣传部．上海新闻界思想改造总结［A］．上海市档案馆藏，A22-1-47-129.
2. 及时解决思想问题打消顾虑后，亦报全体人员愉快地服从调配［J］．学习，1952（19）.
3. 工作中的问题（亦报）［A］．上海市档案馆藏，A22-2-1545-16.
4. 参见欧阳文彬．夏衍关怀《新民晚报》的二三事［M］// 严建平．心中的绿洲．北京：光明日报社，1997：276.
5. 虞丹．聚沙集［M］．福州：福建人民出版社，2001：184、189.

一次谈话中也提到："要进一步发挥亦报的力量，必须转换方向，把亦报今后还能继续发挥作用的部分，抽调出来，加强到新民报去，办好一张以文化、文娱、体育、卫生、市政建设为主要内容的报纸。"而对于《亦报》来说，"就不必再单独出版下去了"。[1] 1952年10月25日，陈虞孙给宣传部门的报告中提出："新民报与亦报应在思想建设学习以后，组织建设讨论开始以前，即须插入合并问题。在这一步骤内，新民报应讨论晚报的前途与方针等基本问题，亦报则在组织建设批复内，花十天到半个月，专讨论结束及调配人员的问题。"[2] 11月13日上午，《亦报》举行全体大会，宣布参加《新民报》工作和参加学习的人员名单。《亦报》员工对报纸的调整态度不一；至于分别参加"学习"与"工作"的人事分流，因事关个人命运，更是意见不一。[3]但无论如何，《亦报》并入《新民报》（晚报）已成定局，人员的分流也势在必行。

1952年11月20日，《亦报》正式停刊，唐云旌、龚之方、沈毓刚等18人先后转入《新民报》（晚报）继续工作，编余人员38人，则由政府包下来，送入新闻学校，予以训练学习，逐步助其转业[4]。新中国成立初期上海最后一份小报就此退出历史舞台。

四、结语

《亦报》并入《新民报》后，《亦报》部分办报骨干转入《新民报》工作，客观上充实了《新民报》的力量。《新民报》主要是一份地方性晚报，虽然确定了小型化、通俗化的路线，但仍较为严肃，《亦报》的加入无疑有助于《新民报》风格的转化，更能满足里弄群众的文化需求。两报的合并也将《亦报》原有一万余份订户带到《新民报》，《新民报》其时仅发行八九千份，合并后增加到2万余份，一年后增加到4万余份。两报的成功合并，被《新民报》的蒋文杰称作"天作之合"[5]。1952年上海新闻界思想改造运动结束后，新民报社改为"公私合营"，建立新的编委会，这家私营报刊最终也转变为党领导下的公私合营报刊。

1. 及时解决思想问题打消顾虑后，亦报全体人员愉快地服从调配［J］. 学习，1952（19）.
2. 陈虞孙给谷、姚、陈、白部长的报告（1952年10月25日）［A］. 上海市档案馆藏，A22-2-1545-21.
3. 及时解决思想问题打消顾虑后，亦报全体人员愉快地服从调配［J］. 学习，1952（19）.
4. 参见祝均宙 . 上海小报的历史沿革：（下）［J］. 中国社会科学院新闻研究所 . 新闻研究资料，总第43辑，1988：219-220.
5. 新民晚报史编纂委员会 . 飞入寻常百姓家：新民报——新民晚报七十年史［M］. 上海：文汇出版社，2004：208.

统观新中国成立初期上海小报的短暂历程，可以看到上海小报经历了全停另办、精简合办、整编停办的三个阶段，因中共领导的文化格局调整及由此赋予小报的历史任务之不同，小报的处境与命运亦发生变化。无论是中共解放上海对旧小报的接管登记，还是其后《大报》《亦报》新小报的创办、合并及其最终停办，小报的命运无不与中共强化对私营报纸的政治领导，进而通过报纸重构城市文化的策略，并引领社会风气密切相关。上海解放后，上海新闻界面对的重要任务即是建立起以党报《解放日报》为核心的国营新闻体系，以实现计划体制下国家意识形态的统帅。要完成这一任务，除党报的正常出版外，最困难之处则在如何让原有自由主义私营报刊统一到无产阶级的意识形态之中，成为党领导下的人民报纸。对小报来说，小报存在的唯一理由在于新政权下还有部分思想有待改造的"落后群众"，而如何"利用过去的形式，为工人阶级宣传，为新民主主义宣传，教育落后的人民群众"[1]就成为小报的唯一任务。随着这一时期一系列社会改造运动的推进，思想有待改进的"落后群众"从政治生活中迅速"消失"，小报也随之走到历史尽头。小报的历史命运不仅折射出中共对上海新闻事业重构的文化脉络，亦直接反映新生政权对旧式文人、普通市民进行文化引领和改造的政策。虽然小报饱受经济窘境困扰，然而归根结底，小报能否满足解放初都市文化生活需要，是否有助于中共对文化格局的调整乃是决定小报命运的根本因素。中共透过对旧式报业体系的整顿，确立起党对上海报业的绝对领导，从而构建起新的文化思想阵地。小报的消亡昭示了上海解放初大众消费文化市场的迅速退潮。小报从创办到消亡的这一过程看似属于报业内部的分工调整，实则是新中国成立后中共透过私营报刊的改造、整编以确立党领导的国营媒体网络、强化思想文化领域领导权的必然结果。

（原刊于《中共党史研究》，2015 年第 3 期。）

1. 陈虞孙同志的讲话（纪录稿）［A］. 上海市档案馆藏，A22-1-48-11.

一九五二年前后上海私营报业中的整党建党

新中国成立后，党在上海新闻界的首要任务即建立以党报为核心的公营新闻体系。要完成这一任务，最困难之处莫过于如何让私营报刊统一到党和国家的意识形态之下。新政权成立后，党政各级机构迅速将所有仍在出版发行的报纸置于全面组织管理之下，上海报纸行政上分由华东军政委员会新闻出版局和上海市政府新闻出版处报管科双重机构监督负责[1]。然而，这两个机构的主要职能是管理监督整个新闻行业，难以从报社内部对具体业务发挥主观能动作用。欲使私营报纸真正锻造成中共宣传工作中的"有力武器"，很大程度上依赖私营报纸内部党组织的有效领导。

为确保对私营报业的根本领导，在1952年针对私营报业的思想改造运动中，中共亦将党内整风、整党建党运动贯彻其中，以期相互配合，发展壮大党的力量，推进私营报业的党组织建设。[2]然而遗憾的是，学术界在研究私营报业思想改造及其转型时，对1952年前后私营报社中的组织建设少有关注，因而亦罕有论著从内部权力结构的视角分析、揭示私营报业的转型及其历史命运。本文试图就新中国成立初期私营报业的整党建党工作略作探讨，藉此管窥该时期党于私营报社内部的组织建设进程，以期为学术界认识这一时期私营报业的转型提供新的视角。

一、新中国成立初期上海私营报业中的党组织

1949年5月27日，人民解放军进驻上海，党、政、军领导机关对新闻业的破旧立新随之展开。上海市军事管制委员会成立当天即颁布了《中国人民解放军上海市军事管制委员会关于上海市报纸杂志通讯社登记暂行办法》，对上海原有

1. 杨奎松．忍不住的"关怀"：1949年前后的书生与政治［M］．桂林：广西师范大学出版社，2013：115.

2. 1951年4月，上海市委根据中共中央政治局会议精神及第一次全国组织工作会议关于整顿党的基层组织的决议，进行新中国成立后的第一次整党。该年7月在市区两级机关率先传达，9月后逐步展开。此次整党主要结合各项政治运动和工作任务进行。机关整党主要结合批判资产阶级思想、革命到头的思想，反对贪污、浪费、腐化堕落和官僚主义作风开展。工厂企业整党主要结合"三反"、"五反"、民主改革、生产改革展开。学校、私营报纸则是结合思想改造展开。

报纸、杂志、通讯社进行重新审查登记。[1]经过严格筛查，申请登记的43家报纸中，最终有14家获准出版。此14家报纸大体可分为两类：一类是《解放日报》等党、政公营报纸，另一类是《大公报》《文汇报》等私营报纸。[2]就解放初期上海报业而言，中共的组织力量在各报分布极不均衡，党、政公营报社中的党员占据了压倒性的优势，而私营报社中的党团组织显得极为薄弱。以《解放日报》为例，作为华东地区的一面旗帜，中共中央极为重视上海党报的发展，特别将延安时代中央机关报《解放日报》的报名给予上海。因角色重要、地位显赫，中央及华东局想尽办法从全国为《解放日报》调配了得力人员，由党内资深报人范长江、恽逸群、魏克明、陈虞孙、陈祥生等组成社务委员会和编辑委员会，并特设党报委员会以加强对《解放日报》的领导。[3]《解放日报》的党员配置在整个上海报业中也最为强大，报社不仅建立了完善的基层党组织体系，而且配备了大量的党员干部充实队伍。1951年7月的一份材料显示，当时解放日报社已设有党总支。[4]党总支下设编辑部、秘经、工厂、青年报4个支部，全社员工共521人，就有党员103人。4个支部中，编辑支部党员人数最多，135名编辑部职工中有党员56人，比例超过40%。另外3个支部，秘书经理两部职工160人，党员15人；工厂职工192人，党员13人；青年报职工34人，党员19人。[5]

相较《解放日报》，私营报社中的党组织力量就相形见绌。私营报社中党员人数原本就相对较少，解放之初中共又抽调了部分党员到其他岗位，因此在解放后相当长一段时间，上海私营报社中的党员人数都极其稀少。据1950年6月的统计，上海几家私营报社中共有党员21人，其中《新闻日报》[6]有党员14人，

1. 参见中共中央华东局政策研究室编．上海市军管时期法令汇集（一）［C］．新华书店发行，1949：111-113.

2. 有学者误认为前往登记的全系民营报纸，获准登记的14家也全系民营。如张济顺称："43家中国人的民营报纸按军管会要求前往登记，获准登记的只有14家"。曾宪明称："到1949年6月30日，填送登记表的报纸共43家，经审批并发给登记证的《大公报》《文汇报》《新民报晚刊》等14家私营报纸获准继续出版。"张济顺．远去的都市：1950年代的上海［M］．北京：社会科学文献出版社，2015：141；曾宪明．解放初期大陆私营报业消亡过程的历史考察［J］．新闻与传播研究，2002（2）；但事实上14家获准的报纸中包括了大量中共党、团组织及机构的报纸，私营报纸不足半数。已核准登记出版报纸情况表（1949年9月30日止）［A］．上海市档案馆藏，Q431-1-21-4-7.

3. 马光仁．上海新闻史：1850-1949［M］．上海：复旦大学出版社，1996：1091.

4. 解放初设有党总支的单位并不多。据资料显示，1949年底上海市有党的基层组织956个，其中总支部72个，支部884个，党员20646人。参见上海通志编纂委员会．上海通志：第2册［M］．上海：世纪出版集团、上海人民出版社、上海社会科学院出版社，2005：761.

5. 解放日报社党员总支概况［A］．上海市档案馆藏，A73-1-64.

6.《新闻日报》本属新中国成立后第一份公私合营的报纸，但是在经营管理上却一直按私营的模式组织，在其时往往被视为私营报纸之一，其党支部也归属新闻协会党组统一领导。

大公报有党员 3 人，文汇报只有党员 1 人，新民报有党员 2 人，大报有党员 1 人。[1] 这些私营报社中的党员大多是解放前就在各报工作的地下党员，由上海文委领导，身份较为隐秘。因私营各报中党员数量较少，解放初上海私营报业一共只设立了两个党支部：一是新闻日报支部，一是文汇、大公、新民三家的联合支部。新闻日报支部由原新闻报（主要是工厂部）的地下党员 7 人、军管会调新闻日报开展接管等工作的党员 6 人、通过私人介绍等关系进入编辑部工作的党员 5 人共同组成，属黄浦区委领导。[2] 文汇、大公、新民三家报社因党员人数极少，所以成立一个联合支部，亦属黄浦区委领导。

新中国成立之初，上海私营报业中党员和党组织都没有明显的发展。一份材料显示，到 1952 年 11 月，上海私营报业共有中共党员 31 名（包括候补党员），党员较多的是新闻日报，该支部共有党员 23 名。其余三报，大公报有党员 2 名，文汇报有党员 3 名，新民报有党员 3 名。[3]

中共之所以没有在私营报业中强力壮大党组织，主要有三个方面的原因：其一，中央在全国范围内放慢建党步伐。淮海战役后，中共中央认为淮海战役中党员人数激增，党员质量的参差不齐致使党的队伍不够纯洁，因此有意放缓了建党步伐。中央规定，在大城市对上层知识分子的入党应采取“暂时关门”的举措，上海等地应“待解放后再说”[4]。直到 1951 年 2 月，中共中央仍强调城市与新区建党必须采取审慎的方针，要求对整党、建党实行严格的控制。[5] 其二，私营报纸的特殊性所决定。中共之所以还允许私营报纸在新中国继续出版，主要是考虑到贸然关停私营报纸会影响国际舆论；相反，保留几份进步的私营报纸可以“联系更广泛的社会阶层”[6]，有利于站在民营的立场替党说话。在新民主主义旗帜下，中共在建政之初主要是以“私人关系”的方式派遣进步分子到党外报纸推动其工

---

1. 上海市新闻协会党组关于各报党员情况及对组织党组意见的报告（1950 年 6 月 15 日）［A］. 上海市档案馆藏，B36-1-2-12.
2. 新闻日报综合报告（1954 年 3 月 11 日）［A］. 上海市档案馆藏，A22-2-249.
3. 新闻界整党建党计划（草案）（1952 年 11 月）［A］. 上海市档案馆藏，A22-2-1546-4.
4. 中共中央文件选集：第 18 册［G］. 北京：中共中央党校出版社，1992：133.
5. 建国以来重要文献选编：第 2 册［G］. 北京：中央文献出版社，1993：41-42.
6. 中国社会科学院新闻研究所编 . 中国共产党新闻工作文件汇编：上卷［G］. 北京：新华出版社，1980：280.

作[1]，并没有直接插手干预私营报社内部的组织管理。其三，解放初期私营报社内部的党组织亦不健全，基层支部存在严重顾虑，因而也不敢轻易发展党员。上海解放前，由于私营报业中中共党组织被反复破坏，“党员有的被捕，有的投敌叛党，有的失去关系，组织混乱与党内不纯的情况十分严重”。解放后，报社内部党员身份复杂，急需审查清理，基层支部也对发展党员缺乏信心，“害怕搞错”，以致不敢轻易发展党员。[2]

总的来说，新中国成立之初，中共并未因为报纸“是阶级斗争的工具”就试图控制私营报纸，私营报业中党组织的发展也并未因此而呈现出差异性。1952年前私营报业中党员稀少的实际情况恰恰表明中共在建政初期坚持了《共同纲领》的精神，只是意图在思想和行政上对私营报纸进行指导和管理，并没有要将私营报纸收编之意。

新中国成立之初，上海私营报业中不少党员的身份有待审查弄清，上级党组织对部分党员的党性素养颇有质疑。例如，新闻日报的报告就提及：“（解放前）新闻报工人中曾发展党员数十人，其后在敌人的残酷进攻下，党的组织被反复破坏，党员有的被捕，有的投敌叛党，有的失去联系，组织混乱与党内不纯的情况十分严重。”[3]这种情况下，党员身份很大程度上难以完全弄清，身份审查和党的整顿成为该时期党务工作的重点。由于组织薄弱，受教育机会较少，党员的党性修养显然也需提高。上海市委宣传部领导就指出，上海私营报业两个支部的党员大部分是解放前加入各报，这些同志虽然“大多数是好的，基本上是好的”，但是“也存在若干问题”[4]。归纳来说，上级党组织认为私营报业中的基层党组织主要存在以下问题：一是因为私营报业的党员长期在白区从事地下工作，组织生活松散，受党的教育较差，属于“上海党组织比较薄弱的一环”；二是党的基层组织比较薄弱，支部并非按生产单位独立建制，联合性的支部导致本身组织观念不强，小组会、组织生活开展不正常，影响党员对党的认识；三是私营报业中

1. 中国社会科学院新闻研究所．中国共产党新闻工作文件汇编：上卷［G］．北京：新华出版社，1980：189-193.
2，3. 新闻日报综合报告（1954年3月11日）［A］．上海市档案馆藏，A22-2-249-18.
4. 新闻界整党动员大会（1952年12月1日）［A］．上海市档案馆藏，A22-2-1546-44.

虽然成立了党组以加强领导，但现有党的力量不能发挥领导作用，严重影响党的宣传方针与经营策略在私营报业中的贯彻执行。

总的来看，在1952年8月上海私营报业思想改造之前，中共上海市委对私营报业中党组织情况的基本判断是：人数极为有限，基本上没有新党员，党组织生活不够正常，党员很难发挥领导作用。这个判断较为中肯，它表明私营报业中的党组织和党员素质离中共上海市委的期望还有较大差距，私营报业中的党组织存在着不少亟须解决的问题。这导致党员在报社的编辑、管理、出版、发行等业务工作中无法发挥优势，更难以贯彻落实党在新闻业务上的政策、方针。1952年下半年，当中共转向强调工人阶级立场之时，私营报业中党组织薄弱的状况显得日益突出，强化私营报业中的党组织就成为必然。

二、谋求思想的统一：1952年思想改造运动初期的党内整风

“三反”期间，整党建党运动已在全国范围内如火如荼地展开，但并未成为当时中共私营报纸工作的重点。直到1952年下半年，中共着手在上海私营报业中开展思想改造运动时，才将整党问题提上日程。1952年6月，上海市委宣传部拟订了思想改造运动计划草案，试图将整党运动与思想改造运动结合开展，明确提出应该“先党内，后党外，党内严，党外宽，要达到整党的目的”[1]。从此后的实践来看，草案所说的“整党”主要是指报社内部党员的整风运动，并非此时在全党内轰轰烈烈开展的整党建党。这次整风运动从方案出台到领导实施，都从属于思想改造运动，只是思想改造运动的一个组成部分。[2]

根据思想改造方案，上海市委率先在私营报业内部发动了小规模的党内整风，希望能将党内整风和即将到来的思想改造学习运动结合起来，先行在党内统一认识，为后者奠定思想基础。这场整风运动于1952年7月10日展开，为期40天，一直持续到私营报纸思想改造学习运动的发起。从宣传部门制订的“先党内，后党外”的方针看，私营报业的党内整风事实上是私营报业思想改造运动的一次党

1. 上海市委宣传部．上海新闻界思想改造学习计划（草案）（1952年6月底）［A］．上海市档案馆藏，A22-1-47.

2. 就笔者阅读的档案材料来看，私营报业内的“思想改造运动”在表述上有广义和狭义之分。广义的“思想改造运动”指1952年7月10日党内整风运动至1953年公私合营完成止，形式上至少包括三个阶段：一是党内整风运动，二是针对私营报人的思想改造学习运动，三是思想改造学习后的组织建设（包括各报分工、机构人事调整、整党建党等）阶段。狭义的“思想改造运动”特指运动的第二阶段，即针对私营报人的思想改造学习运动。本文使用“思想改造运动”时主要采用广义的概念，在特指第二阶段时，用“思想改造学习运动”以示区别。

内预演。党内整风的主要目的有二：一是先在党内统一认识，为即将开始的党外学习改造扫清思想上的障碍；二是通过党内整风为思想改造从党内到党外的扩展做好示范、奠定基础。

私营报业的党内整风运动前后持续40天，在形式上主要经历了明确标准、普遍揭发、自我检查几个阶段。由于私营报业中的党员都没有经历过类似的政治训练，因此工作推动极为缓慢，特别是明确标准阶段的思想动员工作耗时甚多。新闻协会党组书记陈虞孙只有自己带头，先做自我检查，由参加整风的全体党员提意见，运动才得以顺利进行。

明确标准阶段主要以党内讨论的形式开展，涉及的问题非常多。据新闻界学委分会办公室对党内讨论搜集整理的资料，涉及的主题包括“对思想改造的目的与方法问题的意见”“对私营报纸的性质与方针问题的意见”“对私营报纸中统一战线问题的意见”“对私营报纸中资产阶级思想影响问题的意见”等方面。透过这些资料，可以看到党内整风讨论的问题极为宽泛，既涉及即将开展的思想改造学习运动的目的、方式、标准，也涉及新社会中诸如报纸的性质与方针、报纸的分工、报纸的经营方针、私营报社中的统战工作等一系列基本问题。

就党内的讨论过程看，私营各报党员组织生活极不健全、党员政治素质不一，因此对报纸工作中一些基本问题的看法分歧很大。譬如，各报党员在讨论如何整党时，就出现了不同的看法。对于即将开展的整党运动，部分党员内心忐忑。有党员在讨论整党标准时提出，因为私营报业的党员没有经历过延安整风，所以“比起那些真正的布尔什维克来，对我们（的标准）还须从宽一些”。另一位党员则反驳说：“想降低标准，是不对的。党员必须要按标准办事，党员就一定要达到八条标准不可。”又有党员说：“党员都要达到八项标准，那么整风以后我们都布尔什维克化了，恐怕是不可能的。”[1]党内的讨论充分暴露出基层党员思想政治水平参差不齐，在核心问题的认识上存在较大分歧。运动发起者之所以要让党员在党内充分地进行交流讨论，显然是想让基层党员围绕私营报业的一系列根本问题发表看法，进而谋求思想的统一。经过反复、充分地“以问题为中心”的集中讨论，基层党员认识上的分歧虽然未能完全消除，但较原来思想混乱的状态大

1. 新闻界思想改造情况（一）（1952年8月6日）［A］. 上海市档案馆藏，A22-2-1551.

为好转。上海市委宣传部在随后的总结中指出，基层党员通过讨论，基本完成“初步划清思想界限，掌握批判标准”的任务。[1]

党内整风显然并非闲聊式的讨论，除了通过讨论实现思想的统一外，关键还在于通过交代与揭发政治历史问题，从而达到人事调查和组织审查的目的。在初步掌握标准后，整风运动随后便展开了普遍揭发，“从三年来的工作中尽量揭发一切资产阶级思想影响的事例，集中归纳成类，再进行批判，进一步划清思想界限，然后在这基础上进行个别检查”[2]。个别检查不但是对个人以往资产阶级思想的清理，更重要的是借批判与揭发重新审查个人的政治与历史问题。从形式上看，党内整风分明确标准、普遍揭发、自我检查等阶段，不但与此前党的各次整风运动一致，也与此后私营报业中党外人士的思想改造学习高度一致。对于没有经历过各种政治运动的私营报人来说，党内整风无疑是鲜活的示范。

在随后的思想改造学习运动中，中共党员在配合党组带头交代、检举揭发方面发挥了重要作用。对此，上海市委宣传部也给予高度肯定。同时，中共也注意到私营报业基层党支部力量薄弱，私营报纸在新闻报道上仍存在不少问题，要完全摆脱资产阶级的新闻观念、树立正确的新闻观，必须强化基层党员在报社中的领导地位，加强党对报社的领导。为进一步强化党对私营报业的领导，在思想改造学习运动告一段落后，上海市委宣传部明确提出应该“在思想改造的基础上进行整党建党，加强党在各报中的领导力量”[3]。

三、党的领导何以实现：1952 年思想改造运动后期的整党建党

1952 年 8 月 21 日，私营报业思想改造学习运动正式启动。整个学习运动历时两个月，参加学习人员包括上海私营各报的编辑、经理两部门工作人员共计 566 人。10 月 21 日，学习运动宣告结束，随之转入组织建设阶段。组织建设阶段主要包括明确分工、调整机构、建立制度、人事调整、整党建党等方面工作。在主管部门的计划中，针对私营报业的整党建党即属组织建设的重要内容之一。在各报组织人事调整基本确定后，私营报业的整党建党工作在 1952 年 11 月底着手展开。在组织领导上，整党建党运动主要由思想改造办公室的陈虞孙、束纫秋、

1，2，3. 上海市委宣传部 . 上海新闻界思想改造总结（1952 年 12 月 13 日）［A］. 上海市档案馆藏，A22-1-47-129.

欧阳文彬外加两个支部的书记邹凡扬、蒋文杰五人组成的工作组领导，工作组则由上海市委整党建党办公室领导。为确保整党建党工作的开展，上海市委还特别批准将两个支部的组织关系从黄浦区委临时转出，先由新闻协会党组领导，后由整党工作组直接领导。

之所以要在这一时期开展整党建党，根本原因是在思想改造过程中发现私营报业内部党员力量薄弱而且存在不同程度的党性不纯问题，以致无法有效地领导各报。新闻协会党组拟订的《新闻界整党建党计划》方案明确指出："按照新闻界党的力量现有分布状况，如果仅仅依靠这些主观力量，是无法完成今后日益繁重的宣传任务的。为了做好今后党的宣传工作，巩固新闻界思想改造的收获，在各报的整党建党的学习中，发展党在新闻界的力量，这是目前上海新闻界党组织的一个非常重要的政治任务与组织任务。"[1]上海市委宣传部副部长白彦在动员大会上的讲话中，谈到开展整党的四点原因：一是思想改造并非解决党员标准问题；二是思想改造并不深入，有夹生现象；三是有些党员同志还未完全向党讲清历史；四是只有先整党才能为新闻界的建党及党的壮大奠定基础。[2]白彦所述是相对具体的原因，通过整党增强党的力量以加强党的领导无疑才是整党建党的最终目的。值得注意的是，此前的整风运动和思想改造学习运动并没有涉及建党的问题，整党建党运动的展开表明中共对私营报纸的态度及策略出现了重大转向，已明确要在私营报业中发展和壮大党的力量。经过前期准备，上海新闻界于 12 月 1 日正式召开整党动员大会，拉开了整党运动大幕。

所有私营报业中的党员，第一、二类积极分子及青年团员，均得参加整党学习、教育提高。[3]参加整党学习的共 189 人，包括党员 25 人，团员 85 人，积极分子 33 人，旁听报告党员及群众 46 人（各私营报纸参加整党学习情况详见表 1）。党员的任务主要是对照八项条件进行检查，而积极分子和团员的任务主要是提高认识，普通群众则以进行共产主义学习为主。

1. 新闻界整党建党计划（草案）（1952 年 11 月）［A］. 上海市档案馆藏，A22-2-1546-4.

2. 新闻界整党动员大会（1952 年 12 月 1 日）［A］. 上海市档案馆藏，A22-2-1546-44-51.

3. 第一类积极分子是指经研究、排队，拟发展的对象，第二类积极分子是指拟培养的对象。最初拟定的名单，第一类积极分子共有 26 人，其中团员 11 人；第二类积极分子共有 32 人，其中团员 15 人。此后新闻协会党组会议曾明确"发展培养对象还要经各报仔细研究，经工作组审查批准"，因此后来实际参加整党的人数有所调整，最后只有 33 人作为积极分子参加整党。

表 1　1952 年上海私营报业参加整党学习人数统计表

	参加整党党员数	参加学习团员数	参加学习的积极分子数	旁听报告党员数	旁听报告群众数	共计
新闻日报	16	21	9	5	11	62
大公报	2	43	12	0	9	66
文汇报	2	13	4	1	15	35
新民报	2	8	8	1	4	23
办公室	3	0	0	0	0	3
合计	25	85	33	7	39	189

据《新闻界整党建党计划》方案，整党建党主要分为两个步骤：第一步是教育提高，第二步是组织处理和接收新党员。教育提高阶段主要围绕“整党建党的意义及怎样进行整党建党”和“党员标准”两个问题，运用“自修与讲课并重，结合集体讨论的方法”“展开批评与自我批评，求得思想和行动的提高”。[1]

由于私营各报党员大多缺乏政治运动的经历，因此当运动开展起来时，各报的党员大多显得有些不适应，甚至紧张焦虑。经过教育提高阶段的学习、讨论和批评，整党运动第二阶段是对党员进行登记填表、鉴定和组织审查处理。新闻日报支部通过整党，发现党员中有政治历史问题者 13 人，组织处理开除党籍的 3 人，本人申请批准退党者 1 人，另有未处理者 5 人，已处理下结论无问题者 4 人。[2]新民、文汇两报的党员中发现有重大历史问题者 2 人。[3]对比参加整党的党员人数，有问题的党员比例甚高。这些问题党员的处理虽然使党组织更为纯洁，但也使得私营报业的党组织几乎陷入无人可用的境地，在私营报业中建党就显得更为迫切。私营报业的整党旨在为进一步的党建工作奠定组织基础，建党则是实现党的领导的关键。整党结束后，建党工作即行展开。1953 年 1 月 21 日，白彦在新闻界党员大会上作关于建党问题报告，标志着建党工作正式启动。白彦围绕关于建党的认识、建党方针、怎样才够标准以及手续问题作了阐述。白彦在报告中再度强调私营报业中建党的重要性：

1. 新闻界整党建党计划（1952 年 11 月）［A］. 上海市档案馆藏，A22-2-1546-4.
2. 新闻日报社人员政治历史情况统计（1954 年 3 月 11 日）［A］. 上海市档案馆藏，A22-2-249-75.
3. 新民、文汇两报党的情况（1954 年 4 月 30 日）［A］. 上海市档案馆藏，A22-2-249-109.

党的领导不是抽象的，而要通过党员。党的思想、政策、组织领导都要通过党员，过去我们党员在报馆很少。一、领导工作不能贯彻，也就是报馆的党的耳目不灵，要实现党的领导，只有一两个党员是不能保证的。二、一定要发展一定党员，使党能抓住重点。过去我们的领导不正常，是通过个人关系。在报馆里的群众要接近党，但找不到，少数的党员也高高在上，脱离群众，群众摸不到，好像水里月亮看得到摸不到。报馆的工作也是需要以党为核心带头，而过去我们没有党的力量，那就什么都谈不到。因此发展党员是加强党的领导，密切与群众联系，是组织建设的重要步骤，而不是可有可无的。[1]

白彦对发展党员的期盼可谓溢于言表，他在报告中明确要求将发展党员作为全党每位党员“经常的义务”，甚至是对每位党员“组织观念的考验”，并专门批评了建党工作的关门主义作风。从白彦的发言中不难看出，上海市委对于私营报业中党的领导力量不足的问题早已不满，因此迫切希望能尽快充实各报中党的力量。

在上海市委督促之下，各报高度重视发展新党员，以加强党在各报的力量。各报共拟定了 26 名发展对象、32 名培养对象作为建党的重点对象。其中新闻日报初拟发展对象 9 名，可以培养的对象 15 名；大公报初拟发展对象 5 名，可以培养的对象 7 名；文汇报初拟发展对象 4 名，可以培养的对象 6 名；新民报初拟发展对象 8 名，可以培养的对象 4 名。按市委的建党要求，各报建党工作应“有计划有准备有领导地进行”“积极慎重不可偏废”，并提出可以“结合斗争、结合运动”，或者“集中教育”，或以“训练班”等形式进行发展。白彦在 1 月 21 日的大会报告中，甚至明确要求在 2 月底前应发展一批。此外，上级党组织还明确要求在建党阶段，“分别成立独立支部，在工作组直接领导下，展开建党工作”[2]。

四、党的领导是否实现：上海私营报业中的建党成效

各报基层党组织的完善是贯彻党的领导的核心，其关键点又在于从内部发展新的党员补充、丰富党的血液。尽管上海市委对私营各报发展新党员、建立党支

1. 新闻界党员大会关于建党问题报告（1953 年 1 月 21 日）［A］. 上海市档案馆藏，A22-2-1546-146.
2. 新闻界整党建党计划（草案）（1952 年 11 月）［A］. 上海市档案馆藏，A22-2-1546-4.

部期望殷殷，新闻协会党组也竭力推进，然而建党过程相对漫长，就随后的效果来看，私营各报建党情况并不乐观。

新闻日报支部方面。新闻日报支部成立时共有党员 18 名，属黄浦区委领导。1950 年冬，由华东新闻出版局自山东胶东日报调入党员 9 名。1954 年春，上海文委又从市委党校调入党员 2 名至编辑部工作。[1] 同期，新闻日报支部调出党员 6 名，因有历史政治问题在整党中处理开除 3 名，本人申请批准退党 1 名。截至 1954 年春，新闻日报 420 名职工中仅发展新党员 4 名，其中 1 名在编辑部，其余 3 名在工厂（见表 2）。如果仅从数量上看，新闻日报支部党员数量并没有明显变化，上级党组织希望迅速发展党员的期望显然落空了。

表 2 《新闻日报》支部党员组织变动情况表（1954 年 3 月 11 日）[2]

	编辑部	经理部	工厂	总计
原在旧新闻报工作的地下党员		2	5	7
解放后调入工作的党员	12	8	3	23
发展新党员	1		3	4
调出工作	4	1	1	6
死亡			1	1
整党组织处理开除党籍		1	2	3
整党中申请退党		1		1
现有党员	9	7	7	23

文汇、新民联合支部方面。因大公报北迁离沪，故此建党任务主要落在新民、文汇两报党小组肩上。截至 1954 年夏，新民报有党员 4 名；文汇报仅发展新党员 1 名，另从外单位调入党员 3 名，全报社共有 8 名党员，两报共有党员 12 名。新民报不但党员极少，而且被认为“不够团结”，以致“基本上无法对《新民报》形成领导”。[3] 对于文汇、新民来说，除发展党员外，还有一个重要任务即是分别成立独立党支部。在建党阶段，成立独立的党支部成为加强党的领导的一项重

1. 新闻日报综合报告（1954 年 3 月 11 日）[A]. 上海市档案馆藏，A22-2-249-18. 此处调入党员合计 22 名，表 2 中统计调入党员 23 名，但两处均据同一档案，原文如此。特此说明。
2. 新闻日报综合报告（1954 年 3 月 11 日）[A]. 上海市档案馆藏，A22-2-249-18.
3. 关于新民报（晚刊）情况和改进意见报告（1954 年 11 月）[A]. 上海市档案馆藏，A22-2-351-92.

要的政治和组织工作。因为新闻日报一直是独立支部，因此整党建党计划中所提此项目标主要就是要在文汇、新民两报建立独立的支部。然而，因两报党员发展缓慢，正式党员人数偏少，两报也未能克期成立独立支部。

各私营报社建党阶段的党建工作之所以推进不力，原因是多方面的。宏观而言，私营报业的性质较为特殊，各报主要由民主人士主持，由于统战的原因和现实的考虑，报纸的编辑出版、经营管理都依赖高度的专业知识，中共亦需借助私营报人的力量确保报纸的正常运作。因此在方式上，中共并没有对私营报社进行强力改组，而是整党工作组（以各报党员骨干为主体构成）以相对温和、低调的方式从内部展开。面对各报内部复杂的党群、党际和党政关系，整党建党工作推进不乏顾虑。微观而论，1952 年私营报业思想改造学习运动后，中共虽有在报社中发展党员、成立支部的想法，但是各报的局部环境已不允许迅速发展新党员。各报大量留用的旧式人员思想并不“纯正”，不易被认可。从思想改造运动中的填表交代来看，各报大量员工存在不同程度的政治历史问题，私营报业内部“不纯”的问题表现得非常严重，可供发展的对象极为有限。加之长期以来各报基层党员对发展党员缺乏信心，“害怕搞错”，不敢轻易发展党员，是以在短时间各报很难迅速发展新党员，更难以组织起新的支部。虽然基层支部几经努力，然而发展党员的成效甚微。

不仅如此，中共党建工作中还面对另一个重要问题，即在 1954 年中共党员获得发展的同时，原私营各报中民主党派的力量也在同步增长。截至 1954 年 4 月，文汇报共有中共党员 8 名，团员 32 名，民盟成员 16 名。[1] 民盟成员不仅人数多，而且全部集中在最核心的编辑部这一关键岗位。民主党派虽无力与中共就报纸的领导权展开“竞争”，但文汇报内的党、团人事结构却清楚地表明，民主党派与中共党员在报社内部经营管理、人事安排上的竞争在所难免。其他两报也同样面临着报社内部党际关系的调整问题。虽然通过思想改造，民主党派和知识分子的岗位被重新调整，中共党员在报社内的地位得以提高，报纸的基调与方向有所调整，但报社内部中共党员与民主人士的关系始终未能彻底理顺。部分基层中共党员对各报的民主人士领导表示出明显不满，甚至公开要求另派中共党员干部到各

1. 文汇报党、团员分布情况表（1954 年 4 月）［A］. 上海市档案馆藏，A22-2-249-81.

报编辑部担任要职，进而树立中共在报社中的领导核心。[1]此种建言虽仅是基层党员的一种呼声，却揭示出20世纪50年代中期各报内部的党际竞争态势。

由于各报党员发展缓慢，独立支部亦未能如期建立，私营报业内部又存在着较微妙的党际关系，这自然严重影响到中共对各报的领导。上级党组织对新闻日报、新民报等报的党建情况显得很不满意。1954年4月，上海市委宣传部对新闻日报、新民报、文汇报第一季度的报纸宣传进行检查，结果发现各报“几乎在所有各项工作的宣传中，报纸上都或多或少出现过偏差和错误”“报纸也没有很好贯彻群众性的战斗性的原则”。[2]对于造成上述问题的主要原因，检查报告分析认为，其根本在于“报纸编辑部中党的力量异常薄弱”“编辑部人员政治、思想极为复杂，质量很差”“新协党组的领导及其组织形式有缺点，市委宣传部领导不经常”。[3]1954年11月，新闻协会党组另一份报告再度严厉批评新闻日报支部：“报社的组织状况和报社所担负的任务不相适应，党的力量过于薄弱，组织严重不纯，极大地影响了报纸任务的贯彻”。[4]新民报也同样受到批评，被指责“党的力量特别薄弱，没有党的领导核心”。[5]不难看出，尽管经过思想改造，中共在上海私营各报中基本实现了思想、政治上的领导，但各报的党建工作与上级组织的期望相距甚远。由于党的组织领导尚未完全建立，这决定了中共对非党报纸的思想和政治领导并不够充分和牢固。有鉴于此，上海市委最终只得通过“有计划地充实党员干部或政治上可靠的干部”[6]的方式“改进报纸工作”，以实现对私营各报的组织领导。

五、余论

新中国成立初期上海私营报业中的党组织状况，可以思想改造运动为界，分为前后两个阶段。思想改造运动之前，由于中共中央对发展党员的审慎态度，加之支部心存顾虑，党建意识薄弱，私营各报党的力量基本处于停滞发展的状态，

1. 关于新民报（晚刊）情况和改进意见报告（1954年11月）［A］. 上海市档案馆藏，A22-2-351-92; 关于目前新闻日报情况和问题的报告（1954年11月）［A］. 上海市档案馆藏，A22-2-351-81-91.

2，3. 关于新闻日报、新民报、文汇报检查工作中情况报告［A］. 上海市档案馆藏，A22-2-238-38.

4. 关于目前新闻日报情况和问题的报告（1954年11月）［A］. 上海市档案馆藏，A22-2-351-81-91.

5. 关于新民报（晚刊）情况和改进意见报告（1954年11月）［A］. 上海市档案馆藏，A22-2-351-92.

6. 关于上海三个报纸的问题的发言提纲（1954年8月）［A］. 上海市档案馆藏，A22-2-240-94.

报社也被视为“组织严重不纯”[1]，但这恰恰反映了新中国成立之初中共并未因为报纸的特殊性而对私营报纸采取统合的措施。

但在1952年下半年，随着思想改造运动的兴起，加强党的领导以确保工人阶级对私营报纸的领导成为必然，中共开始在私营报业中开展整党建党运动。中共最初希望在各报内部发展出新鲜的血液，建立起独立的党支部，以使这些报纸“充分发挥党的一个宣传武器的作用”。然而由于种种原因，思想改造后的一段时期内，各报发展党员的成绩并不理想，各报党的建设与发展未能在预期时间内形成组织上的绝对优势。就最终的结果而言，整党建党运动虽然有助于统一党内思想，纯洁党的队伍，同时也配合了各报思想改造和公私合营，但却未能高效地完成建党任务，未能迅速实现对私营报纸的有力领导。

中共对私营报业的领导事实上并非如以往想象的那样顺利。特别在组织建设上，党的建设显然是一个长期的过程，并不能奢求“一蹴而就”地完成转变。学术界一般认为中共透过思想改造即确立了对私营报纸的领导，使之成为中共如臂使指的工具。[2]然而透过对私营报业改造前后报社内部组织结构与组织关系的微观考察，上述认识似有较大的商榷空间。中共的政治理论认为，党的领导主要包括组织、政治和思想领导三个维度，其中组织领导无疑是重中之重，是政治和思想领导的保障和基础。经过思想改造，中共虽然在上海私营各报中基本实现了思想、政治上的领导，但如果单从组织领导上看，各报的党建工作显然与上级组织的期望相距甚远。各报内的党员比例依然很低，“党的领导薄弱”以致未能形成对报纸的有效领导乃是思想改造后各报相当长一段时间内的常态。

若能准确认识20世纪50年代中期上海公私合营各报内部的中共党员与党组织的实际状况、党际关系及权力结构，则不难看出公私合营报社内部的人际关系、

1. 例如《新民报》其时全报社86人中大部分系原《新民报》人员，一部分系思想改造后由《亦报》并入，只有很少是党在解放后陆续派去的。86人中，有各式政治历史问题者达36人，占42%以上。编辑部54人中，有各式政治历史问题者就有23人。编辑部组长以上干部15人，只有党员3人，其他12人中，有各式政治历史问题者多达7人。新闻协会党组据此认为：“新民报的组织状况是十分不能令人满意的，它严重地影响了党的政策指示在报纸工作中的贯彻”。关于新民报（晚刊）情况和改进意见报告（1954年11月）［A］. 上海市档案馆藏，A22-2-351-92.

2. 海外学者往往认为私营报业的思想改造是共产党实施对知识分子的“控制”，意图在使他们“就范”。费正清，罗德里克·麦克法夸尔. 剑桥中华人民共和国史（1949—1965）［M］. 王建朗等译，上海：上海人民出版社，1990：249. 国内新闻史学界则认为经过思想改造和公私合营，形成了“凡报皆党报的一统局面”。孙旭培. 解放初期对旧新闻事业的接收和改造［J］. 新闻研究资料，中国社会科学出版社，1988（43）：61.

党际关系在较长一段时期内都处在不断协商、调整之中。在思想改造后的相当长时间内，随着中共党员地位的上升，在树立工人阶级领导的话语支配下，公私合营报纸内的党际关系显得更为尖锐和突出。由于中共党员难以在短时间内代替民主人士行使领导职权，“党的领导不足”随后也成为各报党内报告中反复提及的问题。颇可注意，20 世纪 50 年代中期报纸中“党的领导不力”并非公私合营报纸的特例。1954 年 7 月通过的《中共中央关于改进报纸工作的决议》（以下简称《决议》），在对全国报纸存在问题的反思性总结中，同样直指党对报纸的领导问题。《决议》指出，全国报纸中普遍存在许多问题与不足，这些不足的最终根源为“各级党委对报纸工作缺乏经常领导”。[1]《决议》中“改进报纸工作”的核心就是如何加强党的领导问题，这也构成此后公私合营报纸继续“改造”的主题。

（原刊于《中共党史研究》，2019 年第 9 期。）

1. 中国社会科学院新闻研究所 . 中国共产党新闻工作文件汇编：中卷［G］. 北京：新华出版社，1980：319.